普通高等教育“十四五”公共课程教材

职业规划与就业指导

冯　引　何婉璐 ◎ 主　编
娄立天 ◎ 副主编

中国铁道出版社有限公司
CHINA RAILWAY PUBLISHING HOUSE CO., LTD.

内容简介

本书从大学生择业就业现状出发,为在校大学生提供职业生涯规划及就业、创业方面的指导,帮助学生认识自我、规划未来职业发展,并做好相应的就业准备。全书将理论讲授与能力实训拓展相结合,贴近学生和社会现实,具有较强的实践性和可操作性。全书分为6篇,分别为择业就业基本认知、职业倾向分析、职业生涯规划、培养职业能力、求职实务(包括求职准备、面试、签约)以及创业准备(包括创业的条件、创业流程、创业计划书的编制、创业陷阱),共25个模块。

本书适合作为普通高等院校各专业职业生涯规划与就业指导课程的教材,也可作为青年读者职业生涯规划的参考书。

图书在版编目(CIP)数据

职业规划与就业指导 / 冯引, 何婉璐主编. -- 北京 :
中国铁道出版社有限公司, 2025. 8. -- (普通高等教育
"十四五"公共课程教材). -- ISBN 978-7-113-32569-5
Ⅰ. G647.38
中国国家版本馆 CIP 数据核字第 2025ZP5525 号

书　　名: 职业规划与就业指导
作　　者: 冯　引　何婉璐

策　　划: 潘星泉　　**编辑部电话:** (010)51873090
责任编辑: 潘星泉
封面设计: 高博越
责任校对: 刘　畅
责任印制: 赵星辰

出版发行: 中国铁道出版社有限公司(100054,北京市西城区右安门西街8号)
网　　址: https://www.tdpress.com/51eds
印　　刷: 天津嘉恒印务有限公司
版　　次: 2025年8月第1版　2025年8月第1次印刷
开　　本: 787 mm×1 092 mm　1/16　**印张:** 17.25　**字数:** 406千
书　　号: ISBN 978-7-113-32569-5
定　　价: 54.00元

前言

近年，高校毕业生数量持续居于高位，就业市场竞争日益激烈且结构不断变化。面对复杂多元的就业环境与日新月异的职业需求，大学生如何科学认知自我、精准定位方向、系统规划路径、有效提升能力并成功实现从校园到职场的转型，已成为高校人才培养的核心关切与学生个人发展的迫切需求。本书的编写，源于对新时代大学生就业创业现实挑战与长远发展的深刻思考，致力于弥合学校教育与职场需求之间的鸿沟，引导学生树立科学的职业观、就业观和创业观，系统掌握职业规划的理论与方法，全面提升职业素养与就业竞争力，为未来职业生涯的可持续发展奠定坚实基础。本书不仅服务于学生顺利就业这一近期目标，更着眼于学生终身职业发展和人生价值的实现。

本书内容架构清晰，逻辑严谨，共 6 篇 25 个模块，涵盖大学生职业发展全程所需的关键知识与技能：

第一篇引导学生客观分析宏观就业形势，深入理解企业用人核心标准与通用能力要求，识别并调适常见的择业就业误区，奠定理性认知基础。

第二篇系统引入国际权威的职业测评工具，指导学生科学探索个人性格特质、职业兴趣与能力优势，为精准职业定位提供心理学依据。

第三篇阐释职业与职业生涯内涵，指导学生运用职业锚理论寻找最佳定位，并提供从自我认知、目标设定、环境分析、方案设计到动态调整的完整规划方法论。

第四篇聚焦职场核心竞争力培养，涵盖职场规范、关键技能、企业文化融入、终身学习能力构建、高效自我管理以及职业体能储备，全方位塑造职场胜任力。

第五篇提供从求职准备、面试技巧、签约流程到角色成功转换、理性对待离职跳槽的全链条求职实战指南。

第六篇面向有创业意愿的学生，分析创业所需的精神、环境与能力条件，梳理一般创业流程，详解创业计划书编制要点，警示常见创业陷阱，提供创业启蒙教育。

本书力求凸显以下特色：

1. 理论性与实践性并重：在阐释经典理论与测评工具的同时，强调其在自我探索、职业决策、能力提升和求职实践中的具体应用，配备大量案例分析、操作练习与情境模拟。

2. 系统性与模块化结合：既整体构建职业发展知识体系，各模块间又相对独立、重点突出，便于教师灵活组织教学，也方便学生按需查阅学习。

3. 时代性与前瞻性统一：内容紧密追踪就业市场最新动态（如新职业、灵活就业、AI影响等），强调终身学习、适应变化、拥抱创新等面向未来的核心素养。

4. 指导性与启发性交融：不仅提供具体的工具、方法和步骤，更注重引导学生反思自我、认识环境、主动探索，培养其独立进行职业规划与决策的能力。

5. 普适性与针对性兼顾：核心内容适用于所有专业本科生，同时在各模块设计中注意引导不同专业背景学生结合自身特点进行思考和应用。

全书由冯引、何婉璐担任主编，由娄立天任副主编。

职业生涯规划非一日之功，求职创业之路亦非坦途。我们期望这本凝聚了编者心血与实践经验的教材，能有效帮助莘莘学子探索职业世界、明晰发展方向、提升核心能力、实现人生价值。愿每一位同学都能从中汲取智慧与力量，以清晰的自我认知为起点，以扎实的职业能力为基石，以科学的规划为蓝图，自信从容地迈入职场，开创属于自己的精彩职业生涯！

编　者

2025 年 7 月

目录

第一篇　择业就业基本认知 …… 1
模块一　近年大学生就业形势 …… 3
一、大学毕业生就业的总体情况 …… 5
二、就业满意度差异 …… 5
三、毕业生就业后的收入 …… 6
四、就业“红绿牌”专业 …… 7
五、自主创业、低就业和离职高就 …… 8
模块二　企业用人要求 …… 10
一、企业用人一般原则 …… 12
二、工作中常用能力 …… 13
三、世界著名企业用人标准 …… 14
四、企业选才的普适核心要求 …… 16
模块三　大学生择业就业误区及调适 …… 18
一、大学生择业就业误区 …… 18
二、大学生就业心理的自我调适 …… 21
第二篇　职业倾向分析 …… 23
模块四　九型人格测试 …… 25
一、什么是九型人格 …… 35
二、九种性格的自我提升 …… 38
模块五　霍兰德职业倾向性测试 …… 41
一、兴趣与职业 …… 50
二、关于霍兰德和他的职业兴趣测试 …… 50
三、解读霍兰德职业代码 …… 51
模块六　MBTI 测试 …… 58
一、MBTI 职业性格测试的理论渊源 …… 66
二、MBTI 职业性格测试的作用 …… 67
三、MBTI 16 种职业性格解码 …… 67

四、16 种性格的自我提升之道 …… 77
第三篇　职业生涯规划 …… 81
模块七　职业与职业生涯 …… 83
一、职业概述 …… 84
二、寻找有发展前景的职业 …… 84
三、人生需求与职业生涯 …… 86
模块八　最佳职业定位 …… 90
一、职业锚及最佳职业定位 …… 91
二、寻找最佳职业定位 …… 92
三、问卷助力寻找最佳职业定位 …… 96
模块九　职业生涯规划 …… 100
一、自我认知 …… 101
二、敢做美梦 …… 102
三、环境分析 …… 103
四、设计实施 …… 103
五、调整修订 …… 108
第四篇　培养职业能力 …… 109
模块十　职场规范 …… 111
一、职业形象 …… 111
二、职场礼仪 …… 112
三、职业道德 …… 115
四、职场情商 …… 116
模块十一　有效掌握职业技能 …… 118
一、通用技能 …… 118
二、专业技能 …… 121
三、核心能力 …… 121
模块十二　企业文化认同 …… 129
一、认知企业文化 …… 129
二、如何融入企业文化 …… 132
模块十三　培养终身学习能力 …… 134
一、认知终身学习 …… 135
二、终身学习能力的四大支柱 …… 136
三、如何培养终身学习能力 …… 137
模块十四　自我管理 …… 139
一、认知自我管理 …… 140
二、学会时间管理 …… 141
三、高效休闲支配 …… 142

四、善于情绪调适 …… 142
模块十五 职业体能储备 …… 146
一、体适能的自我评价 …… 147
二、体育锻炼的基本原则 …… 152
三、体育锻炼的自我监控 …… 155
第五篇 求职实务 …… 159
模块十六 求职准备 …… 161
一、求职心理准备 …… 162
二、求职材料的准备 …… 164
三、求职信息的准备 …… 167
模块十七 面试 …… 170
一、面试单位的资料搜集和调研 …… 171
二、着装和仪表 …… 172
三、面试类型 …… 173
四、面试技巧及注意事项 …… 175
五、面试中常见的问题及解析 …… 179
六、面试结束后做什么 …… 188
模块十八 签约 …… 190
一、就业协议书 …… 190
二、就业协议书的签订 …… 192
三、劳动合同 …… 193
四、就业协议与劳动合同的区别 …… 194
五、案例解析 …… 195
模块十九 劳动法律常识 …… 199
一、主要劳动法律介绍 …… 200
二、择业阶段维权 …… 204
三、签约阶段如何维权 …… 206
四、劳动合同执行履行期间的维权 …… 210
五、劳动合同的解除和终止 …… 214
六、劳动争议的处理 …… 216
模块二十 角色转换 …… 218
一、正确认识角色转换 …… 218
二、角色转换中的心理障碍 …… 220
三、适应环境，实现转换 …… 221
模块二十一 离职与另谋高就(跳槽) …… 225
一、全面理解跳槽 …… 226
二、理性面对跳槽 …… 230

三、跳槽应具备的资本和能力 …… 233
四、怎样实现跳槽 …… 234
第六篇　创业准备 …… 237
模块二十二　创业的条件 …… 239
一、创业的概念与特征 …… 240
二、创业者的创业条件 …… 242
模块二十三　创业流程 …… 245
一、创业过程 …… 247
二、大学生创业准备阶段 …… 249
三、大学生创业实施阶段 …… 250
模块二十四　创业计划书的编制 …… 252
一、了解创业计划书 …… 255
二、创业计划书的编写过程 …… 255
三、创业计划书的结构 …… 256
四、创业计划书的应用 …… 258
模块二十五　创业陷阱 …… 260
一、外在陷阱 …… 262
二、内在陷阱 …… 263
三、如何避开创业陷阱 …… 264
参考文献 …… 267

第一篇

择业就业基本认知

模块一　近年大学生就业形势

【案例】

2025年大学生就业形势：挑战与机遇并存

一、规模压力与竞争白热化

2025年全国高校毕业生达1 222万人，同比增加43万人，较2021年(909万人)增长34.4%。持续攀升的毕业生数量加剧岗位竞争：热门行业(金融/互联网/教育)核心岗位录取率骤降，硕士学历竞争优势减弱；经济发达地区(如北上广)高校就业率超85%，而高校密集但经济欠发达地区(如江西、安徽)就业承压明显。

二、经济波动冲击就业市场

全球经济增长预期3.2%，受地缘冲突、保护主义等风险影响，企业招聘趋于谨慎：国内企业扩张放缓，科技巨头缩减研发投入、冻结招聘甚至裁员；中小企业因融资难、市场不确定性，招聘计划大幅收缩。

三、行业重构催生结构性机会

1. 传统行业升级

制造业、零售业自动化替代低技能岗位，同时催生智能制造工程师、数字化转型顾问等新职业，对专业技能与创新能力要求提升。

2. 新兴领域爆发

人工智能/大数据：岗位需求年增速超30%，数据科学家、算法工程师平均年薪超30万元；新能源产业：光伏(隆基、通威)、风电(海上安装)、新能源汽车(比亚迪、特斯拉)全面扩张，电池研发、自动驾驶等技术岗位需求激增。

四、供需矛盾与能力错配

地域与专业失衡：工科及应用型专业就业良好，文秘、计算机、会计等专业因供给过剩竞争加剧；企业用人标准升级：除专业知识外，更看重实操能力(如算法开发、数据分析)、团队协作及创新素养，实习与项目经历成关键筛选条件。

五、灵活就业与政策托底

1. 就业形态多元化

远程工作、自由职业(自媒体/线上培训)成为新选择，但面临收入不稳定、社保衔接等挑战。

2. 政策红利持续释放

中央层面：扩大政策性岗位、扶持中小企业吸纳就业；

地方举措：杭州(补贴本科1万元/硕士3万元)、成都(安居+创业补贴)降低就业成本；

行业引导:政府牵头搭建新兴产业校企对接平台,定向输送紧缺人才。

六、应对策略与建议

面对严峻的就业形势,高校毕业生需要积极应对挑战,提升自身竞争力。以下是一些应对策略与建议:

明确职业目标:求职者应清晰了解自己的职业定位和发展方向,关注新兴行业发展趋势和技术应用,以便更好地适应市场需求。

提升专业技能:不断学习新知识、新技能,提升自己的专业素养和实践能力。可以通过参加培训、在线课程等方式弥补自己在知识和技能方面的不足。

增强综合素质:注重培养自己的沟通能力、团队协作能力、创新能力等综合素质。可以通过参加社会实践、志愿服务等活动锻炼自己的沟通能力和团队协作能力;通过参加创新创业比赛、科研项目等活动提升自己的创新能力和解决问题的能力。

关注政策动态:密切关注政府出台的就业政策和法规,了解相关政策的具体内容和实施要求,以便更好地把握就业机会。

拓宽求职渠道:不要局限于某一种求职方式,可以通过考研、考公务员、申请海外高校、直接求职等多种渠道寻找就业机会。同时利用网络资源寻找工作机会,如参加线上招聘活动、投递简历到招聘网站等。

培养抗压能力:通过运动、交流等方式缓解紧张情绪,保持积极乐观的心态。正视就业压力,认识到这是人生的一个阶段,而非无法跨越的障碍。

考虑灵活就业:对于找不到合适工作的毕业生来说,灵活就业是一个不错的选择。可以通过自媒体、线上培训、自由职业等方式实现灵活就业。

综上所述,当前大学生就业形势虽然严峻,但也孕育着新的机会。毕业生需要积极应对挑战,提升自身竞争力,以更好地适应市场需求。通过明确职业目标、提升专业技能、增强综合素质、关注政策动态、拓宽求职渠道、培养抗压能力、考虑灵活就业等方式,毕业生可以在激烈的竞争中脱颖而出,实现自己的职业发展目标。

(案例来源:根据网络资料整理)

【问题讨论】

结合案例发表你对近几年就业形势的基本看法。

【课堂点评】

从传递知识的角度上看,在整个大学教育中,知识教育仍然占非常大的一个比重,理论功底及其相应的分析解决问题能力的构建仍然较为薄弱;持续的扩招可能进一步稀释了大学既有的教育资源。此外,对于大学生从学校到职场的转换,学校还缺乏系统的职业指导与服务规划,导致学生或许有专业能力,但是缺乏“市场能力”,即获取职业信息、展示专业能力、适应实际工作以及应对职业转换的能力。近几年,就业市场形势严峻,岗位竞争非常激烈,但只要你是人才,就从不缺乏用武之地。对于应届毕业生而言，关键是要学会不断给自己充电，不断提升自己的竞争实力，才能在职场马拉松式的长跑中做命运的主宰者。

大学生就业问题始终牵动着全社会的神经。作为国家宝贵的人才资源，其顺利就业不仅关乎个人发展和家庭幸福，更关系到国家经济发展活力与社会和谐稳定。当前，大学生就业形势复杂：一方面，毕业生总量持续处于高位，就业市场竞争激烈；另一方面，经济结构调整、产业转型升级对人才的知识结构和技能水平提出了更高、更新的要求，结构性矛盾依然存在。解决大学生就业问题，需要政府、高校、用人单位及毕业生本人共同努力。唯有各方协同发力，方能有效破解这一难题，让大学生人尽其才，为国家发展注入持续动力。

一、大学毕业生就业的总体情况

近年来，随着高校毕业生人数的不断增加，就业压力也在持续加大。2024 年全国普通高校毕业生规模达 1 179 万人，而 2025 年，又有 1 222 万新的毕业生进入人才市场，较 2024 年增加 43 万人，再创历史新高。当前就业市场呈现出明显的结构性矛盾：一方面，代表新质生产力的战略性新兴产业如人工智能、低空经济等领域人才紧缺；另一方面，传统吸纳毕业生较多的互联网、房地产行业需求明显收缩。据监测数据显示，2025 年前几个月企业用工需求同比呈下行趋势，有效需求不足的问题依然突出。

二、就业满意度差异

（一）总体满意度持续提升，但学科差异显著

2024 届本科毕业生就业满意度达 81%（较 2023 届提升 3 个百分点），高职毕业生为 82%，整体呈上升趋势。然而，不同学科领域分化明显：

医学类领跑：医学影像学、临床医学等 6 个专业入围满意度前 20 名，平均满意度超 85%。其高稳定性（离职率 13%，低于本科平均 8 个百分点）与明确职业路径（超 90% 毕业生进入医疗系统）是核心优势。

文科逆袭：人文社科专业占据满意度前 20 名中的 9 席，如播音与主持艺术（87%）、法学（85%）。文化娱乐行业数字化（如自媒体、短视频创作）带来更高工作自主性与行业增长红利。

工理并举：电气工程（85%）、数学与应用数学（87%）等专业因“高薪资+高就业率”双驱动跻身前列，数学类毕业生主要流向教育行业，职业社会价值感突出。

（二）影响满意度的多维因素分析

1. 稳定性超越薪酬

48. 6% 的毕业生将“工作稳定性”列为择业首要因素，尤其在 AI 加剧职业不确定性的背景下。公务员、事业单位及医疗教育等岗位因编制保障受青睐，而互联网等高薪行业因裁员风险满意度

承压。

2. 行业前景与个人成长

新兴技术领域:人工智能专业毕业生在一线城市平均月薪达 1.8 万元,但满意度更依赖企业提供的技能培训(62.3%毕业生视为关键支持)。

传统行业升级:专科的汽车检测与维修专业因新能源车渗透率超 40%,从传统维修转向智能驾驶系统维护,职业空间扩展推升满意度。

3. 工作自主权与氛围

近 80%毕业生重视“开放包容的团队氛围”,弹性工作制(62.9%支持率)、中等固定薪资+绩效的薪酬结构(42.3%偏好)成为满意度新标杆。

(三)隐忧与结构性矛盾

1. 院校资源差距拉大满意度鸿沟

“双一流”高校中42.4%的专业满意度大于等于4.0分(5分制),非“双一流”仅37.9%。名校的校企合作与就业资源显著优于普通院校。

2. 专业与行业错配降低满意度

文学、历史学等人文专业因岗位竞争激烈、薪资偏低(低于理工科均值 30%),满意度垫底;而计算机等热门专业因供给过剩导致“高薪低满意”现象。

3. 灵活就业的保障缺口

文化娱乐领域自由职业者占比最高,但收入不稳定、社保缺失等问题使长期满意度存疑。

三、毕业生就业后的收入

(一)整体薪资水平与增长趋势

平均起薪:2024 届本科毕业生平均月薪为 6 199 元(税前),较 2023 届增长 2.5%,十年累计涨幅达 53%。但 57.8%的毕业生月薪低于 6 000 元,仅 7%月入过万。

名校溢价显著:清华大学毕业生以 13 306 元/月居全国首位,54 所高校平均月薪超 11 000 元(如上海交大、北大、浙大)。双非院校中,外交学院、广东外语外贸大学等跻身薪酬前 40 名,但整体与名校差距明显。

(二)专业差异:工科主导高薪,文科弱势

工科领跑:信息安全(7 599 元/月)、微电子(7 282 元)、软件工程(7 092 元)位列前三,均与人工智能、半导体等战略产业相关。计算机科学与技术专业应届生起薪达 7 000~11 000 元/月,算法工程师岗位年薪可达 21 万~36 万元。

文科薪资偏低:文学、教育学等文科专业平均月薪普遍低于 6 000 元,高薪前 20 名无文科专业。会计学毕业生起薪仅 4 000~5 000 元/月,经济类部分岗位甚至出现 3 000 元/月且单休。

(三)学历与技能认证的增值效应

硕士学历溢价:硕士起薪比本科高 68%,如四川省硕士年薪中位数达 17.48 万元,核工程硕士通过专项计划年薪可达 26 万~41 万元。

技能证书加成:工业机器人 ABB 认证使月薪达 1.5 万元,华为鸿蒙认证提升起薪 40%。ACCA(特许公认会计师公会)证书使会计专业起薪提高 30%。

(四)地域与单位性质的影响

一线城市溢价:算法工程师在北上深月薪可达 36 000 元,比成都同岗位高 30%,但需承担更高生活成本。

中西部性价比:成都工程类岗位起薪约 10 000 元/月,虽低于一线城市,但生活成本优势显著,部分企业提供区域补贴(累计 4 万~13 万元)。

单位性质差异:央企/国企本科首年综合收入 13 万~14 万元,提供六险二金及安家费。科技民企薪资更高但稳定性较弱。

(五)争议与挑战

"被平均"现象:高薪工科专业拉高整体均值,文科生实际薪资多集中于 3 000~5 000 元。

生活成本压力:一线城市 6 199 元月薪扣除房租(2 000~4 000 元)后结余有限,生存压力显著。

供需矛盾加剧:2025 年毕业生达 1 222 万人,新经济行业人才供需比达 2.27(2 人争 1 岗),应届生供需比更高达 3.13。

四、就业"红绿牌"专业

麦可思研究院发布了 2025 年版《就业蓝皮书》,其中详细列出了红绿牌专业。

(一)绿牌专业:就业"绩优股"

评选标准:就业落实率、薪资、满意度"三高",且市场需求持续增长。

1. 本科绿牌(全部为工科)

(1)微电子科学与工程:月薪 7 282 元(本科高薪第 2 位),服务于芯片国产化战略,从事集成电路设计。

(2)电气工程及其自动化:就业满意度 85%,融入新能源与智能电网升级。

(3)车辆工程(新晋):起薪 6 500 元,受益新能源汽车爆发,晋升管理层比例超 40%。

(4)机器人工程:就业率 98.1%,65% 毕业生进入世界 500 强企业。

2. 高职绿牌(装备制造类主导)

(1)铁道机车运用与维护:月薪 5 926 元(高职第 1 位),就业满意度 85%。

(2)工业机器人技术(新晋):服务智能制造车间数字化转型。

(3)新能源汽车技术:对接汽车产业电动化,岗位需求激增。

3. 共同特征

(1)国家战略绑定:芯片、碳中和、交通强国等领域政策红利密集。

(2)产业升级驱动:传统工科智能化(如电气工程)、新兴领域(如新能源)扩张。

(3)就业质量卓越:薪资超平均水平 20%~50%,专业相关度>80%。

（二）红牌专业：就业高风险区

评选标准：就业落实率、薪资、满意度综合较低，市场需求萎缩。

1. 高职红牌（教育类为主）

（1）小学教育相关专业：连续五年红牌，核心困境是小学在校生规模缩减导致教师需求下降；78%岗位要求本科及以上学历，专科生竞争力弱。

（2）法律事务：司法考试通过率低，毕业生多从事边缘辅助工作，薪资受限。

2. 风险根源

供需失衡：小学教育专业年毕业生超 7 万人，岗位需求锐减。

政策管控：多省教育厅（如山西、辽宁）暂停新增专业布点。

注意：本科红牌专业未在公开数据中明确列出，但传统计算机类（如软件工程）近三年退出绿牌榜，需警惕细分领域迭代风险。

五、自主创业、低就业和离职高就

（一）自主创业：政策红利与风险并存

据全国高校毕业生毕业去向登记系统数据，2024 届毕业生的创业形式包括个体或网络创业（46.67%）、创新型初创企业（20.00%）、公司制创业（13.33%）等。2024 届毕业生选择创业的主要原因包括未来收入更高（38.46%）、理想就是成为创业者（23.08%）、有好的创业项目（15.38%）等。2024 届毕业生的创业形式多样，包括个体或网络创业（46.67%）、创新型初创企业（20.00%）、公司制创业（13.33%）等。直播电商、短视频创作成主流赛道，近 80% 新职业青年通过平台创业（如抖音带动超 4 900 万个直接岗位）。大学毕业生创业有如下优势：

1. 创业扶持体系完善

资金支持：多地提供创业担保贷款及贴息（如湖北对师生创业贷款贴息 50%）、一次性创业补贴（辽宁不低于 3 000 元）、场地租金补贴（辽宁每年 3 000～10 000 元）。

孵化服务：政府投资创业载体免费开放（福建、辽宁），降低初创成本。

税收减免：湖北对毕业年度个体经营者给予 3 年内每年 2.4 万元税收减免。

2. 现实挑战

存活率低：需“正常运营 6 个月以上”才可申领补贴，但小微企业在经济波动期抗风险能力弱。

技能错位：创业需市场洞察与资源整合能力，但高校课程偏理论，福建推行“学历+职业技能证书”试图弥合缺口。

（二）低就业：结构性矛盾下的被动选择

低就业通常指毕业生所从事的工作在薪资待遇、职业发展空间、与专业知识的匹配度等方面低于其学历和期望值。例如，一名计算机专业的本科毕业生，却从事着无须专业技能的简单文员工作，且薪资仅与高中毕业生相当，这就是典型的低就业。2025 届高校毕业生达 1 222 万人（同比增 43 万人），叠加 2024 届未就业人群，青年就业压力巨大。调查显示，文科、教育类（如小学教育、法律事务）专业毕业生低就业率显著高于工科，部分专业签约率不足 35%；中西部欠发达地区（如贵州、云南)因产业薄弱,岗位供给远低于东部。

1. 群体特征

岗位错配:文科生(如法律事务、小学教育)因专业需求萎缩(小学教育连续五年红牌),被迫接受低薪或非对口岗位(月薪普遍低于5 000元)。

地域局限:欠发达地区(如贵州、安徽)产业薄弱,毕业生本地就业机会少,但跨区域流动成本高。

2. 政策干预

基层导向:通过"三支一扶""特岗教师"项目吸纳就业,提供学费代偿、高定工资等激励(辽宁)。

技能重塑:允许就业不佳专业学生转专业或辅修,组织AI、大数据等新职业培训(辽宁)。

(三)离职高就:机会主义与隐形成本

1. 驱动因素

薪资落差:传统行业(如制造业)与新兴领域(如AI算法岗)薪资差达2~3倍(一线城市算法工程师月薪3.6万元,中西部1万多元)。

技能升级需求:生成式AI影响全球23.8%劳动者,毕业生通过跳槽获取数字技能培训机会。

2. 风险警示

稳定性牺牲:频繁跳槽导致社保断缴、工龄清零(尤其灵活就业者)。

企业反制:部分公司设置服务期条款或竞业协议,违约需赔偿。

【练习】

搜集资料,写一篇文章,谈谈你对就业形势的看法。

模块二　企业用人要求

【案例一】

公司名称:北京阳光××家具有限公司

公司行业:广告/会展/公关/市场推广/房地产/建筑/建材/工程

公司类型:民营

职位类别:行政/后勤/文秘

工作地点:北京

工作经验:1年以上

最低学历:本科

工作性质:全职

招聘人数:2人

发布日期:2024-01-31

1. 工作职责

(1)在部门经理的指导下,建立、完善公司行政管理体系,编制行政预算;

(2)执行公司各项行政工作,确保公司正常办公环境;

(3)负责办公用品/设备/家具以及固定资产管理;

(4)拟定员工活动计划,报部门经理审批后发起和组织员工活动;

(5)负责公司印章、各种证照的使用及管理工作;

(6)进行公司合同的内部流转、信息整理及规范化管理;

(7)负责公司档案文件、公文起草及会议管理

(8)按阶段撰写行政工作总结分析报告;

(9)负责公司总部高管及部门内的票据报销整理、流转工作;

(10)公司总部日常接待工作;

(11)部门经理分配的其他工作。

2. 职位要求

(1)女,25岁以下,形象气质佳;

(2)1年以上正规公司行政工作经验;

(3)性格外向、开朗、有亲和力,善于与人沟通;

(4)工作积极主动,细致认真,责任心强;

(5)具有较好的活动组织能力;

(6)具有较好的文字功底和逻辑思维能力;

(7)能熟练使用办公软件和办公设备。

3. 必备素质

计划能力、沟通能力、分析能力、文字能力、执行能力、应变能力、良好的人际关系。

4. 联系方式

公司地址:北京市朝阳区东四环北路×号楼底商2层。

电话:010-××××××××

请您将简历发送至电子邮箱:×××××@126.com。

联系人:林小姐。

【案例二】

公司名称:北京××××信息产品有限责任公司

公司行业:计算机硬件及网络设备、互联网/电子商务IT服务(系统/数据/维护)/多领域经营/电子技术/半导体/集成电路

公司类型:国企

公司规模:500~1 000人

职位类别:行政/后勤/文秘

工作地点:北京市海淀区

工作经验:1~3年

最低学历:本科

工作性质:全职

招聘人数:1人

发布日期:2024-01-31

1. 岗位职责

(1)负责现场协调北京仓库物流运作质量,推动物流质量不断改进;

(2)负责日常物流费用、日常报表、物流系统的核查工作;

(3)负责与相关部门的物流接口以及协调工作;

(4)定期提报相关费用、报表数据;

(5)认真及时完成公司领导安排的其他临时性工作。

2. 岗位要求

(1)男性,25~35岁,1年以上物流相关工作经验;

(2)熟悉物流管理业务流程,熟练使用办公软件;

(3)积极进取,责任心强,抗压能力好,有自我约束力。

请您将简历发送至电子邮箱:×××××@126.com

【案例三】

公司名称:××汽贸集团—斯巴鲁·双龙大区

公司行业行业:汽车/摩托车(制造/维护/配件/销售/服务)

公司类型:民营

公司规模:1 000~9 999 人

职位类别:汽车销售与服务

工作地点:北京

工作经验:1~3 年

最低学历:本科

工作性质:全职

招聘人数:若干

发布日期:2024-01-31

1. 岗位职责

(1)大区内售后管理的巡回督查;

(2)负责检查、指导、落实售后流程;

(3)处理技术情报、解决客户投诉;

(4)负责直营店售后服务模块的监督与管理。

2. 任职资格

(1)专科以上学历,三年以上汽车售后服务工作经验;

(2)了解汽车专业知识,熟悉汽车维修与保养;

(3)了解行业相关政策,沟通能力良好;

(4)办公自动化熟练。

请您将简历发送至电子邮箱:×××××@ 126. com

【问题讨论】

1. 企业在岗位职责和要求具体到细节上的共性有哪些?

2. 企业用人标准和在校大学生的职业规划有何内在联系?你将在今后学业中特别关注哪些方面?

【课堂点评】

大学是通往职场的桥梁,我们希望同学们在大学所积累的知识能力可以与企业用人要求无缝对接。但往往许多同学在四年的大学生活中持续地迷茫、困惑,不知道今日所学的用处何在,更不知道他日之需在何。阅读过一些企业的招聘启事,我们不难发现其中奥秘。

一、企业用人一般原则

(一)不同公司、不同岗位用人要求标准不同

从以上案例和目前流行的招聘类电视节目当中可以看到,每个企业对候选人的要求不尽相

同,甚至会大相径庭,某个企业所看重的恰恰是另一个企业极力否定的。

这就提醒在校大学生不必面面俱到,迎合所有企业的所有要求,只需要在大学生活中锻炼自己日后进入职场的职业竞争力,具有自己突出的优势。不同的岗位对候选人知识技能的要求同样不同,针对自己的职业发展方向来规划锻炼自己尤为重要。

(二)不选最优,适人适岗

人力资源工作一个重要观念就是:为合适的岗位招聘到一个合适的人选。候选人不但要适合岗位,很多时候还要适合团队,适合项目。适合岗位,指具备做好岗位职责的职业技能和个性特征,简单地说就是能把活儿干好;适合团队,处事方式和个性特征能够融入已形成某种文化背景的团队,你的加入不会给这个团队带来负面影响;适合项目,有时候招聘一个新人,就是为了公司某一个项目的研发实施,对某一类技术水平要求甚高。

在校大学生需要做的是不断在各个方面打磨自己,将自己的潜质发挥出来,做最好的自己,当合适自己的机遇到来时,能够敏锐地感知到,更能有力地抓住它。

(三)重点关注专业技能、通用技能和道德品质

用人单位首先关注的当然是专业技能,即做好招聘岗位所需要的基本专业知识能力经验。职位要求中提到的诸如学历、某方面工作经验、某些专业技能等,就是确保候选人能够做好岗位职责要求的工作。这是企业选择人才的必备基础条件。

在专业技能基础上,更多的用人单位提到了通用技能,比如熟练使用办公自动化软件、具备较强沟通能力及团队合作精神、善于人际交往等。某些职位貌似没有相关专业与之对口,那么看重的更是通用能力,诸如沟通能力、学习能力、操作办公软件能力等。

二、工作中常用能力

表 1-1 列举了工作中的常用能力。

表 1-1　工作中的常用能力

能力分类	能力要求
伦理能力	有自觉地按照正确的伦理观念,处理工作中各方利益关系的能力
预测能力	有预测能力,有远见,并有能力制订战略性的计划,组织先行工作
学习能力	有根据工作要求主动向书本学习、向他人学习、向自己学习的能力
综合能力	有能力将不同的组成部分综合在一起,并对其优势成分进行论证说明
决策能力	有根据不全面的信息分析、评价、选择并做出最终的决策和承担风险的能力
规划能力	有能力对所定目标进行论证说明、确定重点,制订并最终达到目标的行动计划
领导能力	有能力确定目标,激发别人的热情。让人接受一种观点、一种方案或一项行动计划。进行组织落实,确定检验标准及范围,并有能力对工作进行跟踪
组织能力	有能力设计一个组织机构,制定目标、工作方法和相关制度,并组织实施
落实能力	具有正确传达上级指示、核定行动计划并制定出具体的落实方案的能力

续上表

能力分类	能 力 要 求
先行活动能力	有能力明确制定工作目标，并有能力创造实现工作目标的各种条件
授权能力	有能力将一项具体的任务授权给其他人完成
参与能力	有能力主动参与到相关工作中去
沟通能力	有能力说明白自己的意见，观察别人的反映，倾听别人的意见并对其意见进行整理，接受别人的更好建议，做好协调统一工作
适应能力	在变化的形式中，面对不同的对手，仍然能把握住方向，创造巨大的效益
谈判能力	身处冲突的形式中，有能力论证自己的主见，倾听和分析对方观点，并找到协调办法
坚持能力	尽管存在着困难和障碍，但仍有能力落实一项长期的计划
激励能力	能在挫折或者平凡中使自己和他人保持积极性的能力
责任能力	全身心地投入落实所定目标的工作中，以独立的意识面对形势，具有行使权利、独立管理自己工作并对工作结果负责的能力
创新能力	有能力想象出新的解决问题的办法并在实践中运用的能力
检验能力	有能力对工作结果进行评价，检验其是否与预测的要求相符，并具有传达评价、更正或者弥补工作结果与目标之间差距的能力
分析能力	有能力对一种形式的组成要素进行论证，并分析出其中的内在关系
情绪控制能力	了解自己和他人的情绪，有能力接受和管理自己的情绪，理解他人的情绪，有接纳和陪伴及影响别人的能力
发现能力	发现机遇、发现问题的能力
赏析能力	欣赏他人的优点和成功，分析问题和原因的能力
开创能力	开创新局面的能力
策划能力	包括产品策划、公关策划、活动及会议策划等方面的能力
时间管理能力	在预定的时间完成既定目标的能力
表达能力	用文字和口头语言表达自己的主张、判断、感受的能力
判断能力	根据已掌握的信息对事情的发展、结果做出正确判断的估计能力
总结能力	总结经验教训，改进工作流程的能力

三、世界著名企业用人标准

（一）华为

一直以来，华为高度重视人才的引入，其用人标准被概括为“狼性”。这既包括了强烈的进取心和拼搏精神，也涵盖了高度的责任心和敬业精神，此外，良好的团队合作能力也是华为所看重的。华为鼓励员工像狼一样敏锐地捕捉机会，敢于挑战困难，为实现公司目标而努力奋斗。

（二）阿里巴巴

阿里巴巴注重员工的创新能力和商业敏感度，公司鼓励员工不断尝试新的商业模式和技术应用，以推动业务的持续创新。同时，员工需要具备良好的沟通能力和团队协作精神，能够与不同部门的同事紧密合作，共同推动项目进展。此外，对电商行业及相关技术的深刻理解和热情也是阿里巴巴看重的素质之一。

（三）微软

比尔·盖茨说，在我的公司里，我愿意雇佣有潜质的人，而不是那些有经验的人。因为从长远来看，潜质更有价值。如果雇员以加薪或是提升作为条件威胁要辞职，那么即使会造成短期的麻烦局面，我也让他们走，因为不受眼前因素左右的雇佣政策将有利于公司长远的发展。

（四）腾讯

腾讯在招聘时会重点考察应聘者的技术能力和专业素养，尤其是在互联网技术研发、产品设计、数据分析等方面的专业技能。同时，腾讯也注重员工的创新能力，希望员工能够提出新的想法和解决方案，为公司的产品和服务带来新的价值。此外，腾讯还看重员工的学习能力和适应能力，因为互联网行业发展迅速，员工需要能够快速学习新技术和新知识，适应不断变化的工作环境。

（五）西门子

百年老店西门子被誉为“企业家的摇篮”。事实上，西门子寻找的正是“企业家类型的人物”，他们对未来的“企业家们”的基本要求是：良好的考试成绩、丰富的语言知识、广泛的兴趣、强烈的好奇心、有改进工作的愿望，以及在紧急情况下的冷静沉着和坚韧顽强。

（六）海尔

海尔以创牌、创新为核心，看重员工的创新精神和实践能力。海尔鼓励员工在工作中大胆创新，不断改进产品和服务，以满足消费者的需求。此外，海尔还注重员工的团队合作精神和敬业精神，认为只有良好的团队协作和敬业精神，才能实现公司的长期稳定发展。

（七）惠普

惠普重视员工的潜力，更注重员工的能力，所以惠普除了一般的招聘程序，还需要求职者提供两个比较了解你的推荐人——可以是客户、同事，也可以是以前的老板。

（八）IBM

IBM需要“高绩效”的人才，在IBM的“高绩效”文化中，主要包括以下三个方面：win——必胜的决心；execution——又快又好的执行能力；team——团队精神。

（九）宝洁

宝洁公司对人才重要性是这样理解的：如果你把我们的资金、厂房及品牌留下，把所有的人带走，我们的公司会垮掉；相反，如果你拿走我们的资金、厂房及品牌，留下我们的人，10年内我们将重建一切。宝洁公司对人才素质的要求归结为八个方面：领导能力、诚实正直、能力发展、承担风险、积极创新、解决问题、团结合作、专业技能。需要指出的是，“这八个方面是并列的，没有顺序先后，”“诚实正直”和“专业技能”一样重要。

（十）壳牌

壳牌公司招聘时非常看重人才的发展潜质，并将其定义为“CAR”。其中，分析力（capacity）是指能够在信息不完整和不清晰的情况下迅速分析数据，确定主要议题，分析外部环境的约束以及潜在影响和联系，并在复杂环境和局势不明的情况下提出创造性解决方案；成就力（achievement）表现为给自己和他人设定有挑战性的目标，能够出成果，百折不挠，能够权衡轻重缓急和不断变化的要求，有勇气处理不熟悉的问题；关系力（relation）则要求尊重不同背景人的意见并主动寻求，表现诚实正直，有能力感染和激励他人，坦率、直接和清晰地沟通，建立富有成效的工作关系。

四、企业选才的普适核心要求

企业在选拔人才时，普遍遵循以下核心标准：

（一）品德为先

核心要求：具备良好的职业道德和正确人生观和价值观。缺乏职业素养者，往往欠缺奉献精神，难以将履职尽责视为首要准则，甚至可能将其负面倾向影响团队，显著增加管理难度与风险。

重要性：岗位技能可培养，而道德品质一旦形成则较难改变。选才首要把关点即为“职业道德”。

识别方法：考察候选人既往经历（工作/学习表现），观察其言谈举止（内心想法常外显于言行）。

（二）务实为要

核心要求：脚踏实地，戒除浮躁。现实中不乏自视甚高、眼高手低、好高骛远的毕业生。此类人才根基不牢，易流于投机取巧、做表面文章，难以为团队创造实质价值。

重要性：成功源于点滴积累。务实者深谙此道，乐于从基础做起，稳扎稳打，终成团队栋梁。

识别方法：审阅其工作履历。频繁因个人原因跳槽者，通常不符合务实特质，录用须谨慎。

（三）好学为本

核心要求：具备持续学习的意识和能力。在校所学知识常需在实践中深化，企业亟须能主动学习新知识、不断自我提升、积极适应环境变化与岗位需求的人才。

重要性：缺乏学习意识者易安于现状、停滞不前，难以跟上企业发展步伐，纵有一技之长也难有提升与施展空间，最终无法创造应有绩效。

识别方法：审视其近期作品（体现写作与思考能力）、对国家时事的关注度、对目标岗位的理解与规划等。

（四）基础扎实

核心要求：拥有扎实的基础知识。这是有效培养其成为“能人”的前提。

重要性：基础知识薄弱将极大增加培养难度与风险（因其经年累月形成，难以短期补强）。专业知识固然重要，但理解能力关乎理解、表达与沟通（现代协作关键）；逻辑思维能力则影响逻辑思维、严谨性与细致度，且二者均利于掌握新知识技能。

识别方法：请候选人就特定问题进行书面或口头阐述，考察其理性分析深度与表达清晰度。

（五）文化认同

核心要求：认同企业的文化理念。

重要性：文化认同度直接影响人才稳定性。人才频繁流失不仅干扰团队运作，更徒增招聘成本。

识别方法：向其介绍企业规章制度、用人政策、薪酬体系等，观察其表现出的认同程度。

（六）潜力可期

核心要求：具备良好的悟性与发展潜力。

重要性：潜力是人才快速成长的关键。具备高潜力者，企业投入的边际成本相对较低，而其创造的价值却能持续增长。

识别方法：观察其精神面貌、思维活力，或倾听其对事务的独到见解。

【练习】

1. 国际知名的跨国公司用人原则和我国企业有何异同？
2. 对应企业用人要求，你在哪些方面有欠缺之处？应如何改进？

模块三　大学生择业就业误区及调适

【案例】

大学生择业就业十大困惑：①前途迷茫没信心，不了解自己专业的就业方向；②自我认知偏差大，不了解自我；③优势不明空自卑；④证书满天考哪个；⑤毕业该往何处去；⑥简历乱投没人理；⑦面试无数没被录用；⑧就业信息太短缺；⑨考研出国前途忧；⑩职业规划怎么做。

【问题讨论】

1. 大学生的就业心理期待与观念有哪些？
2. 面对“理想很丰满，现实很残酷”，在校大学生如何“脚踏实地，坚守梦想”？

【课堂点评】

近年来就业形势的严峻让许多大学生不再认为出了校门就有一份好工作等着，但长久以来读了大学便有好出路的认识还是在不少人潜意识里存在。并且我国大学生一路考来，认识社会适应社会的能力还欠缺许多，这就形成了很多人在择业就业时认识的偏误。

一、大学生择业就业误区

经过几年大学生活的沉淀与磨砺，大学生在知识、能力以及人格等多方面收获了积极且显著的进步，内心满怀着强烈的就业意愿，怀揣着积极的就业动机，期待能够尽快踏上工作岗位，实现自身的人生价值，这份热忱与期待令他们由衷地感到欢欣鼓舞。与此同时，就业岗位的多元化以及就业方式的丰富多样，为大学生就业打开了更为广阔的大门，提供了更多机遇与更大的自由度，诸多大学生正摩拳擦掌、跃跃欲试，渴望在自己所学专业领域一展身手，大展宏图。然而，在实际的就业过程中，大学生的择业观念虽总体朝着务实化与理性化的方向发展，但由于正处于择业观念的转型阶段，面对日益严峻和紧张的就业形势，难免会出现各种各样的不合理择业观念以及心理障碍，这些因素在无形中成为阻碍他们健康顺利就业的绊脚石。大学生择业就业误区主要表现为以下几个方面：

（一）择业期望值高，失落感大

大学生内心怀揣着“十年寒窗，一举成名”的美好憧憬，对择业的期望值非常高。他们大多渴望进入生活条件优渥、福利待遇丰厚的大城市、大机关以及大公司工作，对急需人才但条件相对艰苦的中小城市和基层小单位则避之不及，过分在意择业的地域、职位的高低以及单位的经济效益等外在因素。高期望值驱使部分毕业生总是向往高工资、高职位、高起点的“三高”工作，渴求高收入和高物质回报率，将自己就业的目标定得极为高远，即使难以找到合适的单位，也不肯主动降低就业期望值。一些学生更是直白地表达出“非北京、上海、深圳不去”的坚定想法。然而，现实就业岗位大多并非如大学生所想象得那般美好，当他们发现现实与理想之间存在巨大落差时，很容易陷入“高不成，低不就”的两难境地，强烈的失落感也随之油然而生，如影随形。

（二）只顾眼前利益，忽视职业发展

部分大学生在确立择业标准时，将焦点仅仅局限于工作条件、收入等眼前看得见、摸得着的实在利益，而完全忽略了自我的职业兴趣、自身能力以及职业发展前景等更为关键和长远的因素。他们不假思索地选择看似有利可图但实际上并不适合自己发展的职业，甚至有些学生急于就业，只要有单位愿意接收，便不再考虑其他因素，盲目地投入一个陌生的职业领域中去，对于自身未来的职业生涯缺乏清晰的认识和规划，犹如在茫茫迷雾中前行，失去了方向。

（三）职业标准过于功利化、等级化

一些大学毕业生在择业时，过分强调职业的功利价值，将工资待遇当作衡量一切的唯一标尺，只要工资足够诱人，其他方面的重要性便被大大弱化。他们甚至还会对职业划分等级。在这样的观念驱使下，他们对条件比较艰苦的地区和行业望而却步，更不愿意从事体力工作，将职业的选择范围人为地大幅缩小，失去了许多宝贵的发展机会，同时也难以体会不同职业背后蕴含的独特价值和意义。

（四）要求职业稳定，求职一次到位的传统观念根深蒂固

时至今日，很多大学生依然对稳定、清闲、福利保障好的单位情有独钟。很多人期望通过这一途径选定理想的职业，从而一劳永逸地解决后顾之忧。他们对有风险、有挑战性的职业敬而远之，也缺乏自主创业的勇气和决心。这种渴望“一次选择，终生受用”的观念，在如今瞬息万变的社会环境下已然过时。事实上，现代社会中不存在绝对的安稳。在当下，只有不断提升和掌握职业技能，才是保持职业安全的必备法宝，才能在激烈的市场竞争中立于不败之地。

（五）过分强调专业对口、学以致用

在求职过程中，不少大学生存在一种固有观念，即只要是与自己所学专业关系不密切的职业便统统不在考虑范围之内。这种观念在无形中人为地增加了自己的就业难度。需要指出的是，很多大学生在进入大学之前，在选择专业时往往并非从自身兴趣爱好特长出发，要么听从父母的安排，要么盲目跟随社会潮流。因此，当他们真正踏入大学校园后，才逐渐发现自身并不适合所学专业，却又在学习过程中悄悄培养和发展了自己真正的喜好专长，成为某专业领域中的“非专业”能手。在毕业求职时，完全可以凭借这些隐藏的专长与专业选手同台竞技。再者，有些岗位对专业技能的专业性要求并不高，反而更看重毕业生的通用技能和综合能力。基于此，大学生不妨放宽选择范围，给自己创造更多机会去尝试和探索，说不定能发现更多适合自身发展的职业方向。

（六）职业意义认识不当

不少大学生在观念上依然仅仅把工作当作一种谋生的手段，未能深刻认识到职业对于个人全面发展的促进作用，以及实现人生价值的关键意义，无法将职业发展与自身的特质专长以及长远的人生目标紧密且恰当地联系起来。他们对职业的认知较为肤浅和片面，缺乏深入思考和长远规划，导致在职业选择和发展过程中缺乏明确的方向和动力，难以在工作中找到真正的价值和意义所在。

(七)盲目从众与过分依赖

在毕业择业这一人生重要关头，许多大学生对自己的职业目标、需求、价值观以及自身特点等并没有清晰且明确的认识。在就业决策时，他们无法正视自己的能力、素质以及所处的客观就业环境，不能对自己进行客观、清醒、全面的评价。因此，他们在面对职业选择时往往表现出茫然失措、犹豫不决、反复无常、见异思迁、躁动不安等不良状态，缺乏主动性和独立性，无法独立地获取职业信息、筛选目标、规划职业生涯，也无法妥善解决就业过程中遇到的各种问题，难以做出正确的决策。这种现象最为突出的两种表现形式就是盲目从众与过分依赖。

盲目从众是指部分毕业生在求职过程中，完全不顾及自身的兴趣、专业等自身特点，盲目地听从他人意见，亦步亦趋地跟随他人的选择，盲目地追求热门职业。这类心理的持有者往往脱离自己的实际状况，缺乏独立思考和判断能力，只会机械地跟在别人后面，如在就业市场中看到哪个摊位前人多就一窝蜂地往哪里挤，别人说某个工作好就纷纷去寻求，完全不考虑自己是否具备相应的能力和素质，也不懂得如何扬长避短，发挥自身优势。

而过分依赖则表现为在就业中不愿主动承担责任，缺乏独立意识、决策能力和进取精神。他们总是习惯性地依赖父母、老师、学校等外部力量，甚至完全坐等职业送上门而不愿意积极主动去争取。更有甚者，在参加招聘会时由家长陪同，对职业的选择完全听从父母的决定，缺乏自主择业能力，长此以往，极易在就业市场中迷失自我，无法找到真正适合自己的职业道路。

(八)就业挫折承受力差

在求职过程中，部分大学生将成功看得过重，一旦遭遇挫折，便如同泄了气的皮球，瞬间失去斗志，一蹶不振，深陷在苦闷、焦虑、失望等负面情绪之中难以自拔。他们对求职过程中可能遇到的挫折缺乏足够的心理准备和承受能力，不能很好地调节自身心态。与此同时，他们也难以通过总结求职中的经验教训来为下一次的成功积累经验。当真正置身于激烈的竞争环境时，许多人在面对压力时也表现出缺乏信心、缺乏勇气，求职时战战兢兢、顾虑重重、畏首畏尾，不敢大胆地自荐。最终，他们在竞争中因缺乏勇气去展现自己的真实实力而错失良机，陷入不战自败的尴尬境地。

(九)自卑与自大

在求职过程中，一些毕业生容易产生自卑心理，对自己评价过低。他们总是习惯性地认为自己的水平不如别人，觉得单位的招聘要求高不可攀，自己肯定无法达到，能力差劲，等等。这种就业自卑心理在冷门专业的毕业生、性格过于内向的学生以及成绩较为普通的学生群体中较为常见。自卑的学生不敢正视现实，对自己的长处视而不见，怀疑自己的能力，难以发现适合自己的职业岗位，最终在对自己的抱怨和贬低中失去了求职的勇气，还未真正开始便已结束。

而自卑的反面则是自大，且这两者在某些情况下可能会相互转化。自大的学生往往专业成绩优异，就业资本雄厚，但他们缺乏对自己和就业市场的客观认识，对职业生活也缺乏深入了解，一切皆凭自己的主观想象。例如，部分大学生自认为经过大学几年的学习和锻炼之后，已经满腹经纶，任何工作都能轻松应对，因而在求职中表现得自觉高人一等、自命不凡、四处吹嘘。然而，一旦遭遇变故或挫折，他们又会迅速陷入自卑、自责之中，一蹶不振，难以走出心理阴影，无法正确看待自己和外界环境的关系。

二、大学生就业心理的自我调适

就业本身就是大学生认识和适应社会的一个过程，在求职过程中遇到困难，甚至经过几次挫折才最后成功是正常的；在就业中遇到许多心理冲突、困惑，产生一些不良情绪也是正常的。遇到就业问题时，要学会调节自己的心态，使自己能从容、冷静地面对就业这一人生重大课题，并做出正确、理智的选择。在遇到就业心理困扰时，可以试着从以下几个方面来调节。

1. 接受客观现实，调整就业期望值

就业市场化、自主择业给大学生带来了机遇与实惠，但许多大学生对市场“残酷”的一面认识不足，对就业市场的客观实际了解不够。经过对就业市场、就业形势的客观了解与深刻体验后，我们必须明白现实情况就是如此，无论是抱怨还是气愤都无济于事，这种就业情况不可能短时间改变。与其成天怨天尤人，浪费了时间、影响了自己心情，还不如勇敢地承认和接受当前所面临的现实，彻底打破以往的美好想象，脚踏实地寻求解决问题的好办法。

就业市场上的用人单位找不到人、大量毕业生无处去的“错位”现象普遍存在，这是因为大学生的就业期望普遍较高的缘故。因此，要顺利就业就必须首先根据自己的实际情况和就业形势，调整自己的就业期望值。调整就业期望值不是对单位没有选择，而是要在职业发展认知和职业生涯规划基础上确定自己的人生轨迹。树立长远的职业发展观念，放弃择业就是“一次到位”，要求绝对安稳的观念。在择业时要看得长远，学会规划自己整个人生的职业生涯。当前获得理想职业的时机还不成熟时，应采取“先就业，后择业”的办法。在选择职业岗位时不要期望太高，可以先选择适当的职业岗位，不断提高自己的社会生存能力、增加工作经验，凭借自己的努力，通过正当的职业流动，来逐步寻找更能实现自我价值的职业岗位。许多大学生不愿意去经济落后的地区工作，可是随着西部大开发的进行，西部地区将成为经济发展的热点，也将给大学生们提供更多的发展机会，因此抢先到这样的地区去工作可能会更有利于自己的职业发展，取得事业的成功。

2. 充分认识职业价值，树立合理的职业价值观

传统认为人们工作就是为了满足生存需要，但是对于现代社会的人来说，职业对个体的意义已经远不是如此简单，职业可以满足人们从低层次到高层次的多方面需要。如最近有人对职业价值结构进行了初步研究，发现了交往、义利、挑战、环境、权力、成就、创造、求新、归属、责任、自认等11个类别的因子。因此，职业的价值是丰富的，我们要充分认识到职业对个体发展、社会进步所起到的重要作用。

在择业时不能只考虑工作的经济收入、工作条件、地点等因素，更要考虑职业对自我一生发展的影响与作用，应看重职业能否帮助实现自我价值。因此，要在考察社会需要的基础上，树立重自我职业发展、才能发挥、事业成功的职业价值观。对于那些虽然现在工作条件不怎么样，但发展空间大，能让自己充分发挥作用的单位要优先考虑；对于那些现在经济发展水平不太高，但发展潜力大，机会多的工作地点也要重视。总之，盲目到一些表面上看来不错，但不适合自己，自己才能不能得到有效发挥的单位去工作，是不会让自己的满意的。与其将来后悔，不如现在就寻找适合自己，能够发展自己，实现个人价值的职业岗位。

3. 认识与接受职业自我，主动捕捉机遇

大学生就业中的许多心里困扰都与大学生不能正确认识和接受职业自我有关，因此正确地认识自我的职业心理特点并接受自我，是调节就业心理的重要途径，并可以帮助自己找到合适自己的职业方向。要知道自己喜欢什么样的职业、需要什么样的职业、自己的择业标准以及依自己目前知识能力胜任什么样的工作，这样才能知道何种工作更适合自己。许多大学生通过亲历求职活动后就会发现自己的能力与水平并不像自己想象得那么高，并容易出现各种失望、悲观、不满情绪。因此在认识自我特点后还要接受自我，承认自己的现状，学会扬长避短。另外，要用发展的观点来看待自己，要知道有些缺点并不可怕，可以就业后在工作岗位上不断发展自己。

大学生就业中的机遇因素也是非常重要的，因此了解并接受了自我特点以后，还要学会抓住属于自己的机遇，这样才能保证以后的求职顺利。要抓住机遇首先必须要更多收集相关的招聘信息，多参加招聘会，并根据已定的择业标准进行选择。需要注意的是机遇并不是对任何人都适用的。一个工作的好与不好，是相对的，适合自己的就是最好的；同时要注意机遇的时效性，在发现就业机会时主动出击，不能犹豫，也不要害怕失败，要有敢试敢闯的精神。

4. 坦然面对就业挫折，提高心理承受力

面对市场竞争、就业压力，大学生的求职总会遇到许多困难、挫折甚至是委屈，面对这些问题抱怨毫无用处，重要的是调整自我心态，调整自己分析问题、解决问题的能力。就业过程正是大学生重新认识自我、认识社会，并主动调整自我适应社会的过程。通过求职而增强自我心理调节与承受能力，对大学生日后职业生活是有帮助的。

求职中遇到挫折，要用冷静和坦然的态度待之，客观地分析自己失败的原因，进行正确的归因。在就业市场化、需求形势不佳、竞争激烈的条件下，出现求职失败是在所难免的，不能期望自己每次求职都能成功。要对可能出现的求职挫折有充分的心理准备。同时，应把就业看作认识社会、认识职业的机会，通过求职活动来发展自己，促进自我成熟。其次，求职失败并不一定就是因为自己的能力不行。出现求职失败原因诸多，要正确分析自己失败的原因，调整自己的求职策略，以便在下次的求职中获得成功。

5. 调整就业心态，促进人格完善

在求职时，自己或身边的同学出现些许不健康的心态是正常的，没有必要过度担心、害怕自己有心理障碍。自我主动心理调适的方法有很多：首先，可以进行积极的自我心理暗示，鼓励自己、相信自己，帮助自己渡过难关。其次，可以向朋友、老师倾诉，寻求他们的安慰与支持。最后，还可以通过体育锻炼、听音乐、郊游等方式转移自己的注意力，排解心中的烦闷，放松自己的心情。

通过对自己就业时出现的种种不良心态分析，可以发现自己平时不容易察觉的某些人格缺陷，这些人格缺陷是产生就业心理问题的原因之一。如果现在没有很好地完善自己的人格，那么这些问题还会在今后的工作、生活中继续带来困扰。因此，有些问题其实是暴露得越早越好，同时也不必为自己所存在的人格缺陷而懊恼，因为很少有人是绝对的人格健全的，关键是要在发现自己问题的基础上，积极改变自己、发展自己，使自己的人格更加成熟，使自己将来的人生道路更顺利。

【练习】

对照本模块内容查看自己在择业就业方面存在哪些问题？具体如何调整？

第二篇

职业倾向分析

模块四　九型人格测试

【案例】

九型人格测试题：

这份测试卷包含了144道二选一的题目。在此测试中，答案没有正确与错误之分，它反映的只是你的个性和你的世界观。

请仔细阅读每一道题中的两个选项，并依据你平时的行为习惯选择其中一项，同时在相应的灰色格子内填上“1”。

在答题时，可能你觉得两个选项都不适用于你，或两个选项都适用于你，无论哪种情况，请选择其中你最倾向的答案。（即使你对两种状况都不同意）。如果漏选或多选，将影响你的测试结果！

序号	九型人格测试题	A	B	C	D	E	F	G	H	I
1	我认为我很浪漫并富于幻想									
	我认为自己很实际并实事求是									
2	我倾向于直接面对冲突									
	我倾向于避免冲突									
3	我一般是老练的、有魅力的以及有上进心的									
	我一般是直率的、刻板的以及空想的									
4	我倾向于集中于某事物并会紧张									
	我倾向于自然的并喜欢开玩笑									
5	我是待人友好的并愿意结交新的朋友									
	我是喜欢独处的人，不太愿意与人交往									
6	我很难放松并停止思考潜在的问题									
	潜在的问题不会影响我的工作									
7	我是一个很好的“聪明”的生存者									
	我是一个很好的“高尚”的理想主义者									
8	我需要给别人关爱									
	我愿意与别人保持一定的距离									
9	当给我一项新任务时，我通常问自己它是否对我有用									
	当给我一项新任务时，我通常问自己它是否有趣									
10	我倾向于关注我自己									
	我倾向于关注他人									

续上表

序号	九型人格测试题	A	B	C	D	E	F	G	H	I
11	别人钦佩于我的见识与知识									
	别人钦佩于我的力量与决策									
12	我给人的印象是十分不自信									
	我给人的印象是十分自信									
13	我更加注重关系									
	我更加注重目的									
14	我不能大胆地表白我自己									
	我能大胆地说出别人想说但不敢说的话									
15	不考虑其他选择而做某一确定的事对我来说是很困难的									
	放松更具灵活性对我来说是很困难的									
16	我倾向于犹豫与拖延									
	我倾向于大胆与果断									
17	我不愿意别人给我带来麻烦									
	我希望别人依赖我，让我帮忙解决麻烦									
18	通常我会为了完成工作将感情置于一边									
	通常我会在我做事情之前需要先克服我的感情									
19	一般来说，我是讲求方法并且很谨慎的									
	一般来说，我是敢于冒险的									
20	我倾向于成为一个帮助、付出的人，喜欢与他人在一起									
	我倾向于成为一个严肃、缄默的人，喜欢讨论问题									
21	我常常感到自己需要成为顶梁柱									
	我常常感到自己需要做得十全十美									
22	我主要感兴趣于问难题并保持独立性									
	我主要感兴趣于保持心理的稳定与平静									
23	我太顽固并持有怀疑的态度									
	我太软心肠并多愁善感									
24	我常常担心我不能得到较好的东西									
	我常常担心如果我放松警惕，别人就会欺骗我									
25	我习惯于表现得很冷淡而使别人生气									
	我习惯于指使别人做事而使他们生气									
26	如果有太多的刺激和鼓舞，我会感到焦虑									
	如果没有太多的刺激和鼓舞，我会感到焦虑									
27	我要依靠我的朋友，并且他们知道他们可以依靠我									
	我不依靠别人并独立做事									
28	我倾向于独立与专心									
	我倾向于情绪化并热衷于自己的想法									

续上表

序号	九型人格测试题	A	B	C	D	E	F	G	H	I
29	我喜欢向别人提出挑战，并且“使他们振奋起来”							■		
	我喜欢安慰他人使他们冷静下来						■			
30	我总的来说是个开朗的并喜欢交际的人									■
	我总的来说是个认真的并很能自律的人				■					
31	我希望能迎合别人，当我与别人距离很远，我感到不舒服	■								
	我希望与众不同，当我不能看到别人与我的区别，我感到不舒服			■						
32	对我来说，追求个人的兴趣比舒适与安全更重要								■	
	对我来说，追求舒适与安全比个人的兴趣更重要		■							
33	当与他人有冲突时，我更倾向于退缩					■				
	当与他人有冲突时，我很少会改变原先的态度							■		
34	我很容易屈服并受他人摆布	■								
	我不对别人作出让步，并对他们下达命令				■					
35	我很赏识自己的高昂的精神状态与深沉									■
	我很赏识自己深层的关心与热情							■		
36	我很想给别人留下好的印象			■						
	我并不在乎是否能给别人留下好的印象								■	
37	我依赖我的毅力与常有的感觉		■							
	我依赖我的想象与瞬间的灵感					■				
38	基本上来说，我是很随和的、很可爱的	■								
	基本上来说，我是精力旺盛的、十分自信的							■		
39	我努力工作以求得到别人的接受与喜欢			■						
	得到别人的接受与喜欢对我来说并不重要				■					
40	当别人给我压力时我会变得更加退缩								■	
	当别人给我压力时我反而会变得更加自信									■
41	人们对我感兴趣是因为我很开朗、有吸引力、有趣						■			
	人们对我感兴趣是因为我很安静、不同寻常、深沉					■				
42	职责与责任对我很重要		■							
	协调与认可对我很重要	■								
43	我制订出重要的计划并作出承诺，以此来鼓励人们							■		
	我会指出不按照我的建议做所产生的后果，以此来鼓励人们				■					
44	我很少会表露出自己的情绪								■	
	我经常会宣泄出自己的情绪						■			
45	我不擅长处理琐屑的事									■
	我比较擅长于处理琐屑的事			■						

续上表

序号	九型人格测试题	A	B	C	D	E	F	G	H	I
46	我常常强调自己与绝大多数人的不同之处，尤其是与我的家庭不同					■				
	我常常强调自己与绝大多数人的共同之处，尤其是与我的家庭共同					■				
47	当场面变得热闹起来时，我倾向于站在一旁								■	
	当场面变得热闹起来时，我倾向于加入其中									■
48	即使朋友不对，为了友情，我也会委曲求全		■							
	我不想为了友情对正确的事情作出妥协和让步				■					
49	我是一个善意的支持者						■			
	我是一个积极的老手			■						
50	当遇到困难时我倾向于放大我的问题					■				
	当遇到困难时我倾向于去转移注意力									■
51	总的来说，我很确信知道情况应该如何				■					
	总的来说，我对情况持怀疑的态度								■	
52	我的悲观、抱怨常会给别人带来麻烦		■							
	我的控制的方式会给别人带来麻烦							■		
53	我倾向于按我的感觉办事并听之任之						■			
	我倾向于不按照我的感觉办事以免产生更多的问题	■								
54	通常我成为注意的焦点时，会很自然			■						
	通常我成为注意的焦点时，会很不习惯					■				
55	我做事情很谨慎，努力为意料之外的事情做准备		■							
	我做事情凭一时冲动，只是在问题出现时才临时准备									■
56	当别人不是很欣赏我为他们所做的事情时我会很生气						■			
	当别人不听我的话时，我会很生气				■					
57	独立、自力更生对我很重要							■		
	有价值、得到别人的称赞对我很重要			■						
58	当与朋友争论时我倾向于强烈地坚持自己的观点								■	
	当与朋友争论时我倾向于顺其自然，以免伤了和气	■								
59	我常常占有我所爱的人——我不能放任他们					■				
	我常常"考察"我所爱的人，想确定他们是否爱我		■							
60	整合资源并促使某些事情的发生是我的优势之一							■		
	提出新观点并同时激励、振奋人心，这是我的优势之一									■
61	我要在别人的驱策下做事才更有动力，不能依赖自己				■					
	我过于情绪化，不能自律					■				
62	我试图使生活高节奏、紧张并充满兴奋的感觉									■
	我试图使生活有规律、稳定、宁静	■								

续上表

序号	九型人格测试题	A	B	C	D	E	F	G	H	I
63	尽管我已取得成功，但我仍怀疑自己的能力		■							
	尽管我受到挫折，但我仍相信自己的能力			■						
64	一般我倾向于详细研究自己的情感并保持此情感很久					■				
	一般我倾向于减少自己的情感并不加以注意								■	
65	我对许多人加以注意并培养他们						■			
	我指导许多人并鼓励他们							■		
66	我对自己要求有点严格				■					
	我对自己有点宽容									■
67	我倾向于独断，并追求卓越			■						
	我谦虚，喜欢按自己的节奏做事	■								
68	我为自己的清晰性与目标性感到自豪							■		
	我为自己的可靠性与诚实而感到自豪		■							
69	我花大量的时间反省，理解自己的感受对我来说是很重要的					■				
	我花大量的时间反省，把事情做完对我来说是很重要的							■		
70	总的来说我认为自己是一个灿烂随和的人	■								
	总的来说我认为自己是一个严肃的、有品位的人				■					
71	我头脑灵活，精力充沛									■
	我有一颗炽热的心，具有奉献精神						■			
72	我所做的事情要有极大的可能性得到奖励与赏识			■						
	如果所做的事是我所感兴趣的，我愿意放弃自己的奖励与赏识								■	
73	我认为履行社会义务并不重要				■					
	我常常会很认真地履行我的社会义务		■							
74	在绝大多数情况下，我愿意自己做领导						■			
	在绝大多数情况下，我愿意让其他人做领导	■								
75	多年以来，我的价值观与生活方式经常会有变化				■					
	多年以来，我的价值观与生活方式基本没有大的变化		■							
76	一般我缺乏自律能力									■
	一般情况下我与别人的联系很少								■	
77	我倾向于拒绝给予爱，希望别人进入我的世界					■				
	我倾向于过于直率地给别人爱，希望自己进入别人的世界						■			
78	做事情之前我习惯于先作好最坏的打算		■							
	我倾向于认为任何事情都会变得最好	■								
79	人们相信我是因为我很自信，并且尽全力做到最好						■			
	人们相信我是因为我很公正、会正确地做事				■					

续上表

序号	九型人格测试题	A	B	C	D	E	F	G	H	I
80	我常常忙于自己的事情，而忽略了与他人的交往								■	
	我常常忙于与他人交往，而忽略了自己的事情						■			
81	当第一次遇到某人时，通常我会镇定自若并沉默寡言			■						
	当第一次遇到某人时，通常我会闲聊并使人觉得有趣									■
82	总而言之，我相对是比较悲观的					■				
	总而言之，我相对是很乐观的	■								
83	我更喜欢呆在自己的小世界里								■	
	我更喜欢让全世界的人知道我的所在							■		
84	我常常被紧张、不安全与怀疑而困扰		■							
	我常常被生气、完美主义与不耐烦而困扰				■					
85	我意识到我是太有人情味与待人太亲密						■			
	我意识到我是太酷并过于冷漠			■						
86	我失败是因为我不能抓住机会					■				
	我失败是因为我总是追求太多									■
87	我要思考很长的时间后才会采取行动								■	
	我通常会立即采取行动									■
88	通常我很难作出决定		■							
	我很少会感到难以作出决定							■		
89	我倾向于给人留下态度强硬的印象						■			
	我并不倾向于过多地坚持自己的意见	■								
90	我情绪稳定			■						
	我情绪多变					■				
91	当不知道要干什么事情时，我常常会向别人寻求建议		■							
	当不知道要干什么事情时，我会尝试不同的事情以确定哪一种最适合我去做									■
92	我担心，别人参加活动时会忘记我						■			
	我担心，参加别人的活动会影响我做自己的事情				■					
93	当我生气时，一般我会责备别人							■		
	当我生气时，一般我会变得很冷淡			■						
94	我很难入睡								■	
	我很快就能入睡	■								
95	我常常努力地思考如何与别人产生更为亲密的关系						■			
	我常常努力地思考别人想从我这儿得到什么		■							
96	通常我是慎重的、有话直说的并且深思熟虑的人							■		
	通常我是易兴奋的、善于快速地说话以回避问题并且机智的人									■

续上表

序号	九型人格测试题	A	B	C	D	E	F	G	H	I
97	当看到别人犯错误时,我常常不说出口					■				
	当看到别人犯错误时,我常常会帮助他们,使他们认识到自己所犯的错误				■					
98	在生活中的绝大多数时间里,我是情感激烈的人,会产生许多易变的情感									■
	在生活中的绝大多数时间里,我是很稳定的人,我会“心如止水”	■								
99	当我不喜欢某些人时,我会掩藏自己的情感并努力地保持热情		■							
	当我不喜欢某些人时,我会以这种或那种方式让他们知道我的情感	■								
100	我与别人交往有困难是因为我很敏感并总是从自己的角度考虑事情					■				
	我与别人交往有困难是因为我不太在乎社会习俗								■	
101	我的方法是直接帮助别人						■			
	我的方法是告诉别人如何自助							■		
102	总的来说,我喜欢“释放”并突破所受的限制									■
	总的来说,我不喜欢过多地失去自我控制				■					
103	我过度地关注于要比别人做得好				■					
	我过度地关注于把自己的事做好就行	■								
104	我的想法总是很遐想的,包含着想象与好奇								■	
	我的想法总是很实际的,只是试图保持事情的发展状况		■							
105	我的主要优势之一就是我能够控制场面							■		
	我的主要优势之一就是我能够讲述内心的感受					■				
106	我努力争取做好事情而不管这样是否会使别人不开心				■					
	我不喜欢有压力的感觉,所以也不喜欢压制别人	■								
107	我常常感到骄傲,因为我对别人的生活起着重要的作用						■			
	我常常感到骄傲,因为我对新的经历会很感兴趣并且乐于接受									■
108	我认为我给别人留下的印象是:好样的甚至很令人钦佩			■						
	我认为我给别人留下的印象是:与众不同的甚至很古怪的								■	
109	一般我做我必须应该去做的事		■							
	一般我做我所想做的事					■				
110	我很喜欢处于高度的压力之下,甚至是困难的情景中							■		
	我不喜欢处于高度的压力之下,甚至是困难的情景中	■								
111	我为自己的灵活能力感到骄傲——我知道合适的或重要的情况是变化的			■						
	我为自己的立场感到骄傲——我有坚定的信念				■					

续上表

序号	九型人格测试题	A	B	C	D	E	F	G	H	I
112	我的风格倾向于节约而朴实								■	
	我的风格倾向于过度并过量地做某些事情									■
113	我的健康与幸福受到伤害是因为我有强烈的愿望去帮助别人						■			
	我的人际关系受到损害是因为我只关注与自己的需要					■				
114	总的来说，我太坦诚、太天真	■								
	总的来说，我过于谨慎、过于戒备		■							
115	有时我因过于好斗而令人厌恶							■		
	有时我因太紧张而令人厌恶				■					
116	关心别人的需要并提供服务对我来说是很重要的						■			
	寻找看待并做好事情的其他方法对我来说是很重要的							■		
117	我全身心地、持之以恒地追求我的目标			■						
	我喜欢探索各种行动的途径，想看看最终的结果如何									■
118	我经常会激起强烈与紧张的情绪					■				
	我经常使自己冷静与安逸	■								
119	我不太注重实际的结果，而注重自己的兴趣								■	
	我很实际并希望我的工作有具体的结果							■		
120	我有强烈的归属需要		■							
	我有强烈的平衡需要				■					
121	过去我可能过于要求朋友间的亲密						■			
	过去我可能过于要求朋友间的疏远			■						
122	我倾向于回忆过去的事情				■					
	我倾向于预期未来所要做的事情									■
123	我倾向于将他人看作很麻烦的、苛刻的								■	
	我倾向于将他人看作很莽撞的、有需求的				■					
124	总的来说，我不太自信		■							
	总的来说，我仅相信自己							■		
125	我可能太被动，不积极参与	■								
	我可能控制过多						■			
126	我经常因为怀疑自己而停下来					■				
	我很少会怀疑自己			■						
127	如果让我在熟悉的东西与新的东西之间作出选择，我会选新的东西									■
	我一般会选我所喜欢的东西，会对我所不喜欢的东西而感到失望		■							
128	我给别人大量的身体接触以使他们相信我对他们的爱						■			
	我认为真正的爱是不需要身体接触的		■							

续上表

序号	九型人格测试题	A	B	C	D	E	F	G	H	I
129	当我责备别人时，我是很严厉、很直截了当的							■		
	当我责备别人时，我常常是旁敲侧击的			■						
130	我对别人认为很困扰甚至很可怕的学科却很感兴趣								■	
	我不喜欢去研究别人认为令人困扰的、可怕的学科	■								
131	我因防碍、干扰别人而受到指责						■			
	我因过于逃避、沉默寡言而受到别人的指责		■							
132	我担心没有办法履行我的职责							■		
	我担心自己缺乏自律不能履行职责									■
133	总的来说我是一个很凭直觉办事并且极度个人主义的人					■				
	总的来说我是一个很有组织性的并且负责任的人				■					
134	克服惰性是我的主要问题之一	■								
	不能慢下来是我的主要问题之一									■
135	当我觉得不安全时，我会变得傲慢，表示对此的轻视			■						
	当我觉得不安全时，我会自卫并变得好争论		■							
136	我是思想开明的，乐意尝试新的方法								■	
	我会表白真情，乐意与别人共享我的情感					■				
137	在别人面前，我会表现得比实际的我更为强硬些							■		
	在别人面前，我会表现得比实际的我更为在意些						■			
138	通常我是按我的想法与理性分析去做事情				■					
	通常我是按我的感觉与冲动去做事情									■
139	严峻的逆境使我变得坚强			■						
	严峻的逆境使我变得气馁与听天由命	■								
140	我确信有某种“安全网”可以依靠		■							
	我常常要选择居于边缘而无所依靠								■	
141	我要为了别人而表现得很坚强，所以没时间顾及自己的情感与忧虑							■		
	我不能应对自己的情感与忧虑，所以我不能为别人而表现得很坚强					■				
142	我常常觉得奇怪，生活中美好的事情很多为什么人们只看到消极的一面	■								
	我常常觉得奇怪，生活很糟糕为什么人们还那么开心				■					
143	我努力使自己不被看作自私的人						■			
	我努力使自己不被看作令人讨厌的人									■
144	当我担心被别人的需要与要求压垮时，我会想办法尽量避免								■	
	当我担心会辜负人们对我的期望时，我会避免产生亲密的关系			■						

计分方法：将每一栏的得分相加，并将总分填入下面这个表格中。如A栏中总分为5，则将“5”填到A下面的方框中；B栏中得分为7，就将“7”填到B下面的方框中，依此类推。在答题过程中，如果没有漏选或多选，则下表中从A到I下面的方框中的数字相加应得144，如果不是，请检查是否正确填写。

栏目	A	B	C	D	E	F	G	H	I
总数									
个性号码	9号	6号	3号	1号	4号	2号	8号	5号	7号

【问题讨论】

1. 你认识自己吗？
2. 测试结果表明“你是谁”，你是否认可这个结果？

【课堂点评】

此份测评问卷是基于一个名为enneagram的性格指标设计而成的，主要用于帮助你有效地掌握你个人的行为习惯，反映你自己的个性和你的世界观，帮助你更好地了解自身的优势和弱点，并知道在何种情形下你的行动将更为有效。同时，你还可以通过此问卷知道他人是如何看待他们自己的，以及相互间又是如何相处影响的。

测试问卷中A~I九种选项分别代表了九种不同的性格，它们分别被命名为：1号完美型、2号助人型、3号成就型、4号感觉型、5号思想型、6号忠诚型、7号活泼型、8号领袖型、9号和平型。也就是说，人格被分为了九型，而你必然属于其中一型，这个型就是你的“基本人格型态”。一个人的基本人格类型是不会变的，即使在现实生活中，因为某些因素而有了种种变化，但你的基本人格型态可能有某部分的隐藏或是调整，却不会真正改变。这就是为什么有时人们能够从对方身上找到很多共同点的原因，因为你们是同一类型的人。但中国有十几亿人口，世界上有几十亿人口，只以九种类型划分，每个类型都有上亿人了，为什么我们却找不到性格完全相同的两个人？其实原因很简单：就像世界上没有完全相同的两片树叶一样，人们为了顺应成长环境、社会文化，在安定或压力的情况下，有可能出现一些差异。而必须强调的是：每一个人的成长环境都是独一无二的，所以同类型人之间可能有许多共同点，却也各自拥有一些属于自己最特殊的特质。另外，你还要知道，九型人格中，没有哪一型是全然属于“男人的型”，而哪一型又是“女人专属”；没有哪一型比较好，哪一型比较差的绝对价值观。事实上，每一型的人都各有其优缺点；了解你自己和别人的人格类型后，不是希望将每一个人贴上标签，拿自己的类型做借口而划地自限，或是“铁口直断”别人会有什么行为表现，而是了解、掌握自己或他人的人格类型，提升自我的修养。因为每一型人的性格都有朝向健康或是不健康的方向，并因此而产生的不同变化。

在测试结果中，你可能其中几项的得分都很高并且很接近，但最高的分数并不一定等于我们的性格号码，最后得分只是告诉我们，我们现在的生命状态如何，性格号码最终取决于我们内心的动机，取决于我们的基本欲望和基本恐惧。在后面的介绍中，将会对各个性格号码做详细的说明，帮助你最终判定你的基本人格形态。

一、什么是九型人格

九型人格学(enneagram)是一个有2 000多年历史的古老学问,它按照人们习惯性的思维模式、情绪反应和行为习惯等性格特质,将人分为九种,称为九型人格。"enneagram"一词源自希腊文ennea(九)以及gram(型态),可以译为九种人格、九型人格或九种性格。九型人格揭示了人们内在最深层的价值观和注意力焦点,它不受表面的外在行为的变化的影响,帮助人们真正做到"知己知彼,百战百胜"。所以这套学问被广泛地应用到个人成长、职业选择、人际关系等方面。

(一)第一型(A):完美型(reformer/perfectionist)——一个完美主义者

基本恐惧:怕自己错、变坏、被腐败。

基本欲望:希望自己是对的、好的、有诚信的。

对自己的要求:做得对。

特质:世界是黑白分明的,对是对,错是错;做人一定要公正,有节制;做事一定要有效率。

顺境(被认同时):追求崇高的理想,追求完美。

逆境(不被认同时):过度批判,缺乏弹性,自以为是。

处理感情的方法:①压抑,否定;②将感情注入工作/活动中,追求完美,原意"跟大队",讨厌不守规则的人。

身体语言:挺硬,可以长久保持同一姿势;面部表情:变化少,严肃,笑容不多;讲话方式/语调:缺乏幽默感,直接;毫不留情,不懂得婉转;重复信息多次;速度偏慢,声线较尖。

常用词汇:应该、不应该;对、错;不、不是的;照规矩。

工作环境:环境稳定不变;精确工作标准,技术性。

(二)第二型(B):助人型(helper/giver)——一个给予者

基本恐惧:被爱,不被需要。

基本欲望:感受爱的存在。

对生命的要求:有人爱我及有人被我爱护。

特质:感性、热心,友善、取悦人,时常感觉自己付出得不够,乐于助人,甘于牺牲,占有欲强。

顺境(可以爱人及被爱时):富于同情心,体恤别人的处境,付出无条件的爱。

逆境(没有爱或被背叛时):横蛮无理,操纵性强,对人有过分的要求。

处理感情的方法:过分强调别人的需求,而忽略了自己的需求。

身体语言:柔软而有力,愿意与人有身体接触;面部表情:柔和、多笑容;讲话方式/语调:速度偏快,声线较沉,自嘲,有幽默感。

常用词汇:你坐着,让我来;不要紧,没问题;好,可以;你觉得呢?

工作环境:强调合作性,大家同向一个目标迈进,没有人际纠纷。

（三）第三型（C）：成就型（achiever/motivator）——一个实践者

基本恐惧：没有成就，一事无成。

基本欲望：感觉有价值，被接受。

对生命的要求：成功及受人敬仰。

特质：重视名利，是个实用主义者；在意自己在别人面前的表现；让人看到最好的一面，喜欢出风头。

顺境（有成就时）：充满自信、活力，有魅力；受人欢迎；积极追求自我增进；有强烈目标感，有野心。

逆境（一事无成时）：为达到目的，会不择手段；投机性强，自私自利，说谎。

身体语言：动作快，转变多，大手势；面部表情：目光直接，刻意地不表露感受；讲话方式/语调：夸张，喜欢讲笑话，大声，声线不尖不沉。

常用词汇：可以，没问题；保证；绝对；最、顶、超。

工作环境：多元化，好玩，有创意；有挑战性，越少规则越好；有人欣赏自己的热诚、创意及想象力。

（四）第四型（D）：感觉型（artist/individualist）——一个浪漫主义者

基本恐惧：有独特的自我认同或存在意义。

基本欲望：找自我，在内在经验中找到自我认同。

对自己的要求：忠于自我。

特质：浪漫，有幻想，喜欢通过有美感的事物去表达个人的感情；内向，情绪化，容易忧郁及自我放纵，追求独特的经验。

顺境（有独特认同时）：创造能力强，有直觉，有灵感，触感敏锐，立场坚定，严肃中带幽默。

逆境（没有独特认同时）：自我封闭，自我破坏，容易产生无助、无望的感觉，扮演受害者，沉沦在痛苦中。

处理感情的方法：寻求拯救者，一个了解他们并且支持他们梦想的人；恐惧平淡，被遗弃，寻找不到真我；对人若即若离，却又依赖支持者。

身体语言：刻意地优雅，没有大动作，慢；面部表情：静态，幽怨；讲话方式/语调：分明的抑扬顿挫，小心措辞，语调柔和。

常用词汇：惯性保持静默。

工作环境：工作环境自由自在；单独工作，有创意；不必做重复性的工作。

（五）第五型（E）：思想型（thinker/observer）——一个观察者

基本恐惧：无助、无能、无知。

基本欲望：能干、知识丰富。

对自己的要求：成为某一方面的专家。

特质：热衷于寻求知识，喜欢分析事物及探讨抽象的观念，从而建立理论架构。

顺境（能干时）：理想主义者，对这世界有深刻的见解，专注于工作，敢于革新，及产生有价值的新观念。

逆境(无能时):愤世嫉俗,对人采取敌对及排斥的态度,自我孤立,夸大妄想,只想不做。

处理感情的方法:用抽离方式处理,仿佛是旁观者,100%用脑做人,不喜欢群体运作,对规则不耐烦。

身体语言:双手交叉胸前,上身后倾,翘腿;面部表情:冷漠,皱起眉头;讲话方式/语调:平板,刻意表现深度,兜转,没有感情。

常用词汇:我想;我认为;我的分析是;我是意见是;我的立场是。

工作环境:理论,逻辑,复杂;单独工作,无时间限制;不必管理别人。

(六)第六型(F):忠诚型(team player/loyalist)——一个质问者

基本恐惧:得不到支援及引导,单凭一己之力无法生存。

基本欲望:得到支援及安全感。

内在声音:达到他人对我的期望。

特质:认同及服从权威,有责任感;面对异己者时,容易陷入强忍/攻击的矛盾中,因而变得优柔寡断,及过分谨慎。

顺境(得到支持时):自我肯定;信赖别人和自己;容易与人有亲密的关系,对待家人、朋友及所属的团体有持久的忠诚及承诺。

逆境(没有支持时):缺乏安全感,极度焦虑;自我贬抑,有被虐的倾向。

处理感情的方法:恐惧被遗弃,无人支援,对人太过依赖;对人有承诺感,值得信赖,同时保持独立,而防卫性颇强。

忠诚型有两种:惶恐型、先发制人型。

身体语言:(惶恐型)肌肉拉紧,双肩向前弯;面部表情:慌张,避免眼神接触;讲话方式/语调:声线微带颤抖,久久不入正题。

身体语言:(先发制人型)肌肉拉紧,刻意挺起胸膛;面部表情:瞪起眼睛盯着人;讲话方式/语调:故意粗声粗气,兜兜转转,不入正题。

常用词汇:慢着;等等;让我想一想;不知道;唔;或者可以的;怎么办。

工作环境:(惶恐型)选择做普通员工,需要规条及操作标准,容许自由发展,有时间追求自己的兴趣及爱好;(先发制人型)希望能够掌有实权,愿意跟从规条及操作标准,容许自由发展。

(七)第七型(G):活泼型(enthusiast)——一个享乐主义者

基本恐惧:被剥削,被困于痛苦中。

基本欲望:追求快乐、满足、得偿所愿。

对自己要求:得到我需要的一切。

特质:外向,非压抑性,见闻广博,物质主义者,喜欢探索新鲜事物,深谙自我娱乐之道。

顺境(奔放快乐时):拥有鉴赏力,令人喜悦,懂得充分享受生命,热情洋溢,活得精彩,多才多艺。

逆境(困于痛苦时):粗鲁无礼,对人具攻击性,极度自我中心,为了满足自己的需求而伤害别人,沉溺逸乐,有时冲动得令人讨厌。

处理感情的方法:逃避痛苦、空虚感,过分强调个人的需求,很容易觉得照顾别人是负担。

身体语言:不断转动身体,坐立不安;面部表情:大笑或不笑,很少微笑,有不屑的表情,有时瞪眼望人;讲话方式/语调:语不惊人死不休,一针见血,刻薄。

常用词汇:管他呢;用了/吃了/做了再说。

工作环境:多元化、有趣、兴奋、多变;工作环境随便,无固定架构,时间自由;用有创意的方法解决问题。

(八)第八型(H):领袖型(leader)——一个支配者

基本恐惧:被认为软弱、被人伤害、控制、侵犯。

基本欲望:决定自己在生命中的方向,捍卫本身的利益,做强者。

对世界的要求:坚强及能够控制自己的处境。

特质:敢冒险,是掌舵人、创业者,任性、好战,不会屈伏于权威之下,而会开创自己的事业。

顺境(有权有势时):英雄人物,勇敢宽大,有自信,是天生的领袖,对人有启发及鼓舞的作用,令人尊敬。

逆境(没有极势时):残暴且具攻击性,没有同情心,欺凌弱者,自大,复仇心重。

处理感情的方法:恐惧被人控制或驾驭,与人亲密(信任及关怀令人脆弱),对人防卫性强,不让人接近,强化外壳,防止受伤。

身体语言:教导式,大动作;面部表情:多变化;讲话方式/语调:肯定,直接点题,声如洪钟。

常用词汇:喂,你;我告诉你;为什么不能;去;看我的;跟我走。

工作环境:允许自己领导、控制、组织;喜欢挑战。

(九)第九型(I):和平型(peace-maker)——一个和平者

基本恐惧:失去,分离,被歼灭。

基本欲望:维系内在的平静及安稳。

对世界的要求:身边的人好。

特质:甘于现实,不求调整,为人被动;对生命表现得不甚热衷,有颇强烈的宿命论,因此一切听天由命;强调别人处境的优势;逃避面对身边人的问题以及面对自己未能有理想的成就。

顺境(内心平和时):满足现状,自律性强,温文有礼,乐观,爱护家人朋友。

逆境(内心不平衡时):拖着脚步做人,不去面对问题,尽量避免冲突,性格模糊。

身体语言:柔软无力,东歪西倒;面部表情:很少笑容,木然;讲话方式/语调:间接,仿佛没有中心思想,声线低沉,慢。

常用词汇:随便啦/随缘啦;你说呢?让他去吧;不要那么认真嘛。

工作环境:可以向个人理想迈进,不受规则、时间限制、政治因素骚扰,助人成长及发展潜能。

二、九种性格的自我提升

每一类型性格的人,都有自己执著、坚持的误区。学习九型人格的其中一个目的就是清楚自己性格的特质和突破自己执著、坚持的误区。

这就需要我们诚实地面对自己，接纳自己的性格。要知道没有哪一个人的性格是十全十美的。只不过我们每一个人都应该持续不断地自我修炼，使自己的性格向好的一面整合。当九种人同时在星球上共存时，一个最完整、没有缺陷的团体诞生了，这九种人共同合作，互相制衡，堪称真正的梦幻组合。这个星球就叫作地球。

个人成长警钟(A、1号)：要知道这个世界不是非黑即白的，还有灰色的部分，完美只是一个理想，成长才是一个真实的过程。

提升建议：把“有效”而不是“正确”作为标准；更多地相信别人；让自己快乐起来，让生活充满更多的乐趣。

个人成长警钟(B、2号)：认识到别人是别人，自己是自己，不能总活在别人的感觉中，要将对别人的关注和爱转向自己，关注自己的感受。

提升建议：学会说“不”，花一点时间反思自己的需要；减少别人对自己的依赖，给别人解决自己问题的空间；多一些客观，少一些情绪化。

个人成长警钟(C、3号)：不要只是以社会评价作为标准，而忽略了自己内在真实的感受，要明白内在的成长比外在的成功更重要。

提升建议：不要过于目的性，注重双方的感受；减轻自己的竞争意识，学会合作；超越短期目标，树立长期目标。

个人成长警钟(D、4号)：过去已经过去，未来还没有来到，最重要的是珍惜眼前所拥有的一切。

提升建议：从自我世界里走出来，找到比自己更大的事物；多点理智，多一点去关注结果；学会控制自己的情绪，学会宽恕、放下。

个人成长警钟(E、5号)：尽快地把想变成行动，多一些感性的力量，正视自己的感情，也要体察别人的心情。

提升建议：有效果比有道理更重要；学会与他人合作，学会关注别人的感受；更多地关注政治策略。

个人成长警钟(F、6号)：要相信自己，相信别人，放下多余的担心，拿出本能的力量。

提升建议：处理好与自己及权威人物的关系；多一点正面的思想，减轻自己的焦虑；做了决定就一定要踏实向前，不要迟疑。

个人成长警钟(G、7号)：敢于去面对压力和痛苦。专注于某件事情，善始善终。

提升建议：脚踏实地地完成眼前的工作；放慢自己的脚步；学会发现批评中包含的正确观点。

个人成长警钟(H、8号)：要学会控制自己的愤怒，你并不能够代表正义，强权也并不像自己想象的那么重要；多一点温柔，愿意暴露一些弱点在人前。

提升建议：学会聆听，在回答之前先了解别人的观点；责备别人时要非常小心；留意自己的嗓门，不要大声吼叫。

个人成长警钟(I、9号)：勇于讲出自己的想法和感受，把自己的愤怒表达出来。否则会变得阳奉阴违。

提升建议：更多地表达自己，敢于面对冲突；尽可能切中重点，聚焦目标，完成办公桌上堆积的文件，克服拖延。

虽然人与人各有不同，但每种性格都有其职位、工作以及重要性，缺一不可。没有一种性格比其他性格好，没有一种性格比其他性格差。这就是九型人格学的最重要的精神。

【练习】

找找自己属于九型人格中的哪一种类型，说说有哪些办法可以提升自己的人格类型。

模块五　霍兰德职业倾向性测试

【案例】

寻找心中的桃花源——六岛环游

假设在度假的途中,你所乘坐的轮船突然发生了意外故障,必须紧急靠岸。这时候,轮船正好处于下列六个岛屿的中间。你希望选择哪一个岛屿靠岸? 要知道,这些岛屿只能通过轮船与外界联系。由于天气原因,今后至少半年内船只都无法出航,而且还要等待境外的轮船运送人员和器材时,才能维修你所乘坐的轮船。因此一旦靠岸,你可能需要在这个岛上呆很长一段时间(至少半年)。请按一、二、三的顺序挑出三个岛屿。

A岛:美丽浪漫的岛屿,岛上充满了美术馆、音乐馆、弥漫着浓厚的艺术文化气息。同时,当地的原住居民还保留了传统的舞蹈、音乐与绘画,许多文艺界的朋友都喜欢来这里找寻灵感。

I岛:深思冥想的岛屿,岛上人迹较少,建筑物多僻处一隅,平畴绿野,适合夜观星象。岛上有多处天文馆、科博馆,以及科学图书馆等。岛上居民喜好沉思、追求真知,喜欢和来自各地的哲学家、科学家、心理学家等交换心得。

C岛:现代井然的岛屿,岛上建筑十分现代化,是进步的都市形态,以完善的户政管理、地政管理、金融管理见长。岛民个性冷静保守,处事有条不紊,善于组织规划。

R岛:自然原始的岛屿,岛上保留有热带的原始植物林相、自然生态保育很好,也有相当规模的动物园、植物园、水族馆。岛上居民以手工见长,自己种植花果蔬菜、修缮房屋、打造器物、制作工具。

S岛:温暖友善的岛屿,岛上居民个性温和、十分友善、乐于助人,社区均自成一个密切互动的服务网络,人们多互助合作,重视教育,充满人文气息。

E岛:显赫富庶的岛屿,岛上的居民热情豪爽,善于企业经营和贸易。岛上的经济高度发展,处处是高级饭店、俱乐部、高尔夫球场。来往者多是企业家、经理人、政治家、律师等。

在选出最向往的三个岛屿之后,先不要急于登岛。请先做一个测试,也许能帮助你找到心中真正的桃花源。

霍兰德职业兴趣测评量表

本测验共有七个部分,每部分测验都没有时间限制,但须尽快按要求完成。

第一部分:心目中的理想职业(专业)

对于未来的职业(或升学进修的专业),须早做考虑,它可能很抽象、很朦胧,也可能很具体、很清晰。不论是哪种情况,现在都请把自己最想从事的三种工作或最想读的三种专业,按顺序写下来。

第二部分:所感兴趣的活动

下面列举了若干种活动,请就这些活动判断自己的好恶。喜欢的,请在后面打√;不喜欢的,请打后面打×。请按顺序回答全部问题。

R:实际型活动

1. 装配修理电器或玩具;
2. 修理自行车;
3. 用木头做东西;
4. 开汽车或摩托车;
5. 用机器做东西;
6. 参加木工技术学习班;
7. 参加制图描图学习班;
8. 驾驶卡车或拖拉机;
9. 参加机械和电气学习班;
10. 装配修理机器。

统计打√个数——

I:调查型活动

1. 读科技图书和杂志;
2. 在实验室工作;
3. 改良水果品种,培育新的水果;
4. 调查了解土和金属等物质的成分;
5. 研究自己选择的特殊问题;
6. 解算术或玩数学游戏;
7. 物理课;
8. 化学课;
9. 几何课;
10. 生物课。

统计打√个数——

A:艺术型活动

1. 素描/制图或绘画;
2. 参加话剧/戏剧;
3. 设计家具/布置室内;
4. 练习乐器/参加乐队;
5. 欣赏音乐或戏剧;
6. 看小说/读剧本;

7. 从事摄影创作；
8. 写诗或吟诗；
9. 进艺术(美术/音乐)培训；
10. 练习书法。

统计打√个数——

S:社会型活动

1. 学校或单位组织的正式活动；
2. 参加某个社会团体或俱乐部活动；
3. 帮助别人解决困难；
4. 照顾儿童；
5. 出席晚会、联欢会、茶话会；
6. 和大家一起出去郊游；
7. 想获得关于心理方面的知识；
8. 参加讲座会或辩论会；
9. 观看或参加体育比赛和运动会；
10. 结交新朋友。

统计打√个数——

E:事业型活动

1. 说服鼓动他人；
2. 卖东西；
3. 谈论政治；
4. 制定计划、参加会议；
5. 以自己的意志影响别人的行为；
6. 在社会团体中担任职务；
7. 检查与评价别人的工作；
8. 结交名流；
9. 指导有某种目标的团体；
10. 参与政治活动。

统计打√个数——

C:常规型(传统型)活动

1. 整理好桌面和房间；
2. 抄写文件和信件；
3. 为领导写报告或公务信函；
4. 检查个人收支情况；
5. 打字培训班；
6. 参加算盘、文秘等实务培训；

7. 参加商业会计培训班；
8. 参加情报处理培训班；
9. 整理信件、报告、记录等；
10. 写商业贸易信。

统计打√个数——

第三部分：所擅长获胜的活动

下面列举了若干种活动，请将自己能做的事在“是”栏里打√；反之，在“否”栏里打×。请回答全部问题。

R：实际型活动

1. 能使用电锯、电钻和锉刀等木工工具；
2. 知道万用表的使用方法；
3. 能够修理自行车或其他机械；
4. 能够使用电钻床、磨床或缝纫机；
5. 能给家具和木制品刷漆；
6. 能看建筑设计图；
7. 能够修理简单的电气用品；
8. 能修理家具；
9. 能修理收录机；
10. 能简单地修理水管。

统计打√个数——

I：调研型能力

1. 懂得真空管或晶体管的作用；
2. 能够列举三种蛋白质多的食品；
3. 理解铀的裂变；
4. 能用计算尺、计算器、对数表；
5. 会使用显微镜；
6. 能找到三个星座；
7. 能独立进行调查研究；
8. 能解释简单的化学；
9. 理解人造卫星为什么不落地；
10. 经常参加学术的会议。

统计打√个数——

A：艺术型能力

1. 能演奏乐器；
2. 能参加二部或四部合唱；
3. 独唱或独奏；

4. 扮演剧中角色；
5. 能创作简单的乐曲；
6. 会跳舞；
7. 能绘画、素描或书法；
8. 能雕刻、剪纸或泥塑；
9. 能设计板报、服装或家具；
10. 写得一手好文章。

统计打√个数——

S:社会型能力

1. 有向各种人说明解释的能力；
2. 常参加社会福利活动；
3. 能和大家一起友好相处地工作；
4. 善于与年长者相处；
5. 会邀请人、招待人；
6. 能简单易懂地教育儿童；
7. 能安排会议等活动顺序；
8. 善于体察人心和帮助他人；
9. 帮助护理病人和伤员；
10. 安排社团组织的各种事务。

统计打√个数——

E:事业型能力

1. 担任过学生干部并且干得不错；
2. 工作上能指导和监督他人；
3. 做事充满活力和热情；
4. 有效利用自身的做法调动他人；
5. 销售能力强；
6. 曾作为俱乐部或社团的负责人；
7. 向领导提出建议或反映意见；
8. 有开创事业的能力；
9. 知道怎样做能成为一个优秀的领导者；
10. 健谈善辩。

统计打√个数——

C:常规型能力

1. 会熟练地打印中文；
2. 会用外文打字机或复印机；
3. 能快速记笔记和抄写文章；

4. 善于整理保管文件和资料；
5. 善于从事事务性的工作；
6. 会用算盘；
7. 能在短时间内分类和处理大量文件；
8. 能使用计算机；
9. 能搜集数据；
10. 善于为自己或集体做财务预算表。

统计打√个数——

第四部分：所喜欢的职业

下面列举了多种职业，请逐一认真地看，如果是自己感兴趣的工作，请在句子后面栏里打√；如果是自己不太喜欢、不关心的工作，请在句子后面打×。请回答全部问题。

R：实际型活动

1. 飞机机械师；
2. 野生动物专家；
3. 汽车维修工；
4. 木匠；
5. 测量工程师；
6. 无线电报务员；
7. 园艺师；
8. 长途公共汽车司机；
10. 电工。

统计打√个数——

I：调研型职业

1. 气象学或天文学者；
2. 生物学者；
3. 医学实验室的技术人员；
4. 人类学者；
5. 动物学者；
6. 化学者；
7. 数学学者；
8. 科学杂志的编辑或作家；
9. 地质学者；
10. 物理学者。

统计打√个数——

A：艺术型职业

1. 乐队指挥；

2. 演奏家；

3. 作家；

4. 摄影家；

5. 记者；

6. 画家、书法家；

7. 歌唱家；

8. 作曲家；

9. 电影电视演员。

统计打√个数——

S:社会型职业

1. 街道、工会或妇联干部；

2. 小学、中学教师；

3. 精神病医生；

4. 婚姻介绍所工作人员；

5. 体育教练；

6. 福利机构负责人；

7. 心理咨询员；

8. 共青团干部；

9. 导游；

10. 国家机关工作人员。

统计打√个数——

E:事业型职业

1. 厂长；

2. 电视片编制人；

3. 公司经理；

4. 销售员；

5. 不动产推销员；

6. 广告部长；

7. 体育活动主办者；

8. 销售部长；

9. 个体工商业者；

10. 企业管理咨询人员。

统计打√个数——

C:常规型职业

1. 会计师；

2. 银行出纳员；

3. 税收管理员；
4. 计算机操作员；
5. 簿记人员；
6. 成本核算员；
7. 文书档案管理员；
8. 打字员；
9. 法庭书记员；
10. 人口普查登记员。

统计打√个数——

第五部分:能力类型简评

表5-1、表5-2是6个职业能力方面的自我评定表。读者可以先与同龄者比较出自己在每一方面的能力,然后经斟酌后对自己的能力作评估。请在表中适当的数字上画圈。数字越大,表示能力越强。注意,请勿全部画同样的数字,因为人的每项能力不可能完全一样

表5-1

R型	I型	A型	S型	E型	C型
机械操作能力	科学研究能力	艺术创作能力	解释表达能力	商业洽谈能力	事务执行能力
7	7	7	7	7	7
6	6	6	6	6	6
5	5	5	5	5	5
4	4	4	4	4	4
3	3	3	3	3	3
2	2	2	2	2	2
1	1	1	1	1	1

表5-2

R型	I型	A型	S型	E型	C型
体育技能	数学技能	音乐技能	交际技能	领导技能	办公技能
7	7	7	7	7	7
6	6	6	6	6	6
5	5	5	5	5	5
4	4	4	4	4	4
3	3	3	3	3	3
2	2	2	2	2	2
1	1	1	1	1	1

如果没看懂,看下面段文字:

这部分的主要目的是看自己的哪个能力比其他能力突出,所以可以把六个能力排队,然后让能力度不同的能力有不同的数值。

第六部分:统计和确定自己的职业倾向

请将第二部分至第五部分的全部测验分数按前面已统计好的6种职业倾向(R型、I型、A型、S型、E型和C型)的得分填入表5-3,并做纵向累加。

表 5-3

测试	R 型	I 型	A 型	S 型	E 型	C 型
第二部分						
第三部分						
第四部分						
第五部分 A						
第五部分 B						
总分						

请将表 5-3 中的 6 种职业倾向总分按大小顺序依次从左到右排列：

______型、______型______型、______型、______型、______型

职业倾向性得分______；最高分______；最低分______。

第七部分：所看重的东西——职业价值观

这一部分测验列出了人们在选择工作时通常会考虑的 9 种因素（见所附工作价值标准）。请在其中选出最重要的两项因素，并将序号填入下边相应空格上。

最重要：______次重要；______最不重要；______次不重要；______。

附：工作价值标准

1. 工资高、福利好；
2. 工作环境（物质方面）舒适；
3. 人际关系良好；
4. 工作稳定有保障；
5. 能提供较好的受教育机会；
6. 有较高的社会地位；
7. 工作不太紧张、外部压力少；
8. 能充分发挥自己的能力特长；
9. 社会需要与社会贡献大；

以上全部测验完毕。

【问题讨论】

1. 请根据测评结果，写出最能描述自己的句子。
2. 请询问自己的同学、朋友，他们眼中的你是什么样子。

【课堂点评】

人们在选择自己将要从事的职业时，主要受三个因素的影响：兴趣（你想做什么——兴趣倾向）、能力（你能做什么——个人能力）和人格（你适合做什么——人格倾向）。六岛环游可以帮你找出你最想做什么，也就是你的兴趣方向。其中的六个岛屿代表六种个人兴趣类型，分别是：现实型（realistic）、研究型（investigative）、艺术型（artistic）、社会型（social）、企业型（enterprising）、事务

型(conventional)。这六种类型与霍兰德职业倾向测试中的六种类型是一一对应的。

霍兰德职业倾向测试题由三大部分组成:兴趣倾向问卷、个人经历问卷和人格倾向问卷,分别对测评者的兴趣、能力和人格特点进行测评。通过对测评结果的综合分析,可以帮助测评者发现和确定自己的职业兴趣和能力特长,使我们对与自身性格匹配的职业类别、岗位特质有更为明晰的认识,从而帮助我们在就业、升学、进修或职业转向时做出最佳的选择。在测试中得分位居第一位的职业类型是你的兴趣、能力和人格特点的最优组合,如果能从事属于这一职业类型的具体工作,那恭喜你找到了心中的桃花源。职业类型及其对应的具体工作在下面的章节将进行详细解读。

一、兴趣与职业

人在什么时候最幸福?美国芝加哥大学心理学教授 Mihaly Csikszentmihalyi 发现:当人们专心致志地从事某种活动,甚至忘我地完全沉浸在这种活动中的时候,他们感到最为愉快和满足。他将这种状态称为"FLOW"(流动)、"聚精会神""忘我"的状态。也就是说,人们的幸福感往往来自全身心投入去从事某种活动,而不是无所事事或单纯的享乐游玩。这也正是工作原本的意义所在。工作可以也应当带给我们快乐。常识表明,当人们对自己的工作感兴趣时,会心甘情愿地投入更多时间,进而提高工作能力,又由于有较强的能力,人们在工作时会感到得心应手,因此增添了对工作的兴趣,从而形成良性循环。这样的良性循环增强了人们对工作的满意度,最终提高了人们的职业成就感,保持了职业的稳定性。

理想很丰满,现实很骨感。现实生活中似乎很多人并没有从工作中获得快乐和满足,甚至很多时候工作似乎变成了一种诅咒,比方说许多人都不喜欢星期一,因为要结束周末回去上班,因此有 Blue Monday 的说法。2024 年"当代大学生第一份工作现状调查",结果表明:找到第一份工作后,有 50% 的大学生选择在一年内更换工作;两年内,大学生的流失率接近 75%。导致这种现象的原因固然很多,但其中两种原因起到主要作用。一是找工作时没有考虑兴趣的因素。迫于就业难的压力,初涉社会的大学生往往选择了先就业后择业。先找份工作挣钱养活自己,等有了钱,再考虑自己的兴趣爱好。其实正确的职业选择应兼顾兴趣/爱好和未来的发展空间,但事实是仅有 17.5% 的人在择业的同时考虑了这两个因素。二是不了解自己真正擅长什么,适合什么类型的工作。每个人的兴趣都不是唯一的,甚至有的人兴趣十分广泛,造成不知道哪类职业是自己最适合最喜欢的。这个世界真的很奇妙,尽管人们的兴趣五花八门,但几乎每一种兴趣都可以与某种职业联系起来。只不过并不是所有的兴趣都应该或能够在自己的职业中体现出来。兴趣也可以通过兼职、志愿活动、社团活动、业余爱好等多种方式来表达。只要你能协调工作和生活,把工作与个人兴趣适度统一起来,事情变得就简单多了。怎样才能找到职业和兴趣的结合点呢?伟大的霍兰德给出了答案。

二、关于霍兰德和他的职业兴趣测试

约翰·霍兰德(John Holland)于 1959 年提出了具有广泛社会影响的职业兴趣理论。认为人的人格类型、兴趣与职业密切相关,兴趣是人们活动的巨大动力,凡是具有职业兴趣的职业,都可以提高人们的积极性,促使人们积极地、愉快地从事该职业,且职业兴趣与人格之间存在很高的相关性。Holland 认为人格可分为现实型、研究型、艺术型、社会型、企业型和常规型六种类型。

霍兰德的职业兴趣理论主要从兴趣的角度出发来探索职业指导的问题。他明确提出了职业兴趣的人格观,使人们对职业兴趣的认识有了质的变化。霍兰德的职业兴趣理论反映了他长期专注于职业指导的实践经历,他把对职业环境的研究与对职业兴趣个体差异的研究有机地结合起来,尽管兴趣测验的研究可以追溯到 20 世纪初,但在霍兰德的职业兴趣类型理论提出之前,职业和兴趣这二者的研究是相对独立进行的。霍兰德以职业兴趣理论为基础,先后编制了职业偏好量表和自我导向搜寻表两种职业兴趣量表,作为职业兴趣的测查工具。霍兰德力求为每种职业兴趣找出两种相匹配的职业能力。兴趣测试和能力测试的结合在职业指导和职业咨询的实际操作中起到了促进作用。

霍兰德将其职业人格类型理论运用于美国劳工部制定的职业条目词典,借助其中职业分析的有关内容,将其中 12 099 种职业赋予霍兰德人格类型代码。编纂了《霍兰德职业代码词典》,为各类人员按照自己的职业兴趣类型搜寻合适的职业提供了广泛的应用前景。

霍兰德的职业兴趣理论还提出,兴趣是描述人格的另一种方法,是职业选择中一个更为普遍的概念。在霍兰德的理论中,人格被看作兴趣、价值、需求、技巧、信仰、态度和学习个性的综合体。就职业选择而言,兴趣是个体和职业匹配的过程中最重要的因素,个体的职业兴趣可以影响其对职业的满意程度。当个体所从事的职业和他的职业兴趣类型匹配时,个体的潜在能力可以得到最彻底的发挥,工作业绩也更加显著。在职业兴趣测试的帮助下,个体可以清晰地了解自己的职业兴趣类型和在职业选择中的主观倾向,从而在纷繁的职业机会中找寻到最适合自己的职业,避免职业选择中的盲目行为。尤其是对于大学生和缺乏职业经验的人,霍兰德的职业兴趣理论可以帮助人们做好职业选择和职业设计,成功地进行职业调整,从整体上认识和发展自己的职业能力,职业兴趣也是职业成功的重要因素。直至目前,霍兰德职业兴趣理论是最具影响力的职业发展理论和职业分类体系。

三、解读霍兰德职业代码

六种类型的特征及其典型职业:

1. 社会型(S)

共同特征:喜欢与人交往、不断结交新的朋友、善言谈、愿意教导别人;关心社会问题、渴望发挥自己的社会作用;寻求广泛的人际关系,比较看重社会义务和社会道德。

典型职业:喜欢与人打交道的工作,能够不断结交新的朋友,从事提供信息、启迪、帮助、培训、开发或治疗等事务,并具备相应能力。如教育工作者(教师、教育行政人员)、社会工作者(咨询人员、公关人员)。

2. 企业型(E)

共同特征:追求权力、权威和物质财富,具有领导才能;喜欢竞争、敢冒风险、有野心、抱负;为人务实，习惯以利益得失、权利、地位、金钱等来衡量做事的价值，做事有较强的目的性。

典型职业：喜欢要求具备经营、管理、劝服、监督和领导才能，以实现机构、政治、社会及经济目标的工作，并具备相应的能力。如项目经理、销售人员，营销管理人员、政府官员、企业领导、法官、律师。

3. 常规型（C）

共同特点：尊重权威和规章制度，喜欢按计划办事，细心、有条理，习惯接受他人的指挥和领导，自己不谋求领导职务；喜欢关注实际和细节情况，通常较为谨慎和保守，缺乏创造性，不喜欢冒险和竞争，富有自我牺牲精神。

典型职业：喜欢要求注意细节、精确度、有系统有条理，具有记录、归档、据特定要求或程序组织数据和文字信息的职业，并具备相应能力。如秘书、办公室人员、记事员、会计、行政助理、图书馆管理员、出纳员、打字员、投资分析员。

4. 实际型（R）

共同特点：愿意使用工具从事操作性工作，动手能力强，做事手脚灵活，动作协调；偏好于具体任务，不善言辞，做事保守，较为谦虚；缺乏社交能力，通常喜欢独立做事。

典型职业：喜欢使用工具、机器，需要基本操作技能的工作；对要求具备机械方面才能、体力或从事与物件、机器、工具、运动器材、植物、动物相关的职业有兴趣，并具备相应能力。如技术性职业（计算机硬件人员、摄影师、制图员、机械装配工），技能性职业（木匠、厨师、技工、修理工、农民、一般劳动）。

5. 调研型（I）

共同特点：思想家而非实干家，抽象思维能力强，求知欲强，肯动脑，善思考，不愿动手；喜欢独立的和富有创造性的工作；知识渊博，有学识才能，不善于领导他人；考虑问题理性，做事喜欢精确，喜欢逻辑分析和推理，不断探讨未知的领域。

典型职业：喜欢智力的、抽象的、分析的、独立的定向任务，要求具备智力或分析才能，将其用于观察、估测、衡量、形成理论、最终解决问题的工作，并具备相应的能力。如科学研究人员、教师、工程师、计算机编程人员、医生、系统分析员。

6. 艺术型（A）

共同特点：有创造力，乐于创造新颖、与众不同的成果，渴望表现自己的个性，实现自身的价值；做事理想化，追求完美，不重实际；具有一定的艺术才能和个性；善于表达、怀旧、心态较为复杂。

典型职业：喜欢的工作要求具备艺术修养、创造力、表达能力和直觉，并将其用于语言、行为、声音、颜色和形式的审美、思索和感受，具备相应的能力；不善于事务性工作。如艺术方面（演员、导演、艺术设计师、雕刻家、建筑师、摄影家、广告制作人），音乐方面（歌唱家、作曲家、乐队指挥），文学方面（小说家、诗人、剧作家）。

然而，人是复杂的高级动物，兴趣并非单线条发展，大多数人身上并非只体现出一种性向（比如，一个人的性向中很可能是同时包含着企业性向、调研性向和艺术性向这三种）。霍兰德认为，这些性向越相似，相容性越强，则一个人在选择职业时所面临的内在冲突和犹豫就会越少。为了帮助描述这种情况，霍兰德建议将这六种性向分别放在一个正六三角形的每一角。

一个人的工作满意度与流动倾向性，取决于你的人格特点与职业环境的匹配程度。当人格和职业相匹配时，会产生最高的满意度和最低的流动率。此时，无论对个人的提升还是企业的发展来说都是最佳状态。相反，如果人格和职业不匹配或匹配度较低，工作就有可能变成了噩梦。例如，社会型的人应该从事社会型的工作，社会型的工作对现实型的人则可能不合适。

六种类型的内在关系：

霍兰德所划分的六大类型，并非是并列的、有着明晰的边界的。他以六边形标示出六大类型的关系，如图 5-1 所示。

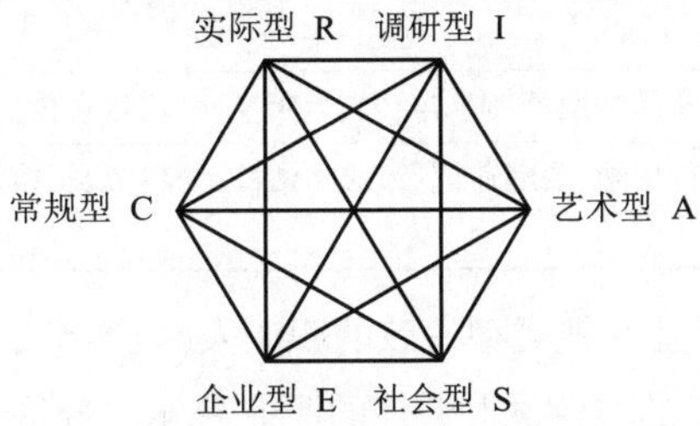

图 5-1　霍兰德六大类型关系图

(1) 相邻关系，如 RI、IR、IA、AI、AS、SA、SE、ES、EC、CE、RC 及 CR。属于这种关系的两种类型的个体之间共同点较多，现实型 R、研究型 I 的人就都不太偏好人际交往，这两种职业环境中也都较少机会与人接触。

(2) 相隔关系，如 RA、RE、IC、IS、AR、AE、SI、SC、EA、ER、CI 及 CS，属于这种关系的两种类型个体之间共同点较相邻关系少。

(3) 相对关系，在六边形上处于对角位置的类型之间即为相对关系，如 RS、IE、AC、SR、EI、及 CA，相对关系的人格类型共同点少，因此，一个共同人同时对处于相对关系的两种职业环境都有浓厚兴趣的情况较为少见。

人们通常倾向选择与自我兴趣类型匹配的职业环境，如具有现实型兴趣的人希望在现实型的职业环境中工作，可以最好地发挥个人的潜能。但职业选择中，个体并非一定要选择与自己兴趣完全对应的职业环境。一是因为个体本身常是多种兴趣类型的综合体，单一类型显著突出的情况不多，因此评价个体的兴趣类型时也时常以其在六大类型中得分居前三位的类型组合而成，组合时根据分数的高低依次排列字母，构成其兴趣组型，如 RCA、AIS 等；二是因为影响职业选择的因素是多方面的，不完全依据兴趣类型，还要参照社会的职业需求及获得职业的现实可能性，不可能完全跟着感觉走。因此，职业选择时会不断妥协，寻求相邻职业环境，甚至相隔职业环境，在这种环境中，个体需要逐渐适应工作环境。但如果个体寻找的是相对的职业环境，意味着所进入的是与自我兴趣完全不同的职业环境，则我们工作起来可能难以适应，或者难以做到工作时觉得很快乐，相反，甚至可能会每天工作得很痛苦。

最后，让我们对照霍兰德职业兴趣测评量表分析，一起来寻找心中的桃花源。

现在，将你测验得分居第一位的职业类型找出来，对照表 5-4，判断一下自己适合的职业类型。

表 5-4　职业索引——职业兴趣代号与其相应的职业对照表

兴趣代号	职　业
R(实际型)	木匠、农民、操作 X 光的技师、工程师、飞机机械师、鱼类和野生动物专家、自动化技师、机械工(车工、钳工等)、电工、无线电报务员、火车司机、长途公共汽车司机、机械制图员、机器修理师、电器修理师
I(调查型)	气象学者、生物学者、天文学家、药剂师、动物学者、化学家、科学报刊编辑、地质学者、植物学者、物理学者、数学家、实验员、科研人员、科技作者
A(艺术型)	室内装饰专家、图书管理专家、摄影师、音乐教师、作家、演员、记者、诗人、作曲家、编剧、雕刻家、漫画家
S(社会型)	社会学者、导游、福利机构工作者、咨询人员、社会工作者、社会科学教师、学校领导、公共保健护士
E(事业型)	推销员、进货员、商品批发员、旅馆经理、饭店经理、广告宣传员、调度员、律师、政治家、零售商
C(常规型)	记账员、会计、银行出纳、法庭速记员、成本估算员、税务员、核算员、打字员、办公室职员、统计员、计算机操作员、秘书。

下面介绍与你 3 个代号的职业兴趣类型一致的职业表(表 5-5),对照方法如下:首先根据你的职业兴趣代号,在表 5-5 中找出相应的职业,例如,你的职业兴趣代号是 RIA,那么牙科技术人员、陶工等是适合你兴趣的职业。然后寻找与你职业兴趣代号相近的职业,如你的职业兴趣代号是 RIA,那么,其他由这三个字母组合成的编号(如 IRA、IAR、ARI 等)对应的职业,也较适合你的兴趣。

表 5-6　职　业　表

兴趣代号	职　业
RIA	牙科技术员、陶工、建筑设计员、模型工、细木工、制作链条人员
RIS	厨师、林务员、跳水员、潜水员、染色员、电器修理、眼镜制作、电工、纺织机器装配工、服务员、装玻璃工人、发电厂工人、焊接工
RIE	建筑和桥梁工程、环境工程、航空工程、公路工程、电力工程、信号工程、电话工程、一般机械工程、自动工程、矿业工程、海洋工程、交通工程技术人员、制图员、家政经济人员、计量员、农民、农场工人、农业机械操作、清洁工、无线电修理、汽车修理、手表修理、管工、线路装配工、工具仓库管理员
RIC	船上工作人员、接待员、杂志保管员、牙医助手、制帽工、磨坊工、石匠、机器制造、机车(火车头)制造、农业机器装配、汽车装配工、缝纫机装配工、钟表装配和检验、电动器具装配、鞋匠、锁匠、货物检验员、电梯机修工、托儿所所长、钢琴调音员、装配工、印刷工、建筑钢铁工作、卡车司机
RAI	手工雕刻、玻璃雕刻、制作模型人员、家具木工、制作皮革品、手工绣花、手工钩针纺织、排字工作、印刷工作、图画雕刻、装订工
RSE	消防员、交通巡警、警察、门卫、理发师、房间清洁工、屠夫、锻工、开凿工人、管道安装工、出租汽车驾驶员、货物搬运工、送报员、勘探员、娱乐场所的服务员、起卸机操作工、灭害虫者、电梯操作工、厨房助手
RSI	纺织工、编织工、农业学校教师、某些职业课程教师(诸如艺术、商业、技术、工艺课程)、雨衣上胶工
REC	抄水表员、保姆、实验室动物饲养员、动物管理员
REI	轮船船长、航海领航员、大副、试管实验员
RES	旅馆服务员、家畜饲养员、渔民、渔网修补工、水手长、收割机操作工、搬运行李工人、公园服务员、救生员、登山导游、火车工程技术员、建筑工作、铺轨工人
RCI	测量员、勘测员、仪表操作者、农业工程技术、化学工程技师、民用工程技师、石油工程技师、资料室管理员、探矿工、煅烧工、烧窑工、矿工、保养工、磨床工、取样工、样品检验员、纺纱工、炮手、漂洗工、电焊工、锯木工、刨床工、制帽工、手工缝纫工、油漆工、染色工、按摩工、木匠、农民建筑工作、电影放映员、勘测员助手

续上表

兴趣代号	职业
RCS	公共汽车驾驶员、一等水手、游泳池服务员、裁缝、建筑工作、石匠、烟囱修建工、混凝土工、电话修理工、爆炸手、邮递员、矿工、裱糊工人、纺纱工
RCE	打井工、吊车驾驶员、农场工人、邮件分类员、铲车司机、拖拉机司机
IAS	普通经济学家、农场经济学家、财政经济学家、国际贸易经济学家、实验心理学家、工程心理学家、心理学家、哲学家、内科医生、数学家。
IAR	人类学家、天文学家、化学家、物理学家、医学病理、动物标本剥制者、化石修复者、艺术品管理者
ISE	营养学家、饮食顾问、火灾检查员、邮政服务检查员
ISC	侦察员、电视播音室修理员、电视修理服务员、验尸室人员、编目录者、医学实验技师、调查研究者
ISR	水生生物学者,昆虫学者、微生物学家、配镜师、矫正视力者、细菌学家、牙科医生、骨科医生
ISA	实验心理学家、普通心理学家、发展心理学家、教育心理学家、社会心理学家、临床心理学家、目标学家、皮肤病学家、精神病学家、妇产科医师、眼科医生、五官科医生、医学实验室技术专家、民航医务人员、护士
IES	细菌学家、生理学家、化学专家、地质专家、地理物理学专家、纺织技术专家、医院药剂师、工业药剂师、药房营业员
IEC	档案保管员、保险统计员
ICR	质量检验技术员、地质学技师、工程师、法官、图书馆技术辅导员、计算机操作员、医院听诊员、家禽检查员
IRA	地理学家、地质学家、声学物理学家、矿物学家、古生物学家、石油学家、地震学家、声学物理学家、原子和分子物理学家、电学和磁学物理学家、气象学家、设计审核员、人口统计学家、数学统计学家、外科医生、城市规划家、气象员
IRS	流体物理学家、物理海洋学家、等离子体物理学家、农业科学家、动物学家、食品科学家、园艺学家、植物学家、细菌学家、解剖学家、动物病理学家、作物病理学家、药物学家、生物化学家、生物物理学家、细胞生物学家、临床化学家、遗传学家、分子生物学家、质量控制工程师、地理学家、兽医、放射性治疗技师
IRE	化验员、化学工程师、纺织工程师、食品技师、渔业技术专家、材料和测试工程师、电气工程师、土木工程师、航空工程师、行政官员、冶金专家、原子核工程师、陶瓷工程师、地质工程师、电力工程量、口腔科医生、牙科医生
IRC	飞机领航员、飞行员、物理实验室技师、文献检查员、农业技术专家、动植物技术专家、生物技师、油管检查员、工商业规划者、矿藏安全检查员、纺织品检验员、照相机修理者、工程技术员、编计算程序者、工具设计者、仪器维修工
CRI	簿记员、会计、记时员、铸造机操作工、打字员、按键操作工、复印机操作工
CRS	仓库保管员、档案管理员、缝纫工、讲述员、收款人
CRE	标价员、实验室工作者、广告管理员、自动打字机操作员、电动机装配工、缝纫机操作工
CIS	记账员、顾客服务员、报刊发行员、土地测量员、保险公司职员、会计师、估价员、邮政检查员、外贸检查员
CIE	打字员、统计员、支票记录员、订货员、校对员、办公室工作人员
CIR	校对员、工程职员、海底电报员、检修计划员、发扳员
CSE	接待员、通信员、电话接线员、卖票员、旅馆服务员、私人职员、商学教师、旅游办事员
CSR	运货代理商、铁路职员、交通检查员、办公室通信员、薄记员、出纳员、银行财务职员
CSA	秘书、图书管理员、办公室办事员
CER	邮递员、数据处理员、办公室办事员
CEI	推销员、经济分析家
CES	银行会计、记账员、法人秘书、速记员、法院报告人
ECI	银行行长、审计员、信用管理员、地产管理员、商业管理员

续上表

兴趣代号	职　业
ECS	信用办事员、保险人员、各类进货员、海关服务经理、售货员，购买员、会计
ERI	建筑物管理员、工业工程师、农场管理员、护士长、农业经营管理人员
ERS	仓库管理员、房屋管理员、货栈监督管理员
ERC	邮政局长、渔船船长、机械操作领班、木工领班、瓦工领班、驾驶员领班
EIR	科学、技术和有关周期出版物的管理员
EIC	专利代理人、鉴定人、运输服务检查员、安全检查员、废品收购人员
EIS	警官、侦察员、交通检验员、安全咨询员、合同管理者、商人
EAS	法官、律师、公证人
EAR	展览室管理员、舞台管理员、播音员、训兽员
ESC	理发师、裁判员、政府行政管理员、财政管理员、工程管理员、职业病防治、售货员、商业经理、办公室主任、人事负责人、调度员
ESR	家具售货员、书店售货员、公共汽车的驾驶员、日用品售货员、护士长、自然科学和工程的行政领导
ESI	博物馆管理员、图书馆管理员、古迹管理员、饮食业经理、地区安全服务管理员、技术服务咨询者、超级市场管理员、零售商品店店员、批发商、出租汽车服务站调度
ESA	博物馆馆长、报刊管理员、音乐器材售货员、广告商售画营业员、导游、(轮船或班机上的)事务长、飞机上的服务员、船员、法官、律师
ASE	戏剧导演、舞蹈教师、广告撰稿人、报刊及专栏作者、记者、演员、英语翻译
ASI	音乐教师、乐器教师、美术教师、管弦乐指挥、合唱队指挥、歌星、演奏家、哲学家、作家、广告经理、时装模特
AER	新闻摄影师、电视摄影师、艺术指导、录音指导、丑角演员、魔术师、木偶戏演员、骑士、跳水员
AEI	音乐指挥、舞台指导、电影导演
AES	流行歌手、舞蹈演员、电影导演、广播节目主持人、舞蹈教师、口技表演者、喜剧演员、模特
AIS	画家、剧作家、编辑、评论家、时装艺术大师、新闻摄影师、男演员、文学作者
AIE	花匠、皮衣设计师、工业产品设计师、剪影艺术家、复制雕刻品大师
AIR	建筑师、画家、摄影师、绘图员、环境美化工、雕刻家、包装设计师、陶器设计师、绣花工、漫画工
SEC	社会活动家、退伍军人服务官员、工商会事务代表、教育咨询者、宿舍管理员、旅馆经理、饮食服务管理员
SER	体育教练、游泳指导
SEI	大学校长、学院院长、医院行政管理员、历史学家、家政经济学家、职业学校教师、资料员
SEA	娱乐活动管理员、国外服务办事员、社会服务助理、一般咨询者、宗教教育工作者
SCE	部长助理、福利机构职员、生产协调人、环境卫生管理人员、戏院经理、餐馆经理、售票员
SRI	外科医师助手、医院服务员
SRE	体育教师、职业病治疗者、体育教练、专业运动员、房管员、儿童家庭教师、警察、引座员、传达员、保姆

续上表

兴趣代号	职　业
SRC	护理员、护理助理、医院勤杂工、理发师、学校儿童服务人员
SIA	社会学家、心理咨询者、学校心理学家、政治科学家、大学或学院的系主任、大学或学院的教育学教师、大学农业教师、大学工程和建筑课程的教师、大学法律教师、大学数学、医学、物理、社会科学和生命科学的教师、研究生助教、成人教育教师
SIE	营养学家、饮食学家、海关检查员、安全检查员、税务稽查员、校长
SIC	描图员、兽医助手、诊所助理、体检检查员、监督缓刑犯的工作者、娱乐指导者、咨询人员、社会科学教师
SIR	理疗员、救护队工作人员、手足病医生、职业病治疗助手

【练习】

根据测试，尝试找出自己的职业兴趣，并与实际兴趣加以对照。

模块六　MBTI 测试

【案例】

MBTI 测试前须知：

1. 参加测试的人员请务必诚实、独立地回答问题，只有如此，才能得到有效的结果。

2.《性格分析报告》展示的是你的性格倾向，而不是你的知识、技能、经验。

3. MBTI 提供的性格类型描述仅供测试者确定自己的性格类型，性格类型没有好坏，只有不同。每一种性格特征都有其价值和优点，也有缺点和需要注意的地方。清楚地了解自己的性格优劣势，有利于更好地发挥自己的特长，而尽可能的在为人处事中避免自己性格中的劣势，更好地和他人相处，更好地重要的决策。

4. 本测试分为四部分，共 93 题；所有题目没有对错之分，请根据自己的实际情况选择。将你选择的 A 或 B 所在的○涂黑，例如：●。

只要你是认真、真实地填写了测试问卷，那么通常情况下你都能得到一个确实和你的性格相匹配的类型。希望你能从中或多或少地获得一些有益的信息。

特别说明：性格没有好与坏，测试的目的是反映最真实的自己，而不是别人所期待的你。请最大程度放松下来，选择当你面临下面这些情况时不由自主、自然和不假思索的决定或倾向。

(1) 哪一个答案最能贴切的描绘你一般的感受或行为？

序号	问题描述	选项	E	I	S	N	T	F	J	P
1	当你要外出一整天，你会： A. 计划要做什么和在什么时候做；B. 说去就去	A							○	
		B								○
2	你认为自己是一个： A. 较为随兴所至的人；B. 较为有条理的人	A								○
		B							○	
3	假如你是一位老师，你会选教 A. 以事实为主的课程；B. 涉及理论的课程	A			○					
		B				○				
4	你通常 A. 与人容易混熟；B. 比较沉静或矜持	A	○							
		B		○						
5	一般来说，你和哪些人比较合得来？ A. 富于想象力的人；B. 现实的人	A				○				
		B			○					
6	你是否经常让 A. 自己的情感支配自己的理智；B. 自己的理智主宰自己的情感	A						○		
		B					○			

续上表

序号	问 题 描 述	选项	E	I	S	N	T	F	J	P
7	处理许多事情上，你会喜欢 A. 凭兴所至行事；B. 按照计划行事	A								○
		B							○	
8	你是否 A. 容易让人了解；B. 难于让人了解	A	○							
		B		○						
9	按照程序表做事， A. 合自己心意；B. 令自己感到束缚	A							○	
		B								○
10	当你有一份特别的任务，你会喜欢 A. 开始前小心组织计划；B. 边做边找须做什么	A							○	
		B								○
11	在大多数情况下，你会选择 A. 顺其自然；B. 按程序表做事	A								○
		B							○	
12	大多数人会说你是一个 A. 重视自我隐私的人；B. 非常坦率开放的人	A		○						
		B	○							
13	你宁愿被人认为是一个 A. 实事求是的人；B. 机灵的人	A			○					
		B				○				
14	在一大群人中，通常是 A. 你介绍大家认识；B. 别人介绍你	A	○							
		B		○						
15	你会跟哪些人做朋友？ A. 常提出新主意的人；B. 脚踏实地的人	A				○				
		B			○					
16	你倾向 A. 重视感情多于逻辑；B. 重视逻辑多于感情	A						○		
		B					○			
17	你比较喜欢 A. 坐观事情发展才作计划；B. 很早就作计划	A								○
		B							○	
18	你喜欢花很多的时间 A. 一个人独处；B. 合别人在一起	A		○						
		B	○							
19	与很多人一起会 A. 令自己活力培增；B. 常常令自己心力憔悴	A	○							
		B		○						
20	你比较喜欢 A. 很早便把约会、社交聚集等事情安排妥当；B. 无拘无束，看当时有什么好玩就做什么	A							○	
		B								○
21	计划一个旅程时，你较喜欢 A. 大部分的时间都是跟当天的感觉行事；B. 事先知道大部分的日子会做什么	A								○
		B							○	
22	在社交聚会中，你 A. 有时感到郁闷；B. 常常乐在其中	A		○						
		B	○							

续上表

序号	问题描述	选项	E	I	S	N	T	F	J	P
23	你通常 A. 和别人容易混熟；B. 趋向自处一隅	A	○							
		B		○						
24	哪些人会更吸引你？ A. 一个思想敏捷及非常聪颖的人；B. 实事求是，具丰富常识的人	A				○				
		B			○					
25	在日常工作中，你会 A. 颇为喜欢处理迫使分秒必争的突发；B. 通常预先计划，以免要在压力下工作	A								○
		B							○	
26	你认为别人一般 A. 要花很长时间才能认识自己；B. 用很短的时间便能认识自己	A		○						
		B	○							

(2)在下列每一对词语中，哪一个词语更合你心意？请仔细想想这些词语的意义，而不要理会他们的字形或读音。

序号	问题描述	选项	E	I	S	N	T	F	J	P
27	A. 注重隐私；B. 坦率开放	A		○						
		B	○							
28	A. 预先安排的；B. 无计划的	A							○	
		B								○
29	A. 抽象；B. 具体	A				○				
		B			○					
30	A. 温柔；B. 坚定	A						○		
		B					○			
31	A. 思考；B. 感受	A					○			
		B						○		
32	A. 事实；B. 意念	A			○					
		B				○				
33	A. 冲动；B. 决定	A								○
		B							○	
34	A. 热衷；B. 文静	A	○							
		B		○						
35	A. 文静；B. 外向	A		○						
		B	○							
36	A. 有系统；B. 随意	A							○	
		B								○
37	A. 理论；B. 肯定	A				○				
		B			○					

续上表

序号	问题描述	选项	E	I	S	N	T	F	J	P
38	A. 敏感;B. 公正	A						○		
		B					○			
39	A. 令人信服;B. 感人的	A					○			
		B						○		
40	A. 声明;B. 概念	A			○					
		B				○				
41	A. 不受约束;B. 预先安排	A								○
		B							○	
42	A. 矜持;B. 健谈	A		○						
		B	○							
43	A. 有条不紊;B. 不拘小节	A							○	
		B								○
44	A. 意念;B. 实况	A				○				
		B			○					
45	A. 同情怜悯;B. 远见	A						○		
		B					○			
46	A. 利益;B. 祝福	A					○			
		B						○		
47	A. 务实的;B. 理论的	A			○					
		B				○				
48	A. 朋友不多;B. 朋友众多	A		○						
		B	○							
49	A. 有系统;B. 即兴	A							○	
		B								○
50	A. 富想象的;B. 以事论事	A				○				
		B			○					
51	A. 亲切的;B. 客观的	A						○		
		B					○			
52	A. 客观的;B. 热情的	A					○			
		B						○		
53	A. 建造;B. 发明	A			○					
		B				○				
54	A. 文静;B. 爱合群	A		○						
		B	○							
55	A. 理论;B. 事实	A				○				
		B			○					

续上表

序号	问题描述	选项	E	I	S	N	T	F	J	P
56	A. 富同情;B. 合逻辑	A						○		
		B					○			
57	A. 具分析力;B. 多愁善感	A					○			
		B						○		
58	A. 合情合理;B. 令人着迷	A			○					
		B				○				

(3)哪一个答案最能贴切地描绘你一般的感受或行为。

序号	问题描述	选项	E	I	S	N	T	F	J	P
59	当你要在一个星期内完成一个大项目,你在开始的时候会 A. 把要做的不同工作依次列出;B. 马上动工	A							○	
		B								○
60	在社交场合中,你经常会感到 A. 与某些人很难打开话匣儿和保持对话;B. 与多数人都能从容地长谈	A		○						
		B	○							
61	要做许多人也做的事,你比较喜欢 A. 按照一般认可的方法去做;B. 构想一个自己的想法	A			○					
		B				○				
62	你刚认识的朋友能否说出你的兴趣? A. 马上可以;B. 要待他们真正了解你之后才可以	A	○							
		B		○						
63	你通常较喜欢的科目是 A. 讲授概念和原则的;B. 讲授事实和数据的	A				○				
		B			○					
64	哪个是较高的赞誉,或称许为? A. 一贯感性的人;B. 一贯理性的人	A						○		
		B					○			
65	你认为按照程序表做事 A. 有时是需要的,但一般来说你不大喜欢这样做;B. 大多数情况下是有帮助而且是你喜欢做的	A								○
		B							○	
66	和一群人在一起,你通常会选 A. 跟你很熟悉的个别人谈话;B. 参与大伙的谈话	A		○						
		B	○							
67	在社交聚会上,你会 A. 是说话很多的一个;B. 让别人多说话	A	○							
		B		○						
68	把周末期间要完成的事列成清单,这个主意会 A. 合你意;B. 使你提不起劲	A							○	
		B								○
69	哪个是较高的赞誉,或称许为 A. 能干的;B. 富有同情心	A					○			
		B						○		

续上表

序号	问题描述	选项	E	I	S	N	T	F	J	P
70	你通常喜欢 A. 事先安排你的社交约会；B. 随兴之所至做事	A							○	
		B								○
71	总的说来，要做一个大型作业时，你会选 A. 边做边想该做什么；B. 首先把工作按步细分	A								○
		B							○	
72	你能否滔滔不绝地与人聊天 A. 只限于跟你有共同兴趣的人；B. 几乎跟任何人都可以	A		○						
		B	○							
73	你会 A. 跟随一些证明有效的方法； B. 分析还有什么毛病，及针对尚未解决的难题	A			○					
		B				○				
74	为乐趣而阅读时，你会 A. 喜欢奇特或创新的表达方式；B. 喜欢作者直话直说	A				○				
		B			○					
75	你宁愿替哪一类上司(或者老师)工作？ A. 天性淳良，但常常前后不一的；B. 言词尖锐但永远合乎逻辑的	A					○			
		B				○				
76	你做事多数是 A. 按当天心情去做；B. 照拟好的程序表去做	A								○
		B							○	
77	你是否 A. 可以和任何人按需求从容地交谈；B. 只是对某些人或在某种情况下才可以畅所欲言	A	○							
		B		○						
78	要作决定时，你认为比较重要的是 A. 据事实衡量；B. 考虑他人的感受和意见	A					○			
		B						○		

(4)在下列每一对词语中，哪一个词语更合你心意？

序号	问题描述	选项	E	I	S	N	T	F	J	P
79	A. 想象的；B. 真实的	A				○				
		B			○					
80	A. 仁慈慷慨的；B. 意志坚定的	A						○		
		B					○			
81	A. 公正的；B. 有关怀心	A					○			
		B						○		
82	A. 制作；B. 设计	A			○					
		B				○				
83	A. 可能性；B. 必然性	A				○				
		B			○					
84	A. 温柔；B. 力量	A						○		
		B					○			

续上表

序号	问题描述	选项	E	I	S	N	T	F	J	P
85	A. 实际;B. 多愁善感	A					○			
		B						○		
86	A. 制造;B. 创造	A			○					
		B				○				
87	A. 新颖的;B. 已知的	A				○				
		B			○					
88	A. 同情;B. 分析	A						○		
		B					○			
89	A. 坚持己见;B. 温柔有爱心	A					○			
		B						○		
90	A. 具体的;B. 抽象的	A			○					
		B				○				
91	A. 全心投入;B. 有决心的	A						○		
		B					○			
92	A. 能干;B. 仁慈	A					○			
		B						○		
93	A. 实际;B. 创新	A			○					
		B				○				
每项总分										

(5)评分规则。

①当你将●涂好后,把 8 项(E、I、S、N、T、F、J、P)分别加起来,并将总合填在每项最下方的方格内。

②请复查你的计算是否准确,然后将各项总分填在下面对应的方格内。

每项总分

外向	E			I	内向
实感	S			N	直觉
思考	T			F	情感
判断	J			P	认知

(6)确定类型的规则。MBTI 以四个组别来评估你的性格类型倾向:“E-I”“S-N”“T-F”和“J-P”。请你比较四个组别的得分。每个组别中,获得较高分数的那个类型,就是你的性格类型倾向。例如:你的得分是 E(外向)12 分,I(内向)9 分,那你的类型倾向便是 E(外向)了。

将代表获得较高分数的类型的英文字母,填在下方的方格内。如果在一个组别中,两个类型获同分,则依据下边表格中的规则来决定你的类型倾向。

评估类型

同分处理规则	假如	E=I	请填上 I
	假如	S=N	请填上 N
	假如	T=F	请填上 F
	假如	J=P	请填上 P

【问题讨论】

1. 性格会不会随着环境和时间的改变而发生改变呢?
2. 性格因素和职业选择之间到底有些什么联系呢?

【课堂点评】

“性格”是一种个体内部的行为倾向,它具有整体性、结构性、持久稳定性等特点,是每个人特有的,可以对个人外显的行为、态度提供统一的、内在的解释。

MBTI 是一个理论模型。理论模型以荣格的“人格分类”理论为基础。MBTI 人格共有四个维度,每个维度有两个方向,共计八个方面。分别是外向(E)—内向(I)、感觉(S)—直觉(N)、思考(T)—情感(F)、判断(J)—知觉(P),其中,“外向 E——内向 I”代表着各人不同的精力(Energy)来源;“感觉 S—直觉 N”、“思考 T—情感 F”分别表示人们在进行感知(Perception)和判断(Judgement)时不同的用脑偏好;“判断 J—知觉 P”是针对人们的生活方式(Life Style)而言,它表明我们如何适应外部环境——在我们适应外部环境的活动中,究竟是感知还是判断发挥了主导作用。

荣格认为:人的大脑做决定的过程可以分解为两个阶段:感知阶段(又分为触觉感知阶段和直觉感知阶段)和判断阶段(又分为感性判断和理性判断阶段)。为方便理解,我们把大脑做出决定的瞬间直观想象为如下流程:(遇到事情后)触觉感知→直觉感知→感性判断→理性判断,最后做出决定。实际上,这个过程是在一瞬间交织(并非想象中简单的线性)完成的。

为什么人们遇到某些类似的事情会做出截然不同的决定呢?问题就出在这四个环节上:虽然每个人的大脑做出决定的瞬间都要走这四个流程,但是不同的人在其中某个环节中的倾向程度不同(也可以理解为滞留时间长短不同):有些人更倾向停留在触觉感知环节多一些,而直觉感知一带而过;有些人则更倾向停留在感性判断环节多一些,理性判断一带而过。大脑的感知与判断功能还受到每个人的精力来源不同与生活方式差异的影响,因此最终的决定千差万别。这就是MBTI理论的本质基础。

总之,人的性格倾向就像我们用自己的两只手写字一样,两只手都能写出来,但惯用的那只手写出的字肯定会更好。每个人的性格类型都具有独特的行为表现和价值取向,都存在着自己的优势潜能和潜在盲点。了解性格类型是寻求个人发展、探索人际关系的重要开端。

一、MBTI职业性格测试的理论渊源

心理学认为,性格是心理活动的体现,而心理活动是大脑活动的产物。我们的意识、情绪都是由大脑中的神经元、灰质、树突、轴突、神经递质等共同作用的结果。在我们人生的最初几年(包括胚胎时期),脑细胞之间的连结是非常丰富的,3岁小孩脑细胞之间的连结是成年人的两倍,而且这些连结是毫无章法的。这些数量丰富且乱七八糟的连结就像长势茂盛的丛生杂草,为了让它看起来像模像样,必须对其进行修剪。这段时期脑部的主要任务是确定将所有脑细胞都正确地连结起来,但并不只是建立细胞间的连结,还要把某些连结切断。为了妥善运作,脑部必须做出选择,决定哪些连结要保留,哪些要断裂。在有限的大脑发育关键期,大脑需要检查成千上万兆的连结,因此不得不采取"残忍"而有效的原则:用不着的就自动断裂。就这样,看上去似乎异常艰难地抉择被轻而易举的搞定了。

大脑如何判断哪些连结用得着,哪些用不着呢?通过观察,科学家总结出了大脑的判断规律:不断探测哪些区域经常受到刺激,而哪些区域极少受到刺激来决定是否断裂这些区域的连结。也就是说很少受到刺激的部分将自动断裂。发生在印度狼孩身上的故事(1956年,人们发现一个自幼被狼叼去喂养的狼孩。因为没人和她说过话,她的脑部负责语言的部分几乎没有受到过刺激,因此只会像狼那样嚎叫,人的行为和习惯几乎没有。科学家用多种先进的手段教了她四年,仍然交流困难),证实了科学家对人类大脑初期发育的理解:过了脑部发育的关键时期,人的大脑结构基本定型,之后的环境变化以及训练很难改变大脑的构造,也很难改变基于大脑结构功能区的特征。

正常人在大脑发育关键期接受到的刺激也是有所不同的(刺激范围和种类是基本接近的),刺激的程度和强度也有一定差异。这些微小的差异对大脑发育的连结断裂以及结合时期的影响在于改变了功能神经元连结的强度。这些功能神经元连结强度对人们将来的获取信息、思维、决策方式都将产生一生的影响。因此,从心理学角度而言,性格一旦形成是不会发生改变的(荣格曾举过极个别例子,比如在童年时期遭遇巨大情感挫折,可能会由外向转为内向)。

1921年,心理学家荣格(Carl Jung)发表了经典的心理学类型学说。他设计了一套性格差异理论,他相信性格差异同时会决定并限制一个人的判断。他把这种差异分为内向性和外向性、直觉性和感受性、思考型和感觉型。同时,他认为这些差异是与生俱来的,并且在一个人的一生中相对固定。

荣格把感知和判断列为脑的两大基本功能,前者帮助人们从外部世界获取信息,后者则使人们以特定的方式做出决定。它们在大脑活动中的作用受到各人生活方式和精力来源的节制,从而对人的外部行为和态度产生各不相同的影响。正是在这个意义上,性格被视为一种人与生俱来的天性。

20 世纪 40 年代,美国一对母女在荣格的心理学类型理论的基础上提出了一套个性测试模型。伊莎贝尔·迈尔斯(Isabel Myers)和凯瑟琳·布里格斯(Katharine Briggs)把这套理论模型以她们的名字命名,称作 Myers-Briggs 类型指标,简写为 MBTI。MBTI 的前两个字母 MB 是这对母女的姓,T 代表了性格类型,而 I 代表了这是一个测试。

MBTI 是一个理论模型,它从纷繁复杂的个性特征中,归纳提炼出 4 个关键要素:动力、信息收集、决策方式、生活方式,并进行分析判断,从而把不同的个性的人区别开来。MBTI 理论模型的意义在于解释"人与人之间的差异现象"以及优化决策,并对决策流程进行"理性的干预"。

二、MBTI 职业性格测试的作用

经过长达 50 多年的研究和发展,MBTI 职业性格测试已经成为当今全球最为著名和权威的性格测试,也是当今世界上应用最广泛的性格测试工具。它已经被翻译成近 20 种世界主要语言,每年的使用者多达 200 多万,使用者涉及世界著名的迪士尼公司、百事可乐公司、西南航空公司及其他世界 500 强企业的管理层人员。

MBTI 职业性格测试之所以被广泛应用主要是因为它会帮助人们了解自我的本来面目,即个人与生俱来的性格。当你在职业生涯的道路中陷入茫茫黑暗无所适从时,MBTI 就像一个经验丰富的"开道者",提着灯笼照亮你面前的路。

MBTI 职业性格测试可以帮助人们更加深入、科学、全面地了解自己,了解自身的优势所在。每个人在其天生优势方面的学习进步最快,成长空间和潜力最大,能够获得的成就也最大。MBTI 职业性格测试会帮助人们达到个人性格和职业的最佳匹配,从而使个人最大限度地发挥主观能动性。如果一项工作是自己喜欢的,符合自己性格特征的,能充分发挥自己天生优势的,那工作对任何人来说,将是至高的精神享受和丰厚的物质回馈。

MBTI 职业性格测试还可以帮助人们选择适合自己的环境。了解适合自己的环境特点和工作特点,并通过对自己的性格特点、工作态度、工作方法等进行描述,给出适合自己的工作类型建议,提出适合自己性格与动力特点的职业发展建议。

三、MBTI 16 种职业性格解码

(一)MBTI 的人格类型

MBTI 的人格类型分为四个维度,每个维度有两个方向,共计八个方面,即共有八种人格特点,具体如下:

我们与世界相互作用方式

(E)外向—内向(I)

我们获取信息的主要方式

(S)感觉—直觉(N)

我们的决策方式

(T)思考—情感(F)

我们的做事方式

(J)判断—知觉(P)

每个人的性格都在四种维度相应分界点的这边或那边,称之为“偏好”。例如,如果落在外向的那边,称为“具有外向的偏好”;如果落在内向的那边,称为“具有内向的偏好”。

在现实生活中,每个维度的两个方面人们都会用到,只是其中的一个方面人们用得更频繁、更舒适,就好像每个人都会用到左手和右手,习惯用左手的人是左撇子,习惯用右手的人是右撇子。人格类型就是人们用的最频繁、最熟练的那种。

(二)维度解释

1. 人们与世界的相互作用方式

外向 E:关注自己如何影响外部环境,即将心理能量和注意力聚集于外部世界和与他人的交往上。例如,聚会、讨论、聊天。

内向 I:关注外部环境的变化对自己的影响,即将心理能量和注意力聚集于内部世界,注重自己的内心体验。例如,独立思考,看书,避免成为注意的中心,听的比说的多。

2. 人们获取信息的主要方式

感觉 S:关注由感觉器官获取的具体信息,包括看到的、听到的、闻到的、尝到的、触摸到的事物。例如,关注细节、喜欢描述、喜欢使用和琢磨已知的技能。

直觉 N:关注事物的整体和发展变化趋势,包括灵感、预测、暗示,重视推理。例如,重视想象力和独创力,喜欢学习新技能,但容易厌倦,喜欢使用比喻、跳跃性地展现事实。

3. 我们的决策方式

思考 T:重视事物之间的逻辑关系,喜欢通过客观分析作决定评价。例如,理智、客观、公正,认为圆通比坦率更重要。

情感 F:以自己和他人的感受为重,将价值观作为判定标准。例如,有同情心、善良、和睦、善解人意,考虑行为对他人情感的影响,认为圆通和坦率同样重要。

4. 我们的做事方式

判断 J:喜欢做计划和决定,愿意进行管理和控制,希望生活井然有序。例如,重视结果(重点在于完成任务)、按部就班、有条理、尊重时间期限、喜欢做决定。

知觉 P:灵活,试图去理解、适应环境,倾向于留有余地,喜欢宽松自由的生活方式。例如,重视过程,喜欢随信息的变化不断调整目标,喜欢有多种选择。

(三)MBTI 各种性格类型的主要特征

四个维度各有两个方面,一共组成 16 种人格类型,如下所示:

ISTJ　ISFJ　INFJ　INTJ　ISTP　ISFP　INFP　INTP

ESTP　ESFP　ENFP　ENTP　ESTJ　ESFJ　ENFJ　ENTJ

1. ISTJ(检查员型)

安静、严肃,通过全面性和可靠性获得成功。实际,有责任感。决定有逻辑性,并一步步地朝着目标前进,不易分心。喜欢将工作、家庭和生活都安排得井井有条。重视传统和忠诚。

ISTJ 型的人是严肃的、有责任心的和通情达理的社会坚定分子。他们值得信赖,他们重视承诺,对他们来说,言语就是庄严的宣誓。ISTJ 型的人工作缜密,讲求实际,很有头脑也很现实。他们具有很强的集中力、条理性和准确性。无论他们做什么,都相当有条理和可靠。他们具有坚定不移、深思熟虑的思想,一旦着手自己认为是最好的行动方法时,就很难转变或变得沮丧。ISTJ 型的人特别安静和勤奋,对于细节有很强的记忆和判断。他们能够引证准确的事实支持自己的观点,并把过去的经历运用到现在的决策中。他们重视和利用符合逻辑、客观的分析,以坚持不懈的态度准时完成工作,并且总是安排有序,具有条理。他们重视必要的理论体系和传统惯例,对于那些不是如此做事的人很不耐烦。ISTJ 型的人总是很传统、谨小甚微。他们聆听和喜欢确实、清晰地陈述事物。ISTJ 型的人天生不喜欢显露,即使危机之时,也显得很平静。他们总是显得责无旁贷、坚定不变,但是在他们冷静的外表之下,却有强烈和很少表露的反应。

适合领域:工商业领域、政府机构、金融银行业、技术领域、医务领域。

适合职业:审计师、会计、财务经理、办公室行政管理人员、后勤和供应管理人员、中层经理、公务(法律、税务)执行人员、银行信贷员、成本估价师、保险精算师、税务经纪人、税务检查员、机械或电气工程师、计算机程序员、数据库管理员、地质或气象学家、法律研究者、律师、外科医生、药剂师、实验室技术人员、牙科医生、医学研究员等。

2. ISFJ(照顾者型)

安静、友好、有责任感和良知。坚定地致力于完成他们的义务。全面、勤勉、精确,忠诚、体贴,留心和记得他们重视的人的小细节,关心他们的感受。努力把工作和家庭环境营造得有序而温馨。

ISFJ 型的人忠诚、有奉献精神和同情心,理解别人的感受。他们意志清醒而有责任心,乐于为人所需。ISFJ 型的人十分务实,他们喜欢平和谦逊的人。他们喜欢利用大量的事实情况,对于细节则有很强的记力。他们耐心地对待任务的整个阶段,喜欢事情能够清晰明确。ISFJ 型的人具有强烈的职业道德,所以当他们知道自己的行为真正有用时,会对需要完成之事承担责任。他们能准确系统地完成任务。他们具有传统的价值观,十分保守。他们利用符合实际的判断标准做决定,通过出色的、注重实际的态度增加稳定性。ISFJ 型的人平和谦虚、勤奋严肃。他们温和、圆通,支持朋友和同伴。他们乐于协助别人,喜欢实际可行地帮助他人。他们利用个人热情与人交往,在困难中能够与他人和睦相处。ISFJ 型的人不喜欢表达个人情感,但实际上对于大多数的情况和事件都具有强烈的个人反应。他们关心、保护朋友,愿意为朋友献身,他们有为他人服务的意识,愿意完成他们的责任和义务。

适合领域:医护领域、消费类商业、服务业领域。

适合职业:行政管理人员、总经理助理、秘书、人事管理者、项目经理、物流经理、律师助手、外科医生、家庭医生、牙科医生、护士、药剂师、医学专家、营养学专家、零售店店主、精品店业主、大型商场和酒店管理人员、室内设计师等。

3. INFJ(博爱型)

寻求思想、关系、物质等之间的意义和联系。希望了解什么能够激励人,对人有很强的洞察力。有责任心,坚持自己的价值观。对于怎样更好的服务大众有清晰的愿景。在对于目标的实现过程中有计划而且果断坚定。

INFJ 型的人生活在思想的世界里。他们是独立的、有独创性的思想家,具有强烈的感情、坚定的原则和正直的人性。即使面对怀疑,INFJ 型的人仍相信自己的看法与决定。他们对自己的评价高于其他的一切,包括流行观点和存在的权威,这种内在的观念激发着他们的积极性。通常 INFJ 型的人具有本能的洞察力,能够看到事物更深层的含义。即使他人无法分享他们的热情,但灵感对于他们重要而令人信服。

INFJ 型的人忠诚、坚定、富有理想。他们珍视正直,十分坚定以至达到倔强的地步。因为他们的说服能力,以及对于什么对公共利益最有利有清楚的看法,所以 INFJ 型的人会成为伟大的领导者。由于他们的贡献,他们通常会受到尊重或敬佩。因为珍视友谊与和睦,所以 INFJ 型的人喜欢说服别人,使之相信他们的观点是正确的。通过运用嘉许和赞扬,而不是争吵和威胁,他们赢得了他人的合作。他们愿意毫无保留地激励同伴,避免争吵。通常 INFJ 型的人是深思熟虑的决策者,他们觉得问题使人兴奋,在行动之前他们通常要仔细地考虑。他们喜欢每次全神贯注于一件事情,这会造成一段时期的专心致志。满怀热情与同情心,INFJ 型的人强烈地渴望为他人的幸福做贡献。他们注意其他人的情感和利益,能够很好地处理复杂的人际关系。INFJ 型的人本身具有深厚复杂的性格,既敏感又热切。他们内向,很难被人了解,但是愿意同自己信任的人分享内在的自我。他们往往有一个交往深厚、持久的小规模的朋友圈,在合适的氛围中能产生充分的个人热情和激情。

适合领域:咨询、教育、科研、文化、艺术、设计等领域。

适合职业:心理咨询工作者、心理诊疗师、职业指导顾问、大学教师(人文学科、艺术类),心理学、教育学、社会学、哲学及其他领域的研究人员,作家、诗人、剧作家、电影编剧、电影导演、画家、雕塑家、音乐家、艺术顾问、建筑师、设计师等。

4. INTJ(专家型)

在实现自己的想法和达成自己的目标时有创新的想法和非凡的动力。能很快洞察到外界事物间的规律并形成长期的远景计划。一旦决定做一件事就会开始规划并直到完成为止。多疑、独立,对于自己和他人能力及表现的要求都非常高。

INTJ 型的人是完美主义者。他们强烈地要求个人自由和能力,同时在他们独创的思想中,不可动摇的信仰促使他们达到目标。INTJ 型的人思维严谨、有逻辑性、足智多谋,他们能够看到新计划实行后的结果。他们对自己和别人都很苛求,往往几乎同样强硬地逼迫别人和自己。他们并不十分受冷漠与批评的干扰,作为所有性格类型中最独立的,INTJ 型的人更喜欢以自己的方式行事。面对相反意见,他们通常持怀疑态度,十分坚定和坚决。权威本身不能强制地们,只有他们认为这些规则对自己的更重要的目标有用时,才会去遵守。INTJ 型的人是天生的谋略家,具有独特的思想、伟大的远见和梦想。他们天生精于理论,对于复杂而综合的概念运转灵活。他们是优秀的战略思想家,通常能清楚地看到任何局势的利处和缺陷。对于感兴趣的问题,他们是出色的、具有远见和见解的组织者。如果是他们自己形成的看法和计划,他们会投入不可思议的注意力、能量和积极性。强烈的决心和坚忍不拔,使他们获得许多成就。

适合领域:科研、科技应用、技术咨询、管理咨询、金融、投资等领域。

适合职业:各类科学家、研究所研究人员、设计工程师、系统分析员、计算机程序师、研究开发部经理等各类技术顾问、技术专家、企业管理顾问、投资专家、法律顾问、医学专家、精神分析学家、投资银行研究员、证券投资和金融分析员、投资银行家、财务计划人、企业并购专家、建筑师、社论作家、设计师、艺术家等。

5. ISTP(冒险家型)

灵活、忍耐力强,是个安静的观察者,一旦有问题发生,就会马上行动,找到实用的解决方法。分析事物运作的原理,能从大量的信息中很快找到关键的症结所在。对于原因和结果感兴趣,喜欢用逻辑的方式处理问题,重视效率。

ISTP 型的人坦率、诚实、讲求实效,他们喜欢行动而非漫谈。他们很谦逊,对于完成工作的方法有很好的理解力。ISTP 型的人擅长分析,所以他们对客观含蓄的原则很有兴趣。他们对于技巧性的事物有天生的理解力,通常精于使用工具和进行手工劳动。他们往往做出有条理而保密的决定。他们仅仅是按照自己所看到的、有条理而直接地陈述事实。ISTP 型的人好奇心强,而且善于观察,只有理性、可靠的事实才能使他们信服。他们重视事实,事实对于他们来讲简直就是有关他们知之甚深的知识的宝库。他们是现实主义者,所以能够很好地利用可获得的资源,同时他们擅于把握时机,这使他们变得很讲求实效。ISTP 型的人平和而寡言,往往显得冷酷而清高,而且容易害羞,但与好朋友在一起时除外。他们平等、公正。他们往往受冲动的驱使,对于即刻的挑战和问题具有相当的适应性和反应能力。因为他们喜欢行动和兴奋的事情,所以他们乐于户外活动和运动。

适合领域:技术领域,证券、金融、贸易、商业领域,户外、运动、艺术等领域。

适合职业:机械、电气、电子工程师,各类技术专家和技师,计算机硬件、系统集成专业人员等。证券分析师、金融或财务顾问、经济学研究者等。贸易商、商品经销商、产品代理商(有形产品为主)等。警察、侦探、体育工作者、赛车手、飞行员、雕塑家、手工制作、画家等。

6. ISFP(艺术家型)

安静、友好、敏感、和善。享受当前。喜欢有自己的空间,喜欢按照自己的时间表工作。对于自己的价值观和自己觉得重要的人非常忠诚,有责任心。不喜欢争论和冲突。不会将自己的观念和价值观强加到别人身上。

ISFP 型的人平和、敏感,他们保持着许多强烈的个人理想和自己的价值观念。他们更多地是通过行为而不是言辞表达自己深沉的情感。ISFP 型的人谦虚而缄默,但实际上他们是具有巨大的友爱和热情之人,但是除了与他们相知和信赖的人在一起外,他们不经常表现出自我的另一面。因为 ISFP 型的人不喜欢直接地自我表达,所以常常被误解。ISFP 型的人耐心、灵活,很容易与他人相处,很少支配或控制别人。他们很客观,爱以一种实事求是的方式接受他人的行为。他们善于观察周围的人和物,却不寻求发现动机和含义。ISFP 型的人完全生活在当下,所以他们的准备或计划往往不会多于必需,他们是很好的短期计划制订者。因为他们喜欢享受目前的经历,而不是继续兑现下一个目标,所以他们对完成工作感到很放松。ISFP 型的人对于从经历中直接了解和感受的东西很感兴趣,常常富有艺术天赋和审美感,力求为自己创造一个美丽而隐蔽的环境。没有想要成为领导者,ISFP 型的人经常是忠诚的追随者和团体成员。因为他们利用个人的价值标准去判断生活中的每一件事,所以他们喜欢那些花费时间去认识他们和理解他们内心的忠诚之人。他们需要最基本的信任和理解,在生活中需要和睦的人际关系,对于冲突和分歧则很敏感。

适合领域:手工艺、艺术领域,医护领域,商业、服务业领域。

适合职业:时装、首饰设计师,装潢、园艺设计师,陶器、乐器、卡通、漫画制作者,素描画家、舞蹈演员、画家等,出诊医生、出诊护士、理疗师、牙科医生、个人健康和运动教练等,餐饮业、娱乐业业主,旅行社销售人员,体育用品、个人理疗用品销售员等。

7. INFP(哲学家型)

理想主义,对于自己的价值观和自己觉得重要的人非常忠诚。希望外部的生活和自己内心的价值观是统一的。好奇心重,很快能看到事情的可能性,能成为实现想法的催化剂。寻求理解别人和帮助他们实现潜能。适应力强,灵活,善于接受,除非是有悖于自己价值观的。

INFP 型的人把内在的和谐视为高于其他一切。他们敏感、理想化、忠诚,对于个人价值具有一种强烈的荣誉感。他们个人信仰坚定,有为自认为有价值的事业献身的精神。INFP 型的人对于已知事物之外的可能性很感兴趣,精力集中于他们的梦想和想象。他们思维开阔、有好奇心和洞察力,常常具有出色的长远眼光。在日常事务中,他们通常灵活多变,具有忍耐力和适应性,但是他们非常坚定地对待内心的忠诚,为自己设定了事实上几乎是不可能的标准。INFP 型的人具有许多使他们忙碌的理想和忠诚。他们十分坚定地完成自己所选择的事情,他们往往承担得太多,但不管怎样总要完成每件事。虽然对外部世界他们显得冷淡缄默,但 INFP 型的人很关心内在。他们富有同情心、理解力,对于别人的情感很敏感。只要他们的价值观不受到威胁,他们就会避免冲突,而且没有兴趣强迫或支配别人。INFP 型的人常常喜欢通过书写而不是口头来表达自己的感情。当 INFP 型的人劝说别人相信他们的想法的重要性时,可能是最有说服力的。INFP 型的人很少显露强烈的感情,常常显得沉默而冷静。然而,一旦他们与你认识,就会变得热情友好,但往往会避免浮浅的交往。他们珍视那些花费时间去思考目标与价值的人。

适合领域:创作性行业、艺术类、教育类、研究类、咨询类。

适合职业:各类艺术家、插图画家、诗人、小说家、建筑师、设计师、文学编辑、艺术指导、记者、大学老师(人文类)、心理学工作者、心理辅导和咨询人员、社科类研究人员、社会工作者、教育顾问、图书管理者、翻译家等。

8. INTP(学者型)

对于自己感兴趣的任何事物都寻求找到合理的解释。喜欢理论性的和抽象的事物,热衷于思考而非社交活动。安静、内向、灵活、适应力强。对于自己感兴趣的领域,有超凡的、集中精力去深度解决问题的能力。多疑,有时会有点挑剔,喜欢分析。

INTP 型的人是理性解决问题者。他们很有才智和条理性。INTP 型的人外表平静、缄默、超然,内心却专心致志于分析问题。他们苛求精细、惯于怀疑。他们努力寻找和利用原则以理解许多想法。他们喜欢有条理和有目的的交谈,而且可能会仅仅为了高兴,便去争论一些无益而琐细的问题。只有有条理的推理才会使他们信服。通常 INTP 型的人是足智多谋、有独立见解的思考者。他们重视才智,对于个人能力有强烈的欲望,有能力也很感兴趣向他人挑战。INTP 型的人最主要的兴趣在于理解明显的事物之外的可能性。他们乐于为了改进事物的目前状况或解决难题而进行思考。他们的思考方式极端复杂,而且他们能很好地组织概念和想法。偶尔,他们的想法非常复杂,以致于很难向别人表达和被他人理解。INTP 型的人十分独立,喜欢冒险和富有想象力的活动。他们灵活易变、思维开阔,更感兴趣的是发现有创见而且合理的解决方法,而不是仅仅看到成为事实的解决方式。

适合领域:计算机技术、理论研究、学术领域、专业领域、创造性领域。

适合职业:软件设计员、系统分析师、计算机程序员、数据库管理、故障排除专家、大学教授、科研机构研究人员、数学家、物理学家、经济学家、考古学家、历史学家、证券分析师、金融投资顾问、律师、法律顾问、财务专家、侦探、发明家、作家、设计师、音乐家、艺术家、艺术鉴赏家等。

9. ESTP(挑战者型)

灵活、忍耐力强,实际,注重结果。觉得理论和抽象的解释非常无趣。喜欢积极地采取行动解决问题。注重当前,自然不做作,享受和他人在一起的时刻。喜欢物质享受和时尚。学习新事物最有效的方式是通过亲身感受和练习。

ESTP 型的人不会焦虑,因为他们是快乐的。ESTP 型的人活跃、随遇而安、天真率直。他们乐于享受现在的一切而不是为将来计划什么。ESTP 型的人很现实,他们信任和依赖于自己对这个世界的感受。他们是好奇而热心的观察者。因为他们接受现在的一切,所以他们思维开阔,能够容忍自我和他人。ESTP 型的人喜欢处理、分解与恢复原状的真实事物。ESTP 型的人喜欢行动而不是漫谈,当问题出现时,他们乐于去处理。他们是优秀的解决问题的人,这是因为他们能够掌握必要的事实情况,然后找到符合逻辑的、明智的解决途径,而无需浪费大量的努力或精力。他们会成为适宜外交谈判的人,他们乐于尝试非传统的方法,而且常常能够说服别人给他们一个妥协的机会。他们能够理解晦涩的原则,喜欢在符合逻辑的基础上做出决定,而不是基于他们对事物的感受之上。因此,他们讲求实效,在情况必须时非常强硬。在大多数的社交场合中,ESTP 型的人很友善,富有魅力、轻松自如,受人欢迎。在任何有他们的场合中,他们总是爽直、多才多艺和有趣,总有没完没了的笑话和故事。他们善于通过缓和气氛以及使冲突的双方相互协调,从而化解紧张的局势。

适合领域:贸易、商业、某些特殊领域、服务业、金融证券业、娱乐、体育、艺术等领域。

适合职业:各类贸易商、批发商、中间商、零售商、房地产经纪人、保险经纪人、汽车销售人员、私家侦探、警察等,餐饮、娱乐及其他各类服务业的业主,主管、特许经营者、自由职业者等,股票经纪人、证券分析师、理财顾问、个人投资者等,娱乐节目主持人、体育节目评论员、脱口秀表演者、音乐表演者、舞蹈表演者、健身教练、体育工作者等。

10. ESFP(表演者型)

外向、友好、接受力强。热爱生活,喜欢物质上的享受。喜欢和别人一起将事情做成功。在工作中讲究常识和实用性,并使工作显得有趣。灵活、自然不做作,对于新的任何事物都能很快地适应。学习新事物最有效的方式是和他人一起尝试。

ESFP 型的人乐意与人相处,有一种真正的生活热情。他们顽皮活泼,通过真诚和玩笑使别人感到事情更加有趣。ESFP 型的人脾气随和、适应性强,热情友好,慷慨大方。他们擅长交际,常常是别人的"注意中心"。他们热情而乐于合作地参加各种活动和节目,而且通常能立刻应对几种活动。ESFP 型的人是现实的观察者,他们按照事物的本身去对待并接受它们。他们往往信任自己能够听到、闻到、触摸和看到的事物,而不是依赖于理论上的解释。因为他们喜欢具体的事实,对于细节有很好的记忆力,所以他们能从亲身的经历中学到最好的东西。他们喜欢收集信息,从中观察可能自然出现的解决方法。ESFP 型的人对于自我和他人都能容忍和接受,往往不会试图把自己的愿望强加于他人。ESFP 型的人通融、有同情心,许多人都真心地喜欢他们。他们能够让别人采纳他们的建议,所以他们很擅于帮助冲突的各方重归于好。他们寻求他人的陪伴,是很好的交谈者。他们乐于帮助旁人,偏好以真实有形的方式给予协助。ESFP 型的人天真率直,很有魅力和说服力。他们喜欢意料不到的事情,喜欢寻找给他人带来愉快和意外惊喜的方法。

适合领域:消费类商业、服务业、广告业、娱乐业、旅游业、社区服务等领域。

适合职业:精品店、商场销售人员,娱乐、餐饮业客户经理,房地产销售人员、汽车销售人员、市场营销人员(消费类产品)、广告设计师、创意人员、客户经理、时装设计和表演人员、摄影师、节目主持人、脱口秀演员、旅游企业中的销售和服务人员、导游、社区工作人员、自愿工作者、公共关系专家、健身和运动教练、医护人员等。

11. ENFP(公关型)

热情洋溢、富有想象力。认为人生有很多的可能性。能很快地将事情和信息联系起来,然后很自信地根据自己的判断解决问题。总是需要得到别人的认可,也总是准备着给与他人赏识和帮助。灵活、自然不做作,有很强的即兴发挥的能力,言语流畅。

ENFP 型的人充满热情和新思想。他们乐观、自然、富有创造性和自信,具有独创性的思想和对可能性的强烈感受。对于 ENFP 型的人来说,生活是激动人生的戏剧。ENFP 型的人对可能性很感兴趣,所以他们了解所有事物中的深远意义。他们具有洞察力,是热情的观察者,注意常规以外的任何事物。ENFP 型的人好奇,喜欢理解而不是判断。ENFP 型的人具有想象力、适应性和可变性,他们视灵感高于一切,常常是足智多谋的发明人。ENFP 型的人不墨守成规,善于发现做事情的新方法,为思想或行为开辟新道路,并保持它们的开放。在完成新颖想法的过程中,ENFP 型的人依赖冲动的能量。他们有大量的主动性,认为问题令人兴奋。他们也从周围其他人中得到能量,把自己的才能与别人的力量成功地结合在一起。ENFP 型的人具有魅力、充满生机。他们待人热情、彬彬有礼、富有同情心,愿意帮助别人解决问题。他们具有出色的洞察力和观察力,常常关心他人的发展。ENFP 型的人避免冲突,喜欢和睦。他们把更多的精力倾注于维持个人关系而不是客观事物,喜欢保持一种广泛的关系。

适合领域:广告创意、广告撰稿人,市场营销和宣传策划人员、市场调研人员、艺术指导、公关专家、公司对外发言人等。

适合职业:儿童教育老师、大学老师(人文类)、心理学工作者、心理辅导和咨询人员、职业规划顾问、社会工作者、人力资源专家、培训师、演讲家、记者(访谈类)、节目策划和主持人、专栏作家、剧作家、艺术指导、设计师、卡通制作者、电影和电视制片人等。

12. ENTP(智多星型)

反应快、睿智,有激励别人的能力,警觉性强、直言不讳。在解决新的、具有挑战性的问题时机智而有策略。善于找出理论上的可能性,然后再用战略的眼光进行分析。善于理解别人。不喜欢例行公事,很少会用相同的方法做相同的事情,倾向于一个接一个的发展新的爱好。

ENTP 型的人喜欢兴奋与挑战。他们热情开放、足智多谋、健谈而聪明,擅长于许多事情,不断追求增加能力和个人权力。ENTP 型的人天生富有想象力,他们深深地喜欢新思想,留心一切可能性。他们有很强的首创精神,擅于运用创造冲动。ENTP 型的人视灵感高于其他的一切,力求使他们的新颖想法转变为现实。他们好奇、多才多艺、适应性强,在解决挑战性和理论性问题时善于随机应变。ENTP 型的人灵活而率直,能够轻易地看出任何情况中的缺点,乐于出于兴趣而争论问题的某方面。他们有极好的分析能力,是出色的策略谋划者。他们几乎一直能够为他们所希望的事情找出符合逻辑的推理。大多数的 ENTP 型人喜欢审视周围的环境,认为多数的规则和章程如果不被打破,便意味着屈从。有时他们的态度不从习俗,乐于帮助别人去做超出可被接受和被期望的事情。他们喜欢自在地生活,在每天的生活中寻找快乐和变化。ENTP 型的人常富有想象力地去处理社会关系,常常有许多的朋友和熟人。他们表现得很乐观,具有幽默感。ENTP 型的人能够吸引和鼓励同伴,并通过他们富有感染力的热情,去鼓舞别人加入他们的行动中。他们喜欢努力理解和回应他人,而不是判断他人。

适合领域:投资顾问、项目策划、投资银行、自我创业、市场营销、创造性行业、公共关系、政治等领域。

适合职业:投资顾问(房地产、金融、贸易、商业等)、各类项目的策划人和发起者、投资银行家、风险投资人、企业业主(新兴产业)、市场营销人员、各类产品销售经理、广告创意总监、艺术总监、访谈类节目主持人、制片人、公共关系专家、公司对外发言人、社团负责人、政治家等。

13. ESTJ(管家型)

实际、现实主义。果断,一旦下定决心就会马上行动。善于将项目和人组织起来将事情完成,并尽可能用最有效率的方法得到结果。注重日常的细节。有一套非常清晰的逻辑标准,且能系统性地遵循,并希望他人也同样遵循。在实施计划时强而有力。

ESTJ 型的人能够高效率地工作,自我负责,并能监督他人工作,合理分配和处置资源,主次分明,井井有条;能制定和遵守规则,多喜欢在制度健全、等级分明、比较稳定的企业工作;倾向于选择较为务实的业务,以有形产品为主;喜欢工作中带有和人接触、交流的成分,但不以态度取胜;不特别强调工作所属的行业或对工作的兴趣,多以职业角度看待每一份工作。ESTJ 型的人很善于完成任务;他们喜欢操纵局势和促使事情发生;他们具有责任感,并能信守他们的承诺。他们喜欢条理性并且能记住和组织安排许多细节。他们能及时并尽可能高效率地、系统地去达到目标。ESTJ 型的人常被迫做决定。他们常常以自己过去的经历为基础得出结论。他们很客观,有条理性和分析能力,并有很强的推理能力。事实上,除了符合逻辑外,其他没有什么可以使他们信服。同时,ESTJ 型的人又很现实,有头脑,讲求实际。他们更感兴趣的是“真实的事物”,而不是诸如抽象的想法和理论等无形的东西。他们往往对那些认为没有实用价值的东西不感兴趣。他们知道自己周围将要发生的事情,但首要关心的则是目前。因为 ESTJ 型的人依照一套固定的规则生活,所以他们坚持不懈和值得依赖。他们往往很传统,有兴趣维护现存的制度。虽然对于他们来说,感情生活和社会活动并不像生活的其他方面那样重要,但是对于亲情关系,他们却固守不变。他们不但能很轻松地判断别人,而且还是条理分明的纪律执行者。ESTJ 型的人直爽坦率,友善合群。通常他们会很容易地了解事物,这是因为他们相信“你看到的便是你得到的”

适合领域:无明显领域特征。

适合职业:大中型外资企业员工、业务经理、中层经理(多分布在财务、营运、物流采购、销售管理、项目管理、工厂管理、人事行政部门)、职业经理人、各类中小型企业主管和业主。

14. ESFJ(主人型)

热心肠、有责任心、乐于合作。希望周边的环境温馨而和谐,并为此果断地执行。喜欢和他人一起精确并及时地完成任务。事无巨细都会保持忠诚。能体察到他人在日常生活中的所需并竭尽全力帮助。希望自己和自己的所为能受到他人的认可和赏识。

ESFJ 型的人通过直接的行动和合作,积极地以真实、实际的方法帮助别人。他们友好、富有同情心和责任感。ESFJ 型的人把他们同别人的关系放在十分重要的位置,所以他们往往具有和睦的人际关系,并且通过很大的努力以获得和维持这种关系。事实上,他们常常理想化自己欣赏的人或物。ESFJ 型的人往往对自己以及自己的成绩十分欣赏,因而他们对于批评或者别人的漠视很敏感。通常他们很果断,乐于表达自己的坚定主张,乐于事情能很快得到解决。ESFJ 型的人很现实,他们讲求实际、实事求是和安排有序。他们参与并能记住重要的事情和细节,乐于别人也能对自己的事情很确信。他们在自己的个人经历或在他们所信赖之人的经验之上制定计划或得出见解。他们了解并参与周围的物质世界,并喜欢具有主动性和创造性。ESFJ 型的人十分小心谨慎,也非常传统化,因而他们能恪守自己的责任与承诺。他们支持现存制度,往往是委员会或组织机构中积极主动和乐于合作的成员,他们重视并能保持很好的社交关系。他们不辞劳苦地帮助他人,尤其在遇到困难或取得成功时,他们都很积极活跃。

适合领域:无明显领域特征。

适合职业:办公室行政或管理人员、秘书、总经理助理、项目经理、客户服务部人员、采购和物流管理人员、内科医生、牙科医生、护士、健康护理指导师、饮食学和营养学专家、小学教师(班主任)、学校管理者,银行、酒店、大型企业客户服务代表、客户经理、公共关系部主任、商场经理、餐饮业业主和管理人员等。

15. ENFJ(教导型)

热情、为他人着想、易感应、有责任心。非常注重他人的感情、需求和动机。善于发现他人的潜能,并希望能帮助他们实现。能成为个人或群体成长和进步的催化剂。忠诚,对于赞扬和批评都会积极地回应。友善、好社交。在团体中能很好地帮助他人,并有鼓舞他人的领导能力。

ENFJ 型的人热爱人类,他们认为人的感情是最重要的,而且他们很自然地关心别人,以热情的态度对待生命,感受与个人相关的所有事物。由于他们很理想化,按照自己的价值观生活,因此 ENFJ 型的人对于他们所尊重和敬佩的人、事业和机构非常忠诚。他们精力充沛、满腔热情、富有责任感、勤勤勤恳恳、锲而不舍。ENFJ 型的人具有自我批评的自然倾向,然而,由于他们对他人的情感具有责任心,因此 ENFJ 型的人很少在公共场合批评人。他们敏锐地意识到什么是(或不是)合适的行为。他们彬彬有礼、富有魅力、讨人喜欢、深谙社会。ENFJ 型的人具有平和的性格与忍耐力,他们长于外交,擅长在自己的周围激发幽默感。他们是天然的领导者,受人欢迎而有魅力。他们常常得利于自己口头表达的天份,愿意成为出色的传播者。ENFJ 型的人喜欢在自己对情况感受的基础上做决定,而不是基于事实本身。他们对显而易见的事物之外的可能性,以及这些可能性以怎样的方式影响他人感兴趣。ENFJ 型的人天生具有条理性,他们喜欢一种有安排的世界,并且希望别人也是如此。即使其他人正在做决定,他们还是喜欢把问题解决了。ENFJ 型的人富有同情心和理解力,愿意培养和支持他人。他们能很好地理解别人,有责任感和关心他人。由于他们是理想主义者,因此他们通常能看到别人身上的优点。

适合领域:培训、咨询、教育、新闻传播、公共关系、文化艺术。

适合职业:人力资源培训主任,销售、沟通、团队培训员,职业指导顾问、心理咨询工作者、大学教师(人文学科类)、教育学或心理学研究人员等记者、撰稿人、节目主持人(新闻、采访类)、公共关系专家、社会活动家、文艺工作者、平面设计师、画家、音乐家等。

16. ENTJ(统帅型)

坦诚、果断,有天生的领导能力。能很快看到公司或组织程序和政策中的不合理性和低效能性,并实施有效的解决。善于做长期的计划和目标的设定。通常见多识广,博览群书,喜欢拓广自己的知识面并将此分享给他人。在陈述自己的想法时强而有力。

ENTJ 型的人是伟大的领导者和决策人。他们能轻易地看出事物具有的可能性,很高兴指导别人,使他们的想象成为现实。他们是头脑灵活的思想家和伟大的长远规划者。因为 ENTJ 型的人很有条理和分析能力,所以他们通常对要求推理和才智的任何事情都很擅长。在完成工作的过程中,他们通常会很自然地看出所处情况中可能存在的缺陷,并且立刻知道如何改进。他们力求精通整个体系,而不是简单地把它们做为现存的进行接受。ENTJ 型的人乐于完成一些需要解决的复杂问题,他们大胆地力求掌握使他们感兴趣的任何事情。ENTJ 型的人把事实看得高于一切,只有通过逻辑的推理才会确信。ENTJ 型的人渴望不断增加自己的知识基础,他们系统地计划和研究新情况。他们乐于钻研复杂的理论性问题,力求精通任何他们认为有趣的事物。他们对于行为的未来结果更感兴趣,而不是事物现存的状况。ENTJ 型的人是热心而真诚的天生的领导者,他们往往能够控制他们所处的任何环境。因为他们具有预见能力,并且愿意向别人传播他们的观点,所以他们是出色的群众组织者。他们往往按照一套相当严格的规律生活,并且希望别人也是如此。他们往往喜欢具有挑战性的工作,且乐于艰难地推动自我和他人前进。

适合领域:工商业、政界、金融和投资领域、管理咨询和培训等领域。

适合职业:各类企业的高级主管、总经理、企业主、社会团体负责人、政治家、投资银行家、风险投资家、股票经纪人、公司财务经理、财务顾问、经济学家、企业管理顾问、企业战略顾问、项目顾问、专项培训师、律师、法官、知识产权专家、大学教师、科技专家等。

四、16 种性格的自我提升之道

每个人的性格与生俱来,没有好坏之分。16 种性格都存在各自的优势和不足,最大限度发挥优势所在是理所应当的事情。如果能够找到性格中的短板，并加以弥补，则更能提升自我。

1. ISTJ

潜在的缺点：①因受惠于日常工作而忽视具有长远意义的目标。②可能忽视人际交往的细节。③工作方法刻板、不灵活，对变革较少开放态度。④期望他人和自己一样能够注意细节和服从管理程序。

发展建议：①除了关注现实问题，还需关注更深远的、定向于未来的问题。②需考虑人的因素，向他人表达其应得的赞赏。③为避免陈规，尝试寻找新的选择。④需培养耐心，应付那些需要用不同方式沟通或忽视规则和程序的人。

2. ISTP

潜在的缺点：①只关注对自身重要的事而对其他事漠不关心。②在先前的努力获得成果前，缺少坚持性。③努力不足，容易因过度注重有利性而走捷径。④犹豫不决，欠缺兴趣、活力、坚持性。

发展建议：①需增强开放性，关心他人，与他人共享信息。②需发展坚持性，改变沟通模式。③需加强计划性，付出更多努力获取想要的成功。④需发展设置和保持目标的方法。

3. ESTP

潜在的缺点：①当快速行为时，显得苛求、强硬、感觉迟钝。②过分集中于即时行为，而失去行为更广阔、深远的意义。③容易转移到下一个待解决问题而不能坚持解决目前的问题。④会被工作以外的活动吸引，如体育运动和其他娱乐活动。

发展建议：①需抑制自己的任务型定向，分析他人的情绪感受。②需在快速决定之前，事先计划，考虑更多的因素。③需完成眼前的任务。④需以适当的观点看待工作和娱乐。

4. ESTJ

潜在的缺点：①决策太迅速，也给他人施以同样的压力。②不能察觉变革的需要，因为相信一切都在正常运作。③在完成任务过程中，忽视人际间的小细节。④由于长期忽视自己的感受和准则，因此可能会被自己的情感击跨。

发展建议：①决策之前需考虑各种因素，包括人的因素。②需促使自己看到他人因要求变革而获得的利益。③需学会赞赏别人。④需从工作中抽点时间考虑和识别自己的情感与价值观。

5. ISFJ

潜在的缺点：①过于谨慎小心，尤其是对待未来发展。②向他人表明自己观点时，显得意志不太坚定。③因安静、忘却自我的特性而低估自己。④过度依赖自己的经验，不能根据环境和其他需要灵活调整。

发展建议：①工作中需要估计风险，并以积极、全面的观点看待未来。②需发展更多的自信和直率。③需学会宣扬自己的成就。④对其他形式的做事方式需保持开放态度。

6. ISFP

潜在的缺点：①可能太信任他人，不愿持怀疑态度。②为避免冲突而不批评他人。③只关注眼前的损失。④过度自我批评，容易受伤害。

发展建议：①需发展以怀疑的态度分析他人提供的信息。②需学会给他人负面反馈，处理好冲突。③需发展更广阔、更朝向未来定向的观念。④对他人需更果断,对自己需有更多赞赏。

7. ESFP

潜在的缺陷:①为保持和谐,过度强调主观性论据。②行动前不太考虑眼前的事实。③可能花太多的时间在社会关系上而忽视任务本身。④常常有始无终。

发展建议:①为减少非个体性冲突,做决策时需理智分析决策的意义。②进行管理工作前应事先制订计划。③需平衡花费在任务和社会性交往上的时间。④需致力于完成计划,对时间进行管理。

8. ESFJ

潜在的缺点:①因致力于令他人满意而忽略自己。②总是乐于提供自己认为是对组织和对他人最好的建议。③不经常有时间客观地反思过去、展想未来。

发展建议:①需学会注意差异性和处理冲突。②需学会分离出自己的需要。③需学会更客观地听取真正需要什么。④做决策时,需考虑决策的合理性和全局性。

9. INFJ

潜在的缺点:①面对批评不太坦率。②因不太愿强迫别人而过度保守。③仅从单一维度考虑自己认为的对将来最有益的事。

发展建议:①在提出自己的观点时,需发展政治领悟力和自主性的技策。②需学会及时给他人建设性的反馈。③需要不断征求他人的建议和获得他人反馈。④需要以更放松和开放的态度面对现状。

10. INFP

潜在的缺点:①因完美倾向而延误完成任务。②一次行为想令太多人满意。③没有调整理想适合客观现实。④思考多于行动。

发展建议:①需要学会怎样工作而不是只注意寻求理想的反应。②需要发展更坚强的意志,并愿意说“不”。③需要用自己的准则分清事实和逻辑。④需要建立和执行行动计划。

11. ENFP

潜在的缺点:①在没完成已经提出的计划之前又转移到新的想法和计划上。②忽视相关的细节和事实资料。③过分扩展,尝试做的事情太多。④因寻求可能的最佳结果而拖延工作。

发展建议:①需要根据重要性事先做好安排,先做最重要的,坚持到底。②需要关注重要的细节。③需要学会筛选任务,不要试图去做所有具有吸引力的任务。④为达成目标,需使用制定计划和进行时间管理的技巧。

12. ENFJ

潜在的缺点:①可能会理想化他人,因而遭受他人表面忠诚的蒙蔽。②可能回避有冲突的问题。③因重视人际关系而忽视任务。④过度自我批评。

发展建议:①需要认识人们的局限性,捍卫真正的忠诚。②需要学会建设性地处理冲突。③需要学会同时关注任务中的细节问题和完成任务的人。④需要认真听取客观的评价,少一些自我批评。

13. INTJ

潜在的缺点:①可能显得强硬,他人不敢接近。②长时间不告诉他人自己的想法,因为认为他人也和自己一样认同自己的想法。③可能很难实际操作理想化的想法。④过度关注任务而忽视他人的贡献。

发展建议:①自己的个性化方式和想法可以征求他人的反馈和建议。②与参与任务的人早一些沟通和讨论自己的想法和战略计划。③当事实资料不支持自己的想法时,应面对现实。④明确他人的贡献应受到鼓励和承认的。

14. INTP

潜在的缺点:①过于抽象,因而坚持下去不太符合现实需要。②过于理性化,解释起来太理论化。③过多注意团队中一些小的不一致的地方。④可能以批评式分析方式待人,行动不考虑个体感受。

发展建议:①需要关注现实中的细节,确立完成任务的具体步骤。②需要简单地陈述事实。③为获得他人的合作,需要放弃细小的问题。④需要更好地认识他人,更多地表达对他人的赞赏。

15. ENTP

潜在的缺点:①过多依赖模型而忘记现实状况。②因竞争心而不会赞赏他人的付出。③因过分扩展自己而筋疲力尽。④可能抵制正规的程序和准则。

发展建议:①需要注意各个方面的因素和基本的事实。②需要承认他人贡献的有效性。③需要设立现实性的开始与结束的期限,知道何时该结束。④需要学会在组织里如何工作。

16. ENTJ

潜在的缺点:①关注任务而忽视人们的需要和对组织的贡献。②忽略现实的考虑和对现实局限性的认识。③决策太迅速,表现得缺乏耐心,盛气凌人。④忽视和抑制自己和他人的情感。

发展建议:①需要考虑人的因素,赞赏他人对组织的贡献。②行动前先检查现实的、人力的、环境的资源是否可获得。③决策前花些时间考虑和反思各个方面的因素。④需要学会鉴别与重视自己和他人的情感。

【练习】

1. MBTI 职业性格测试对职业生涯规划有哪些影响?
2. 自己性格中的短板有哪些?打算怎样弥补?

第三篇

职业生涯规划

模块七　职业与职业生涯

【案例】

(一)“什么是职业?”

出租车司机:“职业就是工作呗。”

“什么是工作?”

“工作就是干活呗”

“什么是干活?”

“干活就是受累呗。”

“什么是受累?”

“受累就是遭罪呗”

……

(二)下列哪些不属于职业

农民　义工　主持人　公务员　学生　家庭主妇　保险经纪人　私家侦探

经理　空姐　保姆　运动员　小偷　家教　速记员　博士

(三)“90后”员工辞职的理由

“公司女生太少”,“得了鼻炎需要治疗”,“和女朋友吵架了”……对于“90后”辞职随意化问题,最根本的原因是眼高手低,或者是因为家庭条件还优越,不愁没工作,还有就是心理的原因。你还知道哪些五花八门的辞职理由?

一楼:@张小三儿QQ号被盗了,心情不好。工资不高,到哪都好找工作,也不想做出什么成就来。

二楼:@安安_1985:谁没年轻过啊,“70后”、“80后”也是这么过来的。

三楼:@我就是我上班太远,坐车时间太长。

四楼:@甜心子老板实在讨厌,没办法。

五楼:@simida跳一跳才知道哪份工作适合自己。

……

【问题讨论】

1. 能说清楚什么是职业吗?
2. 介绍下自己的职业生涯之树,各个部分都代表了什么?
3. 如何看待频繁跳槽?跳槽的真正原因是什么?

【课堂点评】

很多同学对职业的解释还很模糊,多数只是凭感觉。在绘制职业生涯之树时,应注意“完整”,想一想,一棵树要枝繁叶茂、开花结果,最重要的部分是哪里;自己熟悉的人是否也在不断跳槽,他们跳槽的根本原因是什么?

一、职业概述

职业是指参与社会分工,利用专门知识技能,创造物质财富和精神财富,获得合理报酬,满足其物质生活和精神生活的工作。职业包括五个内涵:

1. 社会分工

个人与他人的社会关系。在社会化大生产条件下,每个人都要参与社会分工,担当一部分工作,个人独立完成整个生产销售环节几乎是不可能的。

2. 必备技能

职业与知识技能的关系。每一种职业都需要具备专门的知识和技能,比如房地产策划师所需的专业技能包括:房地产项目的市场调研和咨询策划的能力;整合设计、建设、营销、广告、服务等资源,制定策划方案的能力;房地产项目运营工作的能力。

3. 创造财富

知识技能和财富的关系。利用专门的知识和技能创造财富,其中包括物质财富、精神财富;有些人直接创造财富,有些人间接创造财富。

4. 合理报酬

创造财富与报酬的关系。人们创造的财富会分成国家、企业、个人三个部分,个人所获财富应合理合法。

5. 满足需求

获得报酬与需求的关系。创造的财富用来满足个人物质生活和精神生活的需求。

二、寻找有发展前景的职业

在当今社会,职业领域呈现出多元化的格局。不同职业的发展轨迹各异,了解它们的特点有助于人们更好地规划自己的职业道路。

(一)曙光职业:崭露头角、前途待定

曙光职业犹如初升的太阳,刚刚在职业舞台上崭露头角,其前途尚不明朗。这些职业往往伴随着新兴行业或领域的初步兴起而出现,具有较大的不确定性和探索性,例如,职业规划管理师。随着人们对职业发展的重视程度不断提高,越来越多的人意识到了职业规划的重要性,职业规划管理师这一职业应运而生。他们运用专业知识和技能,帮助人们合理规划职业生涯,包括职业定位、能力提升、职业转换等。然而,这一职业目前还处于起步阶段,市场需求和行业规范都在逐步发展和完善中,未来能否成为热门职业还需经受时间的考验。

(二)朝阳职业:潜力无穷、前景广阔

朝阳职业代表着充满活力与潜力的职业群体,其发展前景十分乐观。它们通常与快速发展的经济领域和新兴技术紧密相连,展现出强劲的增长势头。职业经理人、电子商务类职业、汽车行业职业等均属于这一范畴。职业经理人凭借其卓越的管理能力和专业素养,在企业中发挥着关键作用。随着市场竞争的加剧,企业对高素质的职业经理人需求持续攀升。在互联网浪潮的推动下,电子商务类职业蓬勃发展。从电商运营、网络营销、新媒体营销到跨境电商,各类相关职业如雨后春笋般涌现,为经济发展注入了新活力。汽车行业更是如此,新能源汽车的崛起、智能汽车技术的不断突破,使得汽车研发、生产、销售、售后服务等环节人才需求旺盛,相关职业迎来黄金发展期。

(三)如日中天职业:主流地位、成熟稳定

如日中天职业代表着目前处于充分发展且在职业领域中占据主流地位的职业。它们通常具有成熟的行业体系、广泛的市场需求和社会认可度。IT 行业职业和金融行业职业便是其中的佼佼者。IT 行业在全球经济中占据重要地位,从软件开发、系统分析到人工智能、大数据分析等,众多职业引领着科技创新的潮流。这些职业不仅薪资待遇优厚,而且为社会进步和数字化转型提供了强大动力。金融行业同样如此,银行、证券、保险等金融领域人才济济。金融从业者通过专业的金融知识和技巧,为企业和个人提供融资、投资、风险管理等服务,在经济活动中扮演着不可或缺的角色。

(四)夕阳职业:逐渐衰落、行业萎缩

夕阳职业则如同日薄西山,面临着行业逐渐萎缩的困境。这些职业往往受到技术进步、社会发展变迁和市场需求变化等因素的冲击,其职业发展空间日益狭窄。公交车售票员便是典型的例子。随着公交系统自动化程度的提升,自动售票机和移动支付的广泛应用,公交车售票员的工作逐渐被替代,这一职业逐渐淡出历史舞台。同样,传统的胶卷摄影行业也因数码摄影技术的迅猛发展而走向衰落,与之相关的冲印店工作人员等职业也受到严重影响,市场需求大幅减少。

(五)恒星职业:社会必需、稳定长青

恒星职业是人类社会存在所必需的职业,具有高度的稳定性和不可或缺性。无论时代如何变迁,这些职业始终发挥着重要的基础作用。医生、教师、警察等职业便是恒星职业的代表。医生肩负着救死扶伤的神圣使命,守护着人们的身心健康。在面对疾病和各种健康问题时,医生的专业技能和敬业精神是维系社会健康运转的关键。教师作为知识的传播者和人才培养的基石,为社会的文明传承和进步培育了一代又一代的优秀人才。他们的工作不仅影响着学生的个人发展,更关乎整个社会的文化素质和未来走向。警察则是社会安全的守护者,他们无畏艰险,维护着社会的治安秩序和法律尊严,保障着人们的生命财产安全。

(六)流星职业:短暂闪耀、时代印记

流星职业如同划过夜空的流星,仅在特定的一段时期内存在,具有明显的时代特征和短暂性。传呼台小姐这一职业诞生于传呼机盛行的时代。当时,传呼机作为一种便捷的通信工具,广泛应用于人们的日常生活和工作中。传呼台小姐负责接收和发送信息,为人们提供通信服务。然而,随着移动电话的快速普及,传呼机逐渐退出市场,传呼台小姐这一职业也随着时代的变迁而消失。

类似的还有早期的乐谱抄写员，在音乐出版行业不发达的时期，乐谱抄写员承担着将乐谱手抄复制的工作。随着印刷技术和电子设备的发展，这一职业也成为了历史的记忆。

（七）昨日星辰职业：被时代淘汰、渐行渐远

昨日星辰职业是指那些已经被社会发展所淘汰的职业，它们在过去的岁月中曾有过辉煌，但如今已难以适应时代的需求。铅字打字员便是其中之一。在计算机文字处理技术出现之前，铅字打字员使用打字机进行文字录入和文件制作。随着计算机的广泛应用，电子文档逐渐取代了传统的铅字排版，铅字打字员这一职业逐渐退出了历史舞台。同样，传统的影院售票员也面临着类似的境遇。在互联网售票平台兴起之前，观众需要到影院售票窗口购票。如今，绝大多数观众选择通过手机应用或网站提前购票，影院售票员的需求也随之大幅减少。这些职业的变迁反映了社会发展的轨迹和科技进步对职业世界的深刻影响。

在职业的星空中，各类职业犹如不同的星辰，闪烁着各自的光芒。了解这些职业的特点和前景，有助于人们更好地把握自己的职业生涯规划，选择适合自己的发展方向，让自己的职业之路更加璀璨夺目。

三、人生需求与职业生涯

（一）职业生涯

职业生涯是指人的一生中的职业历程，是一个人的职业发展经历。人生需求与职业生涯关系密切。职业生涯应着眼于人的高级需求的满足和人的全面发展。马斯洛需求层次理论从人本主义的角度阐释了需求对人的行为的激励作用，而由低到高的生理需要、安全需要、社交需要、尊重需要、自我实现需要，无不与职业生涯密切相关，大量体现在职业生涯的成果、成功和成就上。

（二）破解职业生涯密码——内外职业生涯

回忆一下，你画的那棵代表你职业生涯最鼎盛状态的树，它是什么样子的？

有的人画了一棵参天大树；有的人画得树像一棵小草；也有的人画了一棵摇钱树……老师提醒过大家，画一棵完整的树，这棵树上有树枝、树叶、果实，还有人在上面搭了个鸟窝，还有小鸟在唱歌……但是大多数的学生画的树没有根！一棵没有根的树，即使是摇钱树，也给不了你所寄托的希望。一棵树要枝繁叶茂，硕果累累，必须根深蒂固，条件越是艰苦，树根越是深广。如果用这棵树来代表职业生涯，那么地上部分称之为外职业生涯，地下部分称之为内职业生涯。

内职业生涯主要指个人在职业发展过程中知识、技能、经验、心态等方面的积累和提升，是从内在素质层面进行的自我发展，包括专业技能的精进、职业素养的提高、自我认知的深化等内容。例如，一位软件工程师不断学习新的编程语言和开发框架，提升自己的技术水平，同时也在工作中培养团队协作能力、问题解决能力等职业素养，对软件行业的理解也日益深入，这就是在内职业生涯方面的成长。内职业生涯主要靠自己的不断探索而获得，不随外职业生涯的获得而自动具备，也不由于外职业生涯的失去而自动消失。

外职业生涯则主要体现在职业的外部表现形式上，如职位晋升、薪资待遇提高、工作环境改善、获得荣誉等方面。它是个人职业发展在外部世界所呈现的成果。比如，该软件工程师从初级

工程师晋升为中级工程师，薪资水平相应提高，所在公司给他分配了独立的办公室，这些都属于外职业生涯的进步。外职业生涯通常由别人决定、给予、认可，也容易被别人否定、收回或剥夺。

令人遗憾的是，在认识职业生涯时，人们常常忽视了内职业生涯的发展积累，而将关注点放在外职业生涯上。人们更多看到的是升职、加薪、获奖、买房、换车……却很少注意到个人内职业生涯能力的提升。大学生求职面试在被问到"有什么要问的"时，回答往往是："公司除了工资外还有什么福利？办公地点在哪儿？多久能涨一次工资？能提供宿舍吗？宿舍有电话，有宽带吗"……但如果能这样问："贵单位需要什么样的人才？需要具备什么样的知识和能力？我能争取到什么样的锻炼机会？我用多长时间能达到公司对我的要求？……"把关注焦点放在内职业生涯上，会让自己的"根系"更加发达，吸收更多的营养和水分。这样的职业生涯之树才能枝繁叶茂，硕果累累。

（三）内外职业生涯关系

1. 内职业生涯是外职业生涯的基础

知识技能方面：丰富的知识和精湛的技能是获得良好外职业生涯的前提。以医务工作者为例，只有经过多年的医学知识学习和临床技能训练，积累了扎实的内职业生涯基础，才能在医院中从普通医生逐步晋升为主任医师，享受更高的薪酬和更优越的工作条件。

心态素质方面：积极向上的心态和良好的职业素养有助于在职场中树立良好的形象，赢得他人的认可。一个拥有抗压能力和沟通能力的员工，在面对工作任务和人际关系时能更好地应对，从而更容易获得晋升机会等外职业生涯的回报。

2. 外职业生涯对内职业生涯有着激励和促进作用

职位晋升方面：当获得职位晋升后，新的工作职责和更高的工作要求会促使个人不断提升自己。例如，从普通员工晋升为部门经理，就需要学习管理知识、提升领导能力等，从而推动内职业生涯的发展。

薪资待遇方面：薪资待遇的提高可以为个人提供更好的学习和生活条件，使他们更有动力去投入时间和精力进行自我提升。比如，获得了丰厚的奖金后，一个人可以报名参加专业培训课程，拓宽自己的知识面和技能范围。

3. 相互转化

在职业生涯发展的不同阶段，内职业生涯和外职业生涯会相互转化。在职业生涯早期，可能更多的是注重内职业生涯的积累，如学习专业知识、积累工作经验等。随着内职业生涯的不断丰富，外职业生涯也会逐渐得到改善，如职位的提升等。外职业生涯的改善又会带来更多资源和机会，进一步促进内职业生涯的发展，形成一个良性循环。

有人说："那我把内职业生涯都准备好了，再去工作，这样不更好吗？就像是盖大楼一样，先打牢地基，再盖大楼。"但事实上，内外职业生涯之间的关系不是地基和上层建筑的关系，而是树根和树枝叶的关系。一棵大树不是先长好了所有的树根才去长树枝、树叶，开花结果，而是同时进行，互相影响。

那么，是内职业生涯超前好，还是外职业生涯超前好？在实际职业生涯经历中，内外职业生涯往往是交替超前的。

内职业生涯超前：

内职业生涯比外职业生涯超前恰当时很舒心；

内职业生涯比外职业生涯超前较多时很烦心；

内职业生涯比外职业生涯超前太多时要变心；

外职业生涯超前：

外职业生涯比内职业生涯超前恰当时有动力；

外职业生涯比内职业生涯超前较多时有压力；

外职业生涯比内职业生涯超前太多时有毁灭力；

外职业生涯太超前的人会给企业带来管理上的损失和经济上的损失，会造成人才流失；内职业生涯超前的人，他会自己寻求更为广阔的发展空间。

（四）找到职业生涯关注点——只有根深蒂固才能枝繁叶茂

职业生涯初期的人，更要关注自己的内职业生涯，一般来说，职业生涯初期，个人的付出，个人的辛苦，个人的汗水，个人的劳累程度，可能要远远超出个人的所得，这个时候，个人必须认识到职业生涯初期，要吃得起苦，受得起累，多吃得起亏。大学生不要把眼光只盯在收入、职位上，而要把更多的时间、更多的精力、更多的付出，放在自己的知识观念、经验能力的积累上。

拓展阅读：

职场新人对首份工作最大期望不是钱

职场新人，感觉怎样？

近日，一项针对全国青年读者的调查显示，55.7%的受访者表示第一份工作让自己“兴奋”且“轻松”，因为“开始接触社会”“开始自己挣钱啦”。与此相佐证的一组数据是，人们对于第一份职业的最大期望依次是“积累经验（53.7%）”“挣钱（31%）”“符合个人兴趣（15.3%）”，53.3%的人初入职场的感受与入职前的期望相符。不过，这种契合度在以“个人兴趣”为首要追求的年轻人当中降到最低，他们当中只有2.8%的人对工作完全满意，58.9%的人认为工作与期望不相符。

新环境：总要有一段时间忍受潮湿阴冷的角落

这份工作对于李凡宇来说简直是优中之选，新闻专业出身的他“杀”进某中央级媒体。很多从业人员的毕生追求成为他工作开始的平台。

在入职的前两个月，他的失落感却在不断增加。在李凡宇描绘的工作场景中，他仿佛又变成了一个小学生，什么都得从头学起。每天的工作就俩字“学习”——学习如何用打印机、学习如何发传真、学习如何走最近的路线把一份文稿送到另一个部门……所有琐碎的事情没有一件和业务相关，李凡宇硬生生被整成一个杂工。“是真把我当成‘蘑菇’了。”李凡宇自嘲地说。“蘑菇理论”认为，将初出茅庐者安排做打杂跑腿的事情，让他受到批评和指责，从人才培养的角度，有利于他抛却幻想，更加务实，尽快成熟。这将职场新人比喻成蘑菇的理论，其内在含义是“到一个新的环境总是要有一段时间忍受潮湿阴冷的角落”。

在本次调查中，“郁闷（16.2%）”和“迷惘（25.4%）”成为一些职场新人挥之不去的感觉。

刚刚进入一个事业单位的严舒发现工作比想象得要无聊，“自由感没有了，有太多不想做但是必须去做的事情”。“一天到晚坐在那儿,就算没事也得坐在那儿”,严舒抱怨道。“这么多年都是以学生思维成长”的她,“转身”转得很艰难。为此,她决心考研,“不管怎么样,再做两年学生也好”。“可能每一个初入职场的人都一定经过了这样一个阶段吧”,李凡宇说,“真的得从头学起,就算打铁你还得摸到地方在哪儿才能开打呢”。

53.7%的青年认为第一份工作主要是“积累经验”

好工作还是坏工作?入职报道第一天,齐鸣就给它下了定论。人事部门通知他入职的那一天,他上午9点准时到公司等候,等了人事部主任两个小时,等到分管部门领导时已经是下午。分管领导领着他走进办公室时,多数人压根儿没抬起头来,他老老实实一个人坐在办公桌前熟悉了半天的环境。似乎没有人注意到他,更别说重视他。会务、记录、整理分发来信,一个多月以来,工作不重却一成不变。“实习期间都是被当成一个半人来使的,那才是受重视的感觉”。辞职!齐鸣打电话给老爸通知了自己的决定,老爸在电话那头暴跳如雷,“你给我在那待着!老爸老妈吓得七上八下,齐鸣关上手机睡得呼噜呼噜。第二天早晨,躺在床上,齐鸣就像个小孩一样,用一个又一个理由劝自己起来上班。“反正我才刚毕业,干什么都是学习”,齐鸣自己对自己说。为了每个月三千块元的薪水,他过得并不快乐。找工作的漫长历程早磨光了齐鸣的各种想法。最初,“符合个人兴趣”是他求职的首要标准,后来变成了看薪酬,再后来,他告诉自己,第一份工作就是“积累经验”。

学习和成长的机会

惠普公司前董事长的第一份工作就是在一家地产投资经纪公司做接线生,她的工作是接电话、打字、复印……到1998年,她已经是“美国商界最有权力的女性”。这是李凡宇常常用来安慰自己的一个经典案例,“卡莉的成功让大家发现,任何事情都能让你学到不少东西,关键在于你是否选择了学习。”“一开始就能找到感觉,说明这个人没什么上进心”,李凡宇身边也有新来的同事“有工资拿又轻松,领导还不管,觉得非常舒服”,不像他似的“一身劲使不出来”。但李凡宇始终相信自己必须要有一个积累的过程,要努力将自己融入到单位中去。他常鼓励自己说:“把握和利用身边的学习环境,机会不经意间就会来了。”

一位资深媒体人,在和几位即将迈入职场的新闻实习生讨论这个问题时说,从学校这个练习场进入职场这个真正跑道,每个人都会多少有不适应的感觉,但这是成长必经的一步。因为从入职那天起,你们面前的这个社会,终于不再像你们从小熟悉的家庭、学校那样,以你们的利益为中心,而是以组织、社会的发展为目标。入职期一切不成熟的心理都该抛弃,开始不适应不代表以后发展不好,感觉良好也可能是个陷阱,应以平常心来代替极端的正负情绪。“不要苦闷,因为你现在经历的,以后都不会有了,要珍惜学习和成长的机会与时间。”一位参加工作多年的网友给李凡宇留言到。

【练习】

1. 画一棵完整的树,用来代表自己职业生涯最鼎盛的状态。
2. 学习本模块后,你感触最深的是什么?你打算如何经营自己的内职业生涯?

模块八　最佳职业定位

【案例】

1. 校园里的“迷茫族”

高考报志愿时，选专业、选学校大都是家长的事。社会公认哪个专业好，爸妈觉得哪个专业好，就业哪个专业好，就选择哪个专业。对大一新生来讲，很少有人认真考虑过自己究竟喜欢和适合哪个专业，在经历了初入大学校园的新鲜感后，他们慢慢地进入“迷茫期”，开始彷徨、苦闷、纠结……搞不清楚接下来的大学生活该怎么过。他们当中只有少数人对未来的目标清晰明确，而更多的人则是恍恍惚惚地度过了三四年时光，面对就业，则更加迷茫……

据调查发现，目前求职的毕业生大都开始“放低身段”，抱着比较务实的态度找工作，虽然要求不高，但从毕业生的求职意向来看，很多人还不清楚自己的定位与求职目标，在找工作时易“眉毛胡子一把抓”。在招聘会上，大部分毕业生说不清自己想要一份什么工作，对未来发展则更欠规划。

“我没仔细考虑过，只希望找一个稳定的单位，环境好就行了。”从辽宁某大学财会专业毕业的W同学没有明确的求职意向，来北京找工作也只是因为“大家都想来这里，我以为机会多，工作也会好找”。

“现在求职的大学生很多，但有想法的比较少。”一家大型公司负责招聘的张经理说，“我们看重的是，大学生是否能找到自己的定位，知道自己想要什么，又能做什么；一方面要务实，另一方面还要看得远。”

2. 职场中的“跳蚤族”

有这样一群大学毕业生，他们工作想换就换，说走就走。最近公布的一项调查显示：56.1%的大学毕业生第一份工作不到一年，能在第一个岗位工作三年的，不到10%。事实上，一些人一年连跳三四次并不少见。盲目就业，盲目跳槽，已成为当今初入职场的大学毕业生一个突出的问题。

【问题讨论】

1. 在校学习生活的你有什么困惑？如何对待和解决这些困惑？

2. 你最理想的工作状态是什么样的？请进行具体描述？现在的你离“理想的工作状态”还有多远？

【课堂点评】

许多同学在大学期间都有以上困惑，甚至有些工作了一段时间的人也会出现这些困惑。那么这些困惑的根源在哪里？本模块将解释并试图解决这个问题。

一、职业锚及最佳职业定位

1. 职业锚理论

职业锚是指当一个人面临职业选择时,无论如何都不会放弃的职业中至关重要的内容。职业锚理论由美国麻省理工学院斯隆管理学院的施恩教授提出,他经过对斯隆管理学院 44 名 MBA 长达 12 年的职业生涯跟踪研究,分析总结出了职业锚理论。后来的学者发展了施恩的理论,将职业锚确定为八种类型。

技术/职能型:追求在技术、职能领域的成长和技能的不断提高,以及应用这种技术、职能的机会。对自己的认可主要来自自身的专业水平,喜欢接受专业技术的挑战,不喜欢从事一般的管理工作。

管理型:以获得承担较大责任的管理职位为最终目标。把"职业锚"定位于这种类型的人通常具备三方面的能力:分析能力(在信息不完全以及不确定的情况下发现问题、分析问题和解决问题的能力)、人际沟通能力(在各种层次上影响、监督、领导、操纵以及控制他人的能力)、情感能力(在情感和人际危机面前只会受到激励而不会受其困扰和削弱的能力,以及在较大的责任压力下不会变得无所作为的能力)。

自主/独立型:可以随心所欲地安排自己的工作方式、工作习惯和生活方式,能摆脱组织的限制和制约施展个人能力。

安全/稳定型:安全意味着所依托的单位具有安全性,有长期稳定的职业环境,有保障的工作、体面的收入以及可靠的未来生活,而可靠的未来生活通常是由较高的退休金来保证的。

创造/创业型:以自己的能力创建属于自己的企业或完全属于自己的产品,整个职业发展都围绕某种创造性而努力。把"职业锚"定位于这种类型的人大多是创业者,他们可能正在别人的公司工作,但一旦感觉时机成熟,他们便会走出去开创自己的事业。

服务/奉献型:把"职业锚"定位于这种类型的人追求自己认可的核心价值,例如,帮助他人、倡导环保,等等。他们一直在追寻这种机会,即使薪水很低也在所不惜。他们不会接受不能实现自己价值的职业,即使面对高薪酬和高职位的诱惑也不动心。

挑战型:把"职业锚"定位于这种类型的人喜欢解决"不可能完成的任务",战胜强硬的对手,克服无法克服的困难障碍。对他们而言,从事某项职业的原因是因为工作允许他们去战胜各种困难,新奇、变化是他们实现终极目标的动力。

生活型:工作环境能够平衡并满足个人、家庭和职业的需要。把"职业锚"定位于这种类型的人希望将生活的各个主要方面整合为一个整体。正因为如此,他们需要一个能够提供足够的弹性让他们实现这一目标的职业环境,为此甚至可以降低他们职业的一些要求,如薪水、职位。

职业锚实际上是内心中个人能力、动机、需要、价值观、态度等相互作用和逐步整合的结果。在实际工作中需要不断自我审视,逐步明确个人需要与价值观,明确自己的擅长之所在,以及今后发展的重点,最终找到长期稳定的职业定位。

2. 最佳职业定位

根据职业锚理论，我们把一个人在长期的职业生涯实践中通过内外部条件、因素的认知比较，自觉主动选择出的最利于自身发展和能够做出最大贡献的职业定位。

二、寻找最佳职业定位

寻找到个人发展的最佳职业定位是一个长期的过程，一方面它建立在自我认知基础上，另一方面受到客观环境因素的影响。大学生在寻找最佳职业定位时，需要结合职业性格分析结果，并回答三个问题：

你到底想做什么？

你到底能做什么？

你到底为什么工作？

很多大学生在初次面对这三个问题时都感觉很简单、很轻松："想干什么？我什么都不想干，想干啥就干啥；能干什么？我什么都能干；为什么干？为了报酬。"但当你认真地深入思考个人职业生涯中的职业定位时，就很难如此简单轻松。

（一）你到底想做什么？（自省的动机与需要）

很多大学生在回答这一问题时，都能结合自己的专业和个人的兴趣爱好，进行模模糊糊、不甚清晰的答案，知道自己大概想干什么。在找到职业定位后，大学生更需要清楚地明白自己将要从事的工作、职业是什么，明确从事这种职业所需的职业技能、知识经验，此职业岗位的工作环境、发展前景等。

真格基金创始人徐小平在做职业规划指导时与一些大学生的交流值得深思。

以下是某大学生给徐小平写的信：

徐老师：

您好！我是一名应届毕业生。本科学的是历史教育学，但是一直对新闻学很感兴趣，并立志以后做一名记者。因此大三开始跨专业考新闻学，结果差了十几分。但从心底不甘心，毕业后在一个杂志社当记者。真正工作了才发现很苦很累，有时都怀疑自己是否适合做记者，怀疑自己的能力。我的同学都当了教师，很稳定，只有我整天跑得像个男孩子一样。家里人和许多朋友劝我找份教师的工作，放弃吧很不甘心，继续干吧又力不从心，我实在很迷茫，徐老师我该怎么办？谢谢您。

徐小平给大学生的回信：

亲爱的很迷茫：

你的问题，是一个教育脱离实际，只有学习意识、没有职业意识的经典病例。教育学与记者工作虽然有直接关系，但却是两个不同的东西。前者是学问，后者是实践。对新闻学感兴趣，那只是一种对知识的渴望，而对知识的渴望，可以转化为对知识的发现（也就是理论研究），但更多人是把对知识的渴望，转化为对成功与幸福的追求，这就是对知识的应用。记住：学习者对知识历来就有两种态度或出路，一种是从知识到知识，研究之；一种是从知识到实践，应用之。中国大学生就业难的问题之一，就在于过多的人，只把知识当作研究对象，而不是当作应用工具。你的问题就在这里。虽然你给我的留言文字很少，但我依然可以给你下这个结论。记者的工作，本来就和“稳定”的日子风马牛不相及。它和“动荡”的生活直接挂钩。每天每日要面对不同的人和不同的事，对于很多人来说，是多么令人兴奋的生活方式！我想很多人在投身新闻媒体工作之前，就是被这种生活所吸引和打动，从而才成为各个领域里小则安身立命，大则影响社会的人。而你，则在长期对“新闻学”感兴趣、甚至要为这个家伙（新闻学）付出三四年宝贵年华也青春无悔时，却根本没有想过，新闻学学生的主要出路就是新闻行业和媒体工作，你竟没有花一点时间对新闻行业和媒体工作有个基本的认识——这是何其糟糕的事情，如同你决定和一个人结婚过一辈子，却没有花一点时间哪怕去见他一面。

现在你陷入了自我怀疑的困境。但我建议你不要匆忙去做“教师”——教师的工作可不如你想象的那样优雅浪漫、轻松愉快——教师工作，可能是今日中国社会种种不正常现象最大的受害群体之一了。在你至少向十个当教师的同学深入了解教师工作的苦和乐之前，千万不要把“教师工作”美化成你逃离“传媒”苦海的桃花源。怎么办？对于千百万后来者而言，无论你梦想从事什么工作，都要对这份工作的具体真实情况，做些基本的了解。这就是所谓的实践出真知——这里的“知”，不是知识的“知”，而是知道的“知”。知者，智也；不知者呢？弱智也！

你的（女怕嫁错郎男怕入错行，但也曾经入错行的）徐老师

（二）你到底能做什么？（自省的才干与能力）

判断一个人的成功，主要看他是否将自己的潜力最大化地发挥了出来。最大限度地发挥自己的优势，是找到最佳职业定位的重要依据。若想获得职业生涯的成功，就要学会发现、识别自己天赋的才干与能力。职业能力是指在从事某种职业活动中必须具备的各种才能。每个人都有不同的能力倾向，充分发掘自己的能力，在适合的职业岗位上发挥自己的天赋特长，将会获到事半功倍的效果。例如，编辑工作需要具备坚实的文字表达能力；营销策划人员需要敏锐的市场信息判断能力；公关人员需要良好的人际沟通能力……特定的职业能力是从事某项职业活动必需的条件和保证。

清代诗人顾嗣协的名句：“骏马能历险，犁田不如牛。坚车能载重，渡河不如舟。舍长以就短，智者难为谋。”以及名言“尺有所短，寸有所长”，都说明了个人能力的差异，而根据自身能力特点选择适当的职业及岗位是职业生涯重要的初始工作。

择业就业时要善于发现自己。让我们看一个小故事：

小狗汤姆到处找工作，忙碌了好多天，却毫无所获。他垂头丧气地向妈妈诉苦：“没有一家公司肯要我。”

妈妈奇怪地问：“那么，蜜蜂、蜘蛛、百灵鸟和猫呢？”

汤姆说：“蜜蜂当了空姐，蜘蛛在搞网络，百灵鸟是音乐学院毕业的，所以当了歌星，猫是警官学校毕业的，所以当了保安。和他们不一样，我没有接受高等教育的经历和文凭。”

妈妈继续问道：“还有马、绵羊、母牛和母鸡呢？”

汤姆说：“马能拉车，绵羊的毛是纺织服装的原材料，母牛可以产奶，母鸡会下蛋。和他们不一样，我是什么能力也没有。”

妈妈想了想，说："你的确不是一匹拉着车飞奔的马，也不是一只会下蛋的鸡，你是一只忠诚的狗。虽然你没有受过高等教育，本领也不大，可是，一颗诚挚的心就足以弥补你所有的缺陷。记住我的话，儿子，无论经历多少磨难，都要珍惜你那颗金子般的心，让它发出光来。"

汤姆听了妈妈的话，使劲地点点头。

在历尽艰辛之后，汤姆不仅找到了工作，而且当上了行政部经理。鹦鹉不服气，去找老板理论："汤姆既不是名牌大学的毕业生，也不懂外语，凭什么给他那么高的职位呢？"

老板冷静地回答说："很简单，因为他忠诚。"

大学生在择业就业时，不仅需要主动发现并挖掘自己的职业能力优势，更需要在职业生涯中将其发挥到最大程度，成就最好的自己。

（三）你到底为什么工作？（自省的价值观和态度）

很多人认为工作的目的只是获取报酬。工作解决生存发展问题无可厚非，这是直接目的，先求生存再图发展是必经之路。那工作就只是为了获取报酬吗？报酬能满足我们所有的需求，带来内心期待的所有满足吗？

拓展阅读：

我们为什么而工作

"工作观"是一个虽古老但却常谈常新的话题，不同时代为其赋予的内涵是不同的，且不同的时代人们所追求的工作价值也是不同的。那么，在当今这个时代，我们到底该为什么而工作呢？

日本稻盛和夫先生的《干法》一书出版后很快成为畅销书。这是何原因呢？本书到底介绍了哪些"干法"？工作到底有哪些新的价值？笔者经过深入研读，发现本书集中讨论了有关工作的三个最本质、最重要的问题，即："人为什么要工作""怎样才能爱上工作""怎样有声有色、完美地工作"。这三个问题事关每一位工作者每一天和一辈子的工作，是人一生中最重要、最逃无可逃，也必须透彻思考和规划的课题之一，稻盛先生在书中对这个课题作了极有借鉴意义的阐述。

"为了获取报酬而工作"有何弊端？

对于"人为什么要工作"这个问题，想必多数人都会脱口而出："为了获得报酬！"对于这种回答，稻盛和夫认为可以理解、无可厚非，因为，人们的第一需求都是"吃喝穿住"等最基本的生存需求，只有获得报酬，才能购置生活必需品，才能满足最基本的物质需要，才能活下去。但是稻盛和夫也明确指出，这种工作观十分容易导致以下三种流弊：

1."厌恶工作"的工作状态

因为工作的目的就是获得报酬，所以，工作很容易就会成为人们不得不做、被逼无奈的行为。然而，对于被逼无奈的事情，有几个人能抱有喜欢的态度？所以，人们的工作满意度普遍偏低，害怕、不想去公司上班的"星期一综合征"到处存在。据盖洛普公司的调查，有高达77%的美国人"痛恨"他们的工作。不想去上班，逃避工作、厌恶工作，甚至痛恨工作，却又不得不被迫天天去上班、天天去工作，这是一种多么痛苦的生存状态！

2.“急功近利、不择手段”的心态和行为

因为工作的目的就是赚取足够多的报酬，所以，人们的心思就很容易集中到“投机取巧、不劳而获”上，因此，少劳多得、不劳而获，进而损人而获、害人而获的心理和行为就会日益普遍、日益泛滥；而“到底付出了多少耕耘，到底为他人做出了多少贡献，这样的收获自己究竟该不该拿、配不配拿”等有廉耻心的反省自问，却沦为了“异类“。

3.“报酬至上是唯一的价值评判标准”的社会风气

如果工作的目的就是获得报酬，那么“是否能够获得丰厚的报酬，能否轻松获得报酬”就会成为人们对工作、事业的选择标准，就会成为人们对工作、事业成败的评判标准，就会成为人们对人物优劣高下的评判标准。

稻盛和夫没有直接否定“为报酬而工作”的工作观，也提出了自己经过成功实践所总结归纳出来的“质朴的工作观”。

对于“为什么而工作”，稻盛先生的观点可以归纳、整合为以下三个层面：

工作的第三目的和意义是“为报酬而工作”；

工作的第二目的和意义是“为提供优质、超值的客户价值和社会价值而工作”；

工作的第一目的和意义是“为提高心性、修炼人格而工作”。

具体地说，就是首先要在工作中修炼人格，把工作变成自己修炼人格的道场，使自己日渐成为具有“美好心灵、圆满人格和智慧”的人，这是稻盛先生认为的“工作最重要的目的和收获”。在日渐养成“美好心灵、圆满人格和智慧”的同时，为客户和社会提供日益优质、超值的客户价值和社会价值，这是工作的第二层目的。稻盛和夫创建第二家世界500强企业KDDI的动机和历程，正是对这层工作目的的最好诠释。而在养成美满人格，为客户提供优质、超值的客户价值之后，获得客户的回报，以及与客户之间富有人情味的美好关系，则只是工作的第三层目的和意义而已。如果把修炼成“美好心灵、圆满人格和智慧”比作工作的“主要产出”，那么，“提供优质、超值的客户价值和社会价值”就是工作的副产品，而“获得客户回报的名和利”则只是工作的又一副产品而已。

这就是稻盛先生用自己近60年的工作人生，对“为什么而工作”作出的极有借鉴意义的探索和回答。

中国传统文化对质朴工作观的诠释：

传统的中国文化把“以正确的方式做正确的事情”的原因分为三类，并据此把职业人分成三个境界：“或安而行之（仁者也），或利而行之（智者也），或勉强而行之（愚者也）”。对照稻盛先生的工作观，以第一层次的目的来指导自己工作和生活的人，可谓第一流的工作者，即“安而行之的仁者”（安乐地工作、安乐地做正确事情的人）；以第二层次的目的来指导自己工作和生活的人，可谓第二流的工作者，即“利而行之的智者”（功利地工作、功利地做正确事情的人）；而第三层次，直接为名利工作的人，则只能是第三流的工作者，即“勉强而行之的愚者”（不得已地、痛苦地工作，不得已地、痛苦地做正确事情的人）；至于为了赚钱而急功近利、不择手段的人，则因为用的不是正确的方法，做的不是正确的事情，干的不是“人”事，所以在境界分类中也就没有他们的位置。

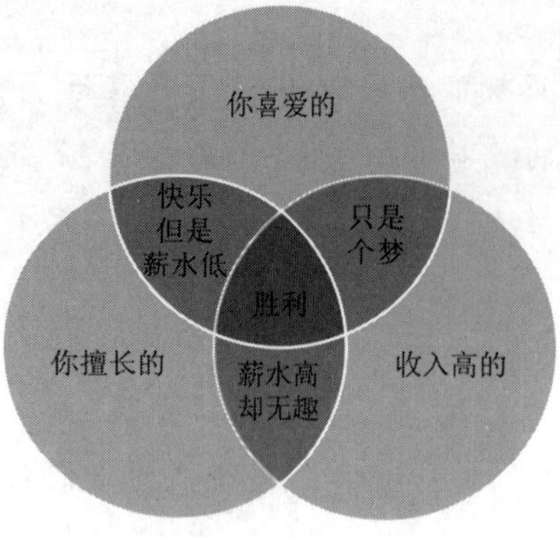

图 8-1　最佳职业定位的关系图

总之，"为什么要工作""为什么而工作"的问题是工作观中最重要、最根本的问题。每个职场中的人们，都要谨慎防范"为钱工作"的流弊与陷阱，努力从第三层次的工作目的往第二层次、第一层次提升；努力从第三流的工作者，向第二流、第一流的工作者提升；竭尽全力为"提高心性、修炼人格"而工作，最终成为一个"心灵美好、人格和智慧圆满"的人。

图 8-1 形象地概括大学生职业生涯初期与寻找最佳职业定位的三个问题之间的关系以及最佳职业定位的区域。

三、问卷助力寻找最佳职业定位

（一）职业定位问卷

下面 40 个问题，根据自己的实际情况，从 1~6 中选择一个数字，数字越大，表明这种描述越符合自己的实际情况。

1 分，表示"从不"；2 分，表示"偶尔"；3 分，表示"有时"；4 分，表示"经常"；5 分，表示"频繁"；6 分，表示"总是"。

请尽可能真实而迅速地做出选择，除非非常明确，否则不要选择极端的选择。

（1）我希望做我擅长的工作，这样我的内行建议可以不断被采纳。

（2）当我整合并管理其他人的工作时，我非常有成就感。

（3）我希望我的工作能让我用自己的方式，按自己的计划去开展。

（4）对我而言，安定和稳定比自主更重要。

（5）我一直在寻找可以让我创立自己事业的创意。

（6）我认为只有对社会做出真正贡献的职业才算是成功的职业。

（7）在工作中，我希望去解决那些有挑战性的问题，并且胜出。

（8）我宁愿离开公司，也不愿从事需要个人和家庭做出一定牺牲的工作。

（9）将我的技术和专业水平发展到一个更具有竞争力的层次是职业成功的必要条件。

（10）我希望能够管理一个大公司，我的决策将会影响许多人。

（11）如果职业允许自由地决定自己的工作内容、计划、过程，我会非常满意。

（12）如果工作的结果使我丧失了自己在组织中的安全稳定感，我宁愿离开这个公司。

（13）对我而言，创办自己的公司比在其他公司争取一个高的管理位置更有意义。

（14）我的职业满足来自我可以用自己的才能去为他人提供服务。

（15）我认为职业的成就感来自克服自己面临的非常有挑战性的困难。

（16）我希望我的职业能够兼顾个人、家庭和工作的需要。

（17）对我而言，在我喜欢的专业领域内做资深专家比做总经理更具有吸引力。

(18)只有在成为公司的总经理后，我才认为我的职业人生是成功的。

(19)成功的职业应该允许我有完全的自主。

(20)我愿意在能给我带来安全感、稳定感的公司中工作。

(21)当通过自己的努力或想法完成工作时，我的工作成就感最强。

(22)对我而言，利用自己的才能使这个世界变得更适合生活或居住，比争取一个高的管理职位更重要。

(23)当我解决了看上去不可能解决的问题，或者在必输无疑的竞赛中胜出时，我会非常有成就感。

(24)我认为只有很好地平衡个人、家庭、职业三者的关系，生活才能算是成功的。

(25)我宁愿离开公司，也不愿频繁接受那些不属于我专业领域的工作。

(26)对我而言，做一个全面管理者比在我喜欢的专业领域内做资深专家更有吸引力。

(27)对我而言，用我自己的方式不受约束地完成工作，比安全、稳定更加重要。

(28)只有当我的收入和工作有保障时，我才会对工作感到满意。

(29)在我的职业生涯中，如果我能成功地创造或实现完全属于自己的产品或创意，我会感到非常成功。

(30)我希望从事对人类和社会真正有贡献的工作。

(31)我希望工作中有很多的机会，可以不断挑战自己解决问题的能力或竞争力。

(32)对我而言，能很好地平衡个人生活与工作，比达到一个高的管理职位更重要。

(33)如果在工作中能经常用到自己特殊的技巧和才能，我会感到特别满意。

(34)我宁愿离开公司，也不愿意接受让我离开全面管理的工作。

(35)我宁愿离开公司，也不愿意接受约束我自主控制权的工作。

(36)我希望有一份让我有安全感和稳定感的工作。

(37)我梦想着创造属于自己的事业。

(38)如果工作限制了我为他人提供帮助或服务，我宁愿离开公司。

(39)对我而言，去解决那些几乎无法解决的难题，比获得一个高的管理职位更有意义。

(40)我一直在寻找一份能使个人和家庭之间冲突最小化的工作。

计分表：

类　型	技术型	管理型	自主型	安全型	创造型	服务型	挑战型	生活型
加分项	1	2	3	4	5	6	7	8
	9	10	11	12	13	14	15	16
	17	18	19	20	21	22	23	24
	25	26	27	28	29	30	31	32
	33	34	35	36	37	38	39	40
总分								
平均分								

(二)职业定位自我访谈

职业定位自我访谈的目的是通过关键的职业事件,来明确事件或事件背后的潜在原因,帮助你寻找出指导和制约职业选择的因素。放松自己,当偏离到其他相关的主题时,也不需要紧张。你的任务只是帮助拍档说出他过去的职业发展过程,以方便你找出职业选择背后真正发挥作用的东西。

1. 教育(重点探讨大学阶段)

我们从教育经历开始谈起,在学校时你最关注的是什么?

你为什么选择这些学习领域?

对已经选择的这些领域,你现在感觉如何?

2. 第一份工作

在毕业后,你第一份真正意义的工作是什么?如果你没有开始工作,那么在你进行社会实践或实习的过程中,第一件对你重要的事情是什么?

你在第一份工作或重要的生活经历中寻找什么?你为什么作出这样的选择?

3. 目标

你开始自己的职业生涯时,你的抱负或长期目标是什么?

第一份工作对你实现职业目标的意义是什么?

4. 回顾迄今为止的职业和生活,有没有发现重要的转折点?那时的变化有什么不同寻常的地方?请描述一个这样的转折时期。

这个转折点是什么?这个转折点是如何出现的?谁发起了这次转折?

你如何看待这次转折?它与你的目标有什么关系?

5. 回顾迄今为止的职业和生活,你能否描绘出一些你感到非常快乐的时期?

在这些时期,什么让你感到非常快乐?

6. 有没有让你感到特别不开心的时期?

在这些时期,什么让你感觉不开心?

7. 你曾经拒绝过一份工作或一次晋升吗?如果是,请描述一下。

你为什么拒绝?

当你展望职业发展,你有什么特别想回避的事情吗?是否有一些事情是令你担心的?

这些事情是怎样让你回避或担心的?

8. 自从开始工作后,你曾经改变过抱负或长期目标吗?何时改变的?为什么?

现在你如何描述你的长期目标?

9. 当展望你的职业发展时,有什么事情是你非常期待的吗?

为什么你会期望这些事情?

你认为你的下一份工作会是什么?

然后,你的再下一份工作又将是什么呢?

10. 在接下来的十年中,你认为在自己的职业发展过程中会发生什么事情?

你为什么会这样想?

11. 你如何向别人介绍你的职业？
你真正擅长什么？
除了职业之外，你最想要的是什么？
在工作中，你特别想获取的价值是什么？
关于你自己，你还有其他的评价想在这里描述吗？
12. 当你重新考虑以上这些答案时，你是否在其中发现了一些相似的脉络？
在你明确的这些脉络中，有哪些不一致、矛盾或冲突的地方？
哪一些假设的场景能解决这些矛盾或冲突？

【练习】

结合最佳职业定位的三个问题和职业定位测试结果，给自己做个初步的职业定位。

模块九　职业生涯规划

【案例】

人生需要有规划

第一次转型:央视节目主持人

在成为央视节目主持人之前,杨澜是北京外国语学院的一名大学生,还是一个有些缺乏自信的女生,甚至曾因为听力课听不懂而特别沮丧。直到后来听力水平提高了,才逐渐恢复了自信。

1990 年 2 月,中央电视台《正大综艺》节目在全国范围内招聘主持人。杨澜以其自然清新的风格、镇定大方的台风和出众的才气逐渐脱颖而出。但是,由于她长得不是太漂亮,在第六次试镜时还只是在"被考虑范围之列"。杨澜知道后,就反问导演:"为什么非得只找一个女主持人,是不是一出场就是给男主持人做陪衬的?其实女性也可以很有头脑,所以如果能够有这个机会的话,自己就希望做一个的聪明主持人。""我不是很漂亮,但我很有气质。"就是因为杨澜这些话,彻底打动了导演。毕业后,杨澜正式成为《正大综艺》的节目主持人。

第二次转型:美国留学生

1994 年,当人们还惊叹于杨澜在主持方面的成就时,她又做出了一个令人惊讶的决定:辞去央视的工作,去美国留学。

在事业最明亮的时候选择激流勇退,这就意味着她要放弃目前所拥有的一切,包括触手可得的美好未来。资助她留学的正大集团总裁谢国民先生,说了这样一句话:"我觉得一个节目没有一个人重要。"这给杨澜留下了很深的印象。

26 岁时,杨澜远赴美国哥伦比亚大学,就读国际传媒专业。有一次,杨澜写论文写到半夜两点钟,好不容易敲完了,还没有来得及存盘,电脑就死机了。杨澜当时就哭了,觉得第二天肯定交不了了。

杨澜说:"有些人遇到的苦难可能比别人多一点儿,但我遇到的困难并不比别人少,因为没有一件事是轻而易举的,需要经历的磨难委屈,一样儿也少不了"。

第三次转型:凤凰卫视主持人

1997 年回国后,杨澜开始寻找适合自己的机会。当时,凤凰卫视中文台刚刚成立,杨澜便其中。1998 年 1 月,《杨澜工作室》正式开播。凤凰卫视的两年,在杨澜的职业发展上起了重要作用。她不仅积累了各方面的经验和资本,也同时预留了未来的发展空间。

在凤凰卫视中文台,杨澜不只是主持人,还是《杨澜工作室》的当家人,自己做选题,自己负责预算,组里所有的柴米油盐,她都必须精打细算。这种经济上的拮据,对杨澜来说是一个非常好的锻炼,使她知道如何在最低的经费条件下,把节目尽量完成到什么程度。

在随后的两年时间里，杨澜一共采访了120多位名人。这些重量级的人物也构成了杨澜未来职业发展的一部分，不少人在节目之后仍和她保持密切的联系。这种联系除了会给杨澜带来一些具体的帮助之外，精神上的获益也不可忽视。同时，与来自不同行业不同背景的嘉宾交流，也让她的信息量获得极大的丰富。

第四次转型：阳光卫视的当家人

1999年10月，杨澜辞去了凤凰卫视中文台的工作。从凤凰卫视中文台退出之后，杨澜曾一度沉寂。2000年3月，她突然收购了良记集团，并更名为阳光文化网络电视控股有限公司（以下简称阳光卫视），成功地借壳上市，准备打造一个传媒帝国。与大多数商人的低调不同，杨澜选择了始终站在阳光卫视的前面。在报刊杂志网站上，经常可以看到关于杨澜的报道。她从一个做传媒出来的人变成了一个传媒名人。

2001年夏，杨澜作为北京申奥的“形象大使”参加了在莫斯科成功申奥的活动。同年，她的“阳光文化”接手了中国最大的门户网站之一——新浪网，开创了网络和电视相结合的时代，又与四通合作成立“阳光四通”，开始进军网络业和IT业。

万变不离其宗

由央视的名主持到远涉重洋的学子，再到凤凰卫视中文台的名牌主持，最后到阳光卫视的当家人，杨澜的角色在不断地变化。而以一位文化经营商的身份出现在公众的视野里，则是杨澜人生中最重要的一次角色转换。

正所谓“万变不离其宗”。无论如何转、如何变，杨澜始终把自己定为“传媒人”，聪慧的她很清楚自己就是这块料，所以从没有偏离做媒体这个大方向，而她的变化就在于她制定的目标层次一直在提高。

【问题讨论】

1. 杨澜成功的秘籍是什么？
2. 文中的“万变不离其宗”如何理解？

【课堂点评】

制定目标，依目标需要去搜集积累所需资源，并持之以恒努力，这是故事的启示。职业生涯规划的任务要完成：画——确定愿景；划——为之规划；化——使它转化成现实。

一、自我认知

制定职业规划要真正的了解自己，依据个人背景材料，对自己的个性气质、职业性格、职业价值观加以分析，参考他人建议，做出符合个人实际的生涯规划。

（1）自身条件：包括年龄、兴趣、爱好、天赋、专长、知识水平、操作能力、身体条件、情绪智力、家庭条件等。

（2）性格气质分析：参考测试结果。

(3)职业性格分析:参考测试结果。

(4)职业价值观分析:参考测试结果。

(5)他人建议:找到生命中的“贵人”角色,他们可能是你的父母亲人、老师同学、朋友挚交,“旁观者清,当局者迷”,找到“贵人”角色可以少走很多的弯路。他们可能更了解你、理解你、关心你、帮助你,听听他们关于你的职业生涯的建议,对你会有很大帮助。完善的自我认知包括来自不同人物的角色建议,他们将帮助你更清醒地认识现实和理想的距离。在做职业生涯规划时,至少要找到三个对自己非常重要的“贵人”角色,写出他们的姓名、与自己的关系、建议意见。当“贵人”角色的建议和要求不完全符合自己的想法时,应客观记录,作为参考。

二、敢做美梦

(一)职业生涯规划标题

职业生涯规划标题的内容包括姓名、规划年限、起止日期、年龄跨度。比如:

韩雪三年职业生涯规划

(2023年7月1日—2025年6月30日;23—26岁)

(二)职业方向与总体目标

1. 先确定职业,后谋求职位

职业方向是对职业的选择,在规划时间内,将要从事何种职业,而不是要担任何种职务。先确认职业,找准定位,再谋求职务,很多人努力的去争取职务,却搞不清楚自己的职业,这是本末倒置。

2. 确认职业方向后确认整体目标

1)整体目标分类

整体目标可以是职务导向,在三年内担任什么职务;也可以是经济导向,在三年内能获得多少报酬;还可以是能力导向,在两年内能提高哪些方面的能力。

2)方向与位置

(1)成功的人和不成功的人其实就差一点点,成功的人可以不断地修正方法,但绝不放弃目标;不成功的人总是改变目标,却从不改变方法。如果仔细思考,就会发现很多事情成功,是因为没有放弃,很多事情半途而废,是因为改变了目标。

(2)在职业生涯的道路上,重要的不是现在所处的位置,而是下一步迈出的方向。

建立目标有助于集中注意力,发现那些对成功最有用的信息和资源。只有建立目标,才能实现目标。职业生涯之路,没有目标,不行;目标太多,不行,千招会不如一招熟;目标总变,更不行。

3)职业生涯目标讨论

你是否制定了明确的职业生涯目标?

——是,请细致描述。

——否,请分析原因:是“不醒”,还在迷茫中;是“不敢”,怕实施过程有挫败感,怕没有实现被人笑话,更不敢面对自己;是“不会”,不会实现企业和个人目标的结合与分解;抑亦或其他原因。

拓展阅读：

比塞尔人的迷茫

有一个流传很广的故事，在非洲西撒哈拉沙漠里，有一个名叫比塞尔的小村落，不为人知，与世隔绝。当地的人没有一个走出过村庄。据说不是他们不愿意离开这块风景秀丽但贫瘠落后的土地，而是每一次试图走出沙漠都会绕回原地。

后来，一个叫肯莱文的欧洲青年，来到了比塞尔村，建议当地人走出沙漠。当地一个叫阿古特尔的青年，跟随着肯莱文，一直向着北斗星的方向走，用三天时间走出了沙漠。

原来，比塞尔村处在浩瀚的沙漠中间，在一望无际的沙漠里，如果一个人凭着感觉往前走，会走出许多大小不一的圆圈，最后的足迹会是一把卷尺般的形状，只能回到起点。

比塞尔人之所以走不出沙漠，是因为他们没有任何导航工具，而且根本就不认识北斗星。

三、环境分析

1. 社会环境分析

通过对社会环境的分析，了解所在国家地区的政治、经济、法制建设的发展方向，以寻找发展机会。当今社会充满机会，同时也充满挑战。

2. 职业环境分析

职业环境分析是指人们需要认清所选定的职业在社会环境中的发展过程和目前所处的社会地位，以及社会发展趋势对此职业的影响和职业内涵中的五个要素（社会分工、专门知识技能、创造财富方式、报酬水平、满足需求程度）的发展变化趋势。

3. 行业环境、企业分析

行业环境分析是对将来所从事的目标行业的环境进行分析，包括行业现状、行业目前所具有的优势及问题所在、行业发展前景预测、国际国内重大事件对该行业的影响等。

企业分析包括企业在本行业或新的发展领域的地位和前景，以及企业产品在市场上的发展前景、潜在的风险和威胁等。企业主要领导人的抱负和能力是企业发展的决定因素。

企业文化是企业主要负责人所提倡且身体力行并受广大员工认可和遵循的价值观与行为准则。老板只提倡，不力行，不是文化，是制度。对企业文化的管理是对文化的管理，比对制度的管理有更强的凝聚力。真正的企业文化是在没有任何掩饰的时候坚持的理念。

四、设计实施

（一）目标分解

职业生涯目标可分解为多项且互不排斥的目标，目标分解的目的就是让你知道每一天自己都要做些什么。

1. 目标分解的方法

按照性质分解，可将职业生涯目标分解为内职业生涯目标和外职业生涯目标。例如，职务目标、工作能力目标、提高心理素质目标、工作成果目标、工作环境目标、学习新知识目标、经济收入目标、工作地点目标、工作内容目标,等等。

按照时间,可将职业生涯目标分解为长期目标、中期目标和近期目标。

2. 职业生涯发展着眼点

在现有职务上是否可以把本职工作做得更好?这是职业生涯发展最该着眼的地方。

拓展阅读:

我的助理辞职了

当时公司招了大批应届本科生和研究生,平均年龄25岁。那个新的助理,是经过多次面试后,我亲自招进来的一个女孩。她本科毕业,聪明,性格活泼。我招她的一个很重要的原因,除她在大学里的优秀表现之外,还因为她写了一手漂亮的字。

手把手地教。从工作流程到待人接物,她也学得很快,很多工作一教就上手,一上手就熟练。跟各位同事也相处很频融洽。我开始慢慢地给她一些协调的工作,各部门之间以及各分公司之间的业务联系和沟通让她尝试着去处理。

开始经常出错。她很紧张,来找我谈。我告诉她:错了没关系,你且放心按照你的想法去做。遇到问题了,来问我,我会告诉你该怎么办。仍然错,又来找我,这次谈得比较深入,她的困惑是,为什么总是让她做这些琐碎的事情?我当时就问她:什么叫做不琐碎的工作呢?

她答不上来,想了半天,跟我说:"我总觉得,我的能力不仅仅能做这些,我还能做一些更加重要的事情。"那次谈话,进行了1个小时。我知道,我说的话,她没听进去多少。后来我说,先把手头的工作做好,先避免常识性错误的发生,然后再循序渐进。

半年后,她来找我,第一次提出辞职。问起辞职的原因,她直言:本科四年,功课优秀,没想到毕业后找到了工作,却每天处理的都是些琐碎的事情,没有成就感。我又问她:"你觉得,在你现在所有的工作中,最没有意义的最浪费你的时间精力的工作,是什么?"她马上答我:"帮您贴发票,然后报销,然后到财务去走流程,然后把现金拿回来给您。"

我笑着问她:"你帮我贴发票报销有半年了吧?通过这件事儿,你总结出了一些什么信息?"

她呆了半天,答我:"贴发票就是贴发票,只要财务上不出错,不就行了呗,能有什么信息?"

我说:"我来跟你讲讲当年我的做法吧!1998年的时候,我从财务被调到了总经理办公室,担任总经理助理的工作。其中有一项工作,就是跟你现在做的一样,帮总经理报销他所有的票据。本来这个工作就像你刚才说的,把票据贴好,然后完成财务上的流程,就可以了。

其实票据就是一种数据记录,它记录了和总经理乃至整个公司营运有关的费用情况。看起来没有意义的一堆数据,其实它们涉及了公司各个方面的经营和运作。于是我建立了一个表格,将所有总经理在我这里报销的数据按照时间、数额、消费场所、联系人、电话等条目都记录了下来。

我起初建立这个表格的目的很简单,我是想在财务上有据可循,同时万一我的上司有情况来询问我的时候,我会有准确数据告诉他。通过这样的一份数据统计,渐渐地我发现了一些上级在商务活动中的规律,比如,某一类的商务活动,经常在什么场合举行,费用预算大概是多少;总经理在处理公共关系时所采用的常规和非常规的方式,等等。

当我的上级发现，他布置工作给我的时候，我会处理得很妥帖，即使有一些信息是他根本没有告诉我的，我也能及时准确地处理。他问我为什么，我告诉了他我的工作方法和信息来源。

渐渐地，基于这种良性积累，总经理将越来越多更加重要的工作交给我。一种信任和默契就此产生，我升职的时候，他说我是他用过的最好用的助理。”

说完这些长篇大论，我看着这个姑娘，她愣愣地看着我。我直言：“我觉得你最大的问题，是你没有用心。在看似简单不动脑子就能完成的工作里，你没有把你的心沉下去，所以，半年了，你觉得自己没有进步。”她不出声，但是收回了辞职报告。

又坚持了3个月，她还是辞职了。这次我没有留她。

后来她经常在MSN上跟我聊天，告诉我她的新工作的情况。一年内，她换了三份工作。每一次都坚持不了多久。每一次她都说新的工作不是她想要的。2005年的时候，她又一次辞职了。她很苦恼，跑来找我。我请她去写字楼后面的商场吃饭。吃饭途中，她忽然跟我说：“我有些明白你以前说的话是什么意思了。”

（二）目标选择

保留，即将规划中阶段内总体目标中贡献大的、必须实现的子目标进行筛选并确定下来。

放下，某些子目标在当前情况下需要暂时放下，但放下不是放弃，放下可以在条件允许时再捡起来。

放弃，在职业生涯发展的过程中，有时需要明智地放弃一些目标。放弃是痛苦的，但有舍才有得。

（三）目标组合

目标组合是处理不同目标相互关系的有效方法。目标分解是建立拾级而上的台阶；目标选择是集中时间精力和其他资源去实现最有意义和最有把握的目标；目标组合是找出目标间护卫因果的内在联系，相互促进。

1. 时间组合

时间组合有并进和连续两种形式。并进指的是同时着手实现两个或以上的目标；连续是指目标之间前后连接，即实现一个再进行下一个。

2. 功能组合

功能组合又包括因果关系组合和互补关系组合。

因果关系组合是指目标之间有明显的因果关系，比如能力目标的实现，有助于职务目标的实现，职务目标的实现将有助于经济目标的实现。通常情况下，内职业生涯是因，外职业生涯是果。

互补关系组合是指两个目标之间存在着直接的互补关系，比如知识技能的学习目标与外职业生涯目标中职务目标之间存在着互相促进的互补关系。

3. 全方位组合

全方位组合指的是在追求职业生涯发展的同时，兼顾个人、家庭事务的均衡发展，相互促进。

（四）差距分析

差距分析是指一个人的职业素质现状与职业生涯目标实现所需要的职业素质要求的差距，包括思想观念上的差距、知识上的差距、心理素质上的差距以及能力上的差距。实现目标的过程就是缩小差距的过程。

1. 思想观念

人与人之间最大的差距是思想观念上的差距,对人对事的看法导致不同的行为方式。人的行为总是在捍卫自己的思想观念。思想上越笃信,行为上就会越坚持。系统的观念、创新的意识、积极的心态对于职业目标的实现意义重大。

2. 知识

现代社会的科技进步促使知识量与信息量日新月异。知识的价值不在于拥有,更在于应用。对照目标应考虑是否具备了达成目标所需的专业知识、管理知识以及综合知识。

3. 心理素质

心理素质涉及一个人的毅力如何,以及面对挫折变故时心理承受能力如何,即人们通常说的IQ(情绪智力),它在职业发展上举足轻重。

美国人类行为学家丹尼斯·维特利博士研究认为,成就大业者应具备十种心理素质品质。

第一种——现实的自我觉察,包括:

A. 觉察到周围事物的细微变化;

B. 觉察到由于遗传和环境给自己造成的缺陷;

C. 觉察到大量对自己有益的事物;

D. 觉察到自己的潜力;

E. 觉察到为现实目标应付出的时间和努力。

第二种——现实的自我尊重,包括:

A. 我愿意成为我自己,而不愿意是历史上其他任何时代的人;

B. 自我接受——心甘情愿地成为自己。

第三种——现实的自我控制,包括:

A. 成功者的自我控制是主动的;

B. 自我控制意味着有个人选择的自由和能够掌握自己的命运;

C. 坚定地坐在驾驶员位置上,控制着自己的思想、日常工作、目标和生命。

第四种——现实的自我动机,包括:

A. 具有奔向自己所指定目标的能力;

B. 有扮演自己想去扮演的角色的能力。

第五种——现实的自我期望,包括:

A. 懂得所谓"运气"是准备和觉察的结合;

B. 现实的自我期望使他们做好了迎接机会的准备;

C. 成功者总是把问题看作向能力和决心挑战的机会。

第六种——现实的自我意向,包括:

A. 积极地考虑和发挥现实的自我意向;

B. 表现出成功者的样子;

C. 以此来展示自己的吸引力;

D. 着急、轻率、敌意和失望对于创造性的想象具有消极性和破坏性；

E. 积极的自我意向可以改变人的精神状态。因为意识没有详细区别真正成功和想象成功的能力。

第七种——现实的自我调节，包括：

A. 有着合理的生活计划、总体目的和明确的任务；

B. 每一天的具体工作明确，并且日复一日地努力着；

C. 现实的自我调节需要建立一系列具有规定性的目标。

第八种——现实的人际修养，包括：

A. 成功者善于进行显示的自我修养；

B. 思想实践，即思想的锻炼，树立新的思想感情；

C. 放弃存储在潜意识中的陈旧东西。

第九种——现实的人际范围，包括：

A. 珍惜每一分钟主动去寻求更为美好的东西；

B. 最典型的自我范围是他们具有赢得别人爱戴和尊重的品质；

C. 成功的自我范围并不意味胜利了就把对手踩在脚下；

D. 会向奋斗者、探索者以及坚忍不拔者伸出援助的手，是相互帮助，而不是相互利用；

E. 懂得一个人真正的永生，是怀着热心和同情去帮助别人生活得更美好。

第十种——现实的交际能力，包括：

A. 具有一种使人消除敌意的艺术；

B. 向人们投射发自内心的火热激情；

C. 作为成功者他们是坦率和友好的；

D. 作为听者，会全神贯注地捕捉你的意思；

C. 作为讲话者，会千方百计地让你听懂他们所讲的内容；

D. 生活中的成功者在生活中投射建设性的、积极的想象。

4. 能力

能力包括演讲能力、倾听能力、身体适应能力，外语口语能力、心理承受能力、学习能力等，可对照企业用人要求模块中的能力表对自己进行评价衡量。

（五）实施方案

在了解自身条件和差距的前提下，找到适合自己缩小差距的办法，并制定实施方案。

1. 教育培训

教育培训的方法是根据目标分解和能力差距分析结果制定具体的参加教育培训的时间、地点、方式等，而自学也是一条不错的途径。亨利·福特曾说："一个人无论年逾八十，还是刚刚成年，如果他停止学习，那么他就是真的老了。不断努力学习的人，不仅能保持青春的活力，而且能使自己更具价值。"

2. 讨论交流

讨论交流的方法是指向他人学习，即选定交流对象通过讨论获得知识及灵感。讨论可以是团队成员、同事同学，也可以是上级、师长；可以特意安排，也可以较为随机；可以得出结果，也可分享意见。

3. 实践锻炼

实践锻炼是是缩小差距最根本的方法。“纸上得来终觉浅，绝知此事要躬行。”

五、调整修订

职业生涯规划具有开放性，并非一成不变，它需要在实践中不断进行调整。

1. 获取反馈

向相关人员征求意见和建议，也可以通过职业生涯规划实施结果和职业生涯目标对照来获得反馈信息。

2. 调整目标

调整目标体现在将目标重新分解、选择、组合，使目标的实现更具有逻辑性。

3. 调整时间

对目标实现的时间做提前或延后的调整。

4. 调整方法

针对实现目标中出现的困难，寻找更为有效的方法。

【练习】

结合自己情况，设计一份职业生涯规划书。

第四篇

培养职业能力

模块十　职场规范

【案例】

1. 总经理助理王某的着装失误

某公司总经理助理王某，平日里偏爱名牌服饰。一次，他陪同领导去见一位至关重要的新客户时，特意穿上了精心挑选的名牌西服。然而，这一举动却无意中引发了误会。新客户误以为王某是领导，与他进行了寒暄，这让一旁真正的领导陷入了尴尬与不悦。

2. 文员刘某的接待方式

在某小型广告设计有限公司，由于办公空间相对较小而员工数量较多，导致没有专门的接待室。每当客户来访时，文员刘某通常会让来宾直接坐在她的办公桌对面进行业务洽谈。

【问题讨论】

职业形象在职场中有很重要的作用，在职场中要注意商务礼仪，注重商务礼仪不一定成功，但做不好一定会减分。什么是商务礼仪？商务礼仪的理念、规则、内涵是什么？如何在职场中留下完美的第一印象？如何进行自我形象设计？在重要而隆重的场合应该如何包装自己？

【课堂点评】

针对总经理助理王某在上述案例中的着装失误，在这里结合总经理助理服饰礼仪的规范进行分析。王某的错误在于过分追求名牌，而忽视了在商务场合中，着装应更注重简约、大方和得体。建议他在未来的商务活动中，选择那些能够展现专业形象、符合职场规范的服饰，以避免类似的尴尬情况再次发生。在上述案例中，王某的穿着失误在于其服饰与客户和在场领导不协调，显得过于“突出”，这不仅颠倒了应有的“主从关系”，也与总经理助理的身份不符。总经理助理的着装应遵循展示个性、简洁大方、整体和谐的原则。但在公共社交场合，总经理助理在展现个性时需注意以下几点：首先，避免与同伴穿着完全相同的服饰，以免引发不必要的比较；其次，不要穿着与同伴服饰反差过大的衣物；再次，在服饰的款式、色调和质感上，应尽量与客户和在场领导保持和谐一致，避免过于突出；最后，应尽量避免选择与自身形体不协调的服饰。

文员刘某直接让来宾坐在办公桌对面洽谈业务的方式并不妥当。在缺乏专门接待室的情况下，她应该设法在办公室内腾出一个相对安静的角落，为来宾提供舒适的座椅，以确保双方能够安心、从容地交流。

一、职业形象

职业形象是指一个人在职场中及在公众面前树立的印象，具体包括外在形象、品德修养、专业能力和知识结构这四大方面。它是通过一个人的衣着打扮、言谈举止反映出的专业态度、技术和技能等。

职业形象需要严格恪守一些原则性尺度。其中最为关键的就是职业形象要尊重区域文化的要求，不同文化背景的公司肯定对个人的职业形象有不同的要求，绝对不能我行我素破坏文化的制约，否则受损的永远是职业人自己。其次，不同的行业、不同的企业，因为集体倾向性的存在，只有在其职业形象符合主流趋势时，才能促进自己职业的升值。

人们日常接触到的种种形象特点，就像标点符号写在每个职业人的脸上、身上，是个人职业生涯的标点，对职业成功有着重大意义。

职业形象要达到几个标准：与个人职业气质相契合、与个人年龄相契合、与办公室风格相契合、与工作特点相契合、与行业要求相契合。个人的举止更要在标准的基础上，在不同的场合采用不同的表现方式，在个人的装扮上也要做到在展现自我的同时尊重他人。

二、职场礼仪

职场礼仪种类繁多，下面对一些比较常用的礼仪做简要介绍：

（一）问候礼仪

问候是见面时最先向对方传递的信息。对不同环境里所见的人，要用不同方式的问候语。和初次见面的人问候，最标准的说法是："你好（或您好）""很高兴认识您""见到您非常荣幸"等。如果对方是有名望的人，也可以说"久仰""幸会"；与熟人相见，用语可以亲切、具体一些，如"可见着你了"。对于一些业务上往来的朋友，可以使用一些称赞语："你气色不错""你越长越漂亮了"等。

（二）称呼礼仪

在社交中，人们对称呼一直都很敏感，选择正确、恰当的称呼，既反映自身的教养，又体现对他人的重视。称呼一般可以分为职务称呼、姓名称呼、职业称呼、一般称呼、代词称呼、年龄称呼等。职务称呼包括经理、主任、董事长、医生、律师、教授、科长等；姓名称呼通常是以姓或姓名加"先生""女士""小姐"等；职业称呼是以职业为特征的称呼，如：秘书小姐、服务先生等；代词称呼是用"您""你们"等来代替其他称呼；年龄称呼主要以"大爷""大妈""叔叔""阿姨"等来称呼。使用称呼时，一定要注意主次关系及年龄特点，如果对多人称呼，应以年长为先，上级为先，关系远为先。

（三）介绍礼仪

介绍就基本方式而言，可分为：自我介绍、为他人作介绍、被人介绍等。在做介绍的过程中，介绍者与被介绍者的态度都要热情得体、举止大方，整个介绍过程应面带微笑。一般情况下，介绍时，双方应当保持站立姿势，相互热情应答。为他人作介绍应遵循"让长者、客人先知"的原则。即先把身份低的、年纪轻的介绍给身份高的、年纪大的；先将主人介绍给客人；先将男士介绍给女士。介绍时，应简洁清楚，不能含糊其辞。可简要地介绍双方的职业、籍贯等情况，便于不相识的两人相互交谈。介绍某人时，不可用手指指点对方，应有礼貌地以手掌示意。被人介绍时，应面对对方，显示出想结识对方的诚意。等介绍完毕后，可以握一握手，并说"您好！""幸会！""久仰！"等客气话表示友好。男士被介绍给女士时，男士应主动点头并稍稍欠身，等候女士的反应。按一般规矩，男士不用先伸手，如果女士伸出手来，男士便应立即伸手轻轻点头就合乎礼貌了，女士如愿意和男士握手，则可以先伸出手来。自我介绍可一边伸手跟对方握手，一边作自我介绍，也可主动打招呼说声“您好！”来引起对方的注意，眼睛要注视对方，得到回应再向对方报出自己的姓名、身份、单位及其他有关情况，语调要热情友好，态度要谦恭有礼。

（四）握手礼仪

握手是沟通思想、交流感情、增进友谊的一种方式。握手时应注意不用湿手或脏手，不戴手套和墨镜，不交叉握手，不摇晃或推拉，不坐着与人握手。握手的顺序一般讲究“尊者决定”，待女士、长辈、已婚者、职位高者伸出手之后，男士、晚辈、未婚者、职位低者方可伸手去呼应。平辈之间，应主动握手。若一个人要与许多人握手，顺序是：先长辈后晚辈，先主人后客人，先上级后下级，先女士后男士。握手时要用右手，目视对方，表示尊重。男士同女士握手时，一般只轻握对方的手指部分，不宜握得太紧太久。右手握住后，左手又搭在其手上，是我国常用的礼节，表示更为亲切，更加尊重对方。

（五）名片礼仪

在社交场合，名片是自我介绍的简便方式，是一个人身份的象征，当前已成为人们社交活动的重要工具。递送名片时应将名片正面面向对方，双手奉上。眼睛应注视对方，面带微笑，并大方地说：“这是我的名片，请多关照。”名片的递送应在介绍之后，在尚未弄清对方身份时不应急于递送名片，更不要把名片视同传单随便散发。与多人交换名片时，应依照职位高低或由近及远的顺序依次进行，切勿跳跃式地进行，以免使人有厚此薄彼之感。接受名片时应起身，面带微笑注视对方。接过名片时应说“谢谢”并微笑阅读名片。然后回敬一张本人的名片，如身上未带名片，应向对方表示歉意。在对方离去之前或话题尚未结束，不必急于将对方的名片收藏起来。接过别人的名片切不可随意摆弄或扔在桌子上，也不要随便地塞进口袋或丢在包里，应放在西服左胸的内衣袋或名片夹里，以示尊重。

（六）电话礼仪

1. 打电话的礼仪

电话是人们最常用的通信工具。打电话时，要考虑对方是否方便。一般应在早上八时后晚上十时前。拨通电话后，应首先向对方问好，自报家门和证实对方的身份。通话时，语言要简洁明了。事情说完，道一声“再见”，及时挂上电话。在办公室打电话，要照顾到其他电话的进出，不可以久占线。

2. 接听电话礼仪

电话铃响后，要迅速拿起电话机问候“您好”，自报家门，然后询问对方来电事由。要认真理解对方意图，并对对方的谈话作出积极回应。应备有电话记录本，对重要的电话做好记录。电话内容讲完，应等对方放下话筒之后，自己再轻轻放下，以示尊敬。

3. 使用手机的礼仪

使用个性化手机铃声应注意场合，铃声要和身份相匹配，音量不能太大，内容要健康，铃声不能给公众传导错误信息。开会、上课或其他重要集会时应关机或设置静音。非经同意，不能随意动别人的手机或代别人接听手机。不要用手机偷拍。

(七)网络礼仪

如同任何一种别的沟通方式一样,网上沟通同样存在着道德规范和文明礼仪。网络礼仪要遵循彼此尊重、容许异议、宽以待人、保持平静、与人分享的原则。网上的道德和法律与现实生活是相同的。线上线下行为要一致,当面不能说的话在网上也不要说;分享你的知识;尊重别人的时间,在提问题以前,先自己花些时间搜索和研究;平心静气地争论,以理服人,不要人身攻击;在论坛、博客等发贴的时候应该做到主题正确,对别人的回复应表示感谢;不要做有失尊严的事情,不参与不健康的活动;尊重他人的劳动和隐私权,不剽窃别人的作品。

(八)工作礼仪

工作礼仪是日常工作中必须遵守的基本礼仪规范。具体而言,注重服饰美、强调语言美、提倡交际美。接待上级来访要周到细致,对领导交待的工作要认真听、认真记。领导前来了解情况,要如实回答。如领导前来慰问,要表示诚挚的谢意。领导告辞时,要起身相送,互道“再见”。接待下级要亲切热情,除遵照一般来客礼节接待外,对反映的问题要认真听取,一时解答不了的要客气地进行解释。来访结束时,要起身相送。在进领导办公室之前,要先轻轻叩门,得到允许后方可进入。进入房间后,应先向领导点头致意,再进行交谈。汇报完毕走出房间时应自然、大方、保持较好的行姿,出门后回身轻轻把门带好。

(九)同事礼仪

1. 领导对下属礼仪

对下属亲切平和、尊重下属是领导对下属的基本礼仪。接受下属服务时应说“谢谢”;当下属与你打招呼时应点头示意或给予必要的回应;当下属出现失礼时,应以宽容之心对待,对下属出现的失误要耐心批评指正;与下属谈话时,要善于倾听和引导,提问语言和声调应亲切、平和,对下属的建议和意见应虚心听取,对合理之处及时给予肯定和赞扬。

2. 下属对领导礼仪

尊重领导、维护领导威望是下属对领导的基本礼仪。遇到领导要主动打招呼,进门时主动礼让。与领导会面时,说话要注意场合和分寸,不能失礼和冒犯,不要在背后议论领导是非。向领导汇报工作,要遵守时间,进入领导办公室应轻轻敲门,经允许后方可进入。汇报时要文雅大方、彬彬有礼、吐字清晰,语调、声音大小恰当。汇报结束后,领导如果谈兴犹存,应等领导表示结束时才可告辞。

3. 同事之间礼仪

同事之间要彼此尊重,见面时主动打招呼,说话时语气要亲切、热情。在与同事交流和沟通时,不可表现得过于随便或心不在焉。不要过于坚持自己的观点,要懂得礼节性的捧场。不要随便议论同事的短长,对同事所遇到的困难要热心相助。

(十)会务礼仪

1. 会场安排礼仪

要提前布置会场,对必用的音响、照明、空调、投影、摄像设备认真检查布置。将需用的文具、饮料预备齐全。凡属重要会议,在主席台每位就座者面前的桌子上,应事先摆放写有其姓名的桌签。排列主席台座次的惯例是:前排高于后排,中央高于两侧,左座高于右座。当领导同志人数为奇数,1号首长居中,2号首长排在1号首长左边,3号首长排右边,其他依次排列;当领导同志人数为偶数时,1号首长、2号首长同时居中,1号首长排在居中座位的左边,2号首长排右边,其他依次排列。听从席的座次,一是按指定区域统一就座,二是自由就座。

签字仪式,主人在左边,客人在右边。双方其他人数一般对等,按主客左右排列。合影时人员排序与主席台安排相同。

2. 会场服务礼仪

要安排好与会者的招待工作。对于交通、膳宿、医疗、保卫等方面的具体工作,应精心、妥当地做好准备。在会场之外,应安排专人迎送、引导、陪同与会人员。对与会的年老体弱者要重点照顾。会议进行阶段,会议的组织者要进行例行服务工作。

3. 与会者礼仪

无论参加哪一类会议,衣着整洁、举止大方都是必要的礼仪。与会者要准时到场,进出井然有序。在会议中,要认真听讲,切忌与人交头接耳、哈欠连天。每当发言精彩或结束时,都要鼓掌致意。中途离开会场要轻手轻脚,不影响他人。会议进行时禁止吸烟,应将手机关闭或调整到振动状态。

会议主持人要注重自身形象,衣着应整洁、大方,走向主席台时步伐稳健有力。如果是站立主持,双腿应并拢,腰背挺直。持稿时,右手持稿的底中部,左手五指并拢自然下垂。双手持稿时,应与胸齐高。坐姿主持时,应身体挺直,双臂前伸,两手轻按于桌沿。主持过程中,要根据会议性质调节会议气氛,切忌出现各种不雅动作。在会议期间,主持人不能对会场上的熟人打招呼,更不能寒暄闲谈,会议开始前或休息时间可点头、微笑致意。

会议发言有正式发言和自由发言两种,前者一般是领导报告,后者一般是讨论发言。正式发言者,应注意自己的举止礼仪,走向主席台步态应自然、自信、有风度。发言时应口齿清晰,逻辑分明。如果是书面发言,要时常抬头环视一下会场,不要只是埋头苦读。发言完毕,应对听者表示谢意。自由发言则较为随意,但要讲究顺序、注意秩序,不能争抢发言。与他人有分歧,态度应平和,不要与人争论无休。如果有参加者提问,发言人应礼貌作答,对不能回答的问题,应巧妙地回应,不能粗暴拒绝。

三、职业道德

每个从业人员,不论是从事哪种职业,在职业活动中都要遵守道德。要理解职业道德需要掌握以下四点:

首先,在内容方面,职业道德总是要鲜明地表达职业义务、职业责任,以及职业行为上的道德准则。它不是一般地反映社会道德和阶级道德的要求,而是要反映职业、行业,以至产业特殊利益的要求;它不是在一般意义上的社会实践基础上形成的,而是在特定的职业实践的基础上形成的,因而它往往表现为某一职业特有的道德传统和道德习惯,表现为从事某一职业的人们所特有道德心理和道德品质。

其次，在表现形式方面：职业道德往往比较具体、灵活、多样。它总是从本职业的交流活动的实际出发，采用制度、守则、公约、承诺、誓言、条例，以至标语口号之类的形式，这些灵活的形式既易于为从业人员所接受和实行，而且易于形成一种职业的道德习惯。

再次，从调节的范围来看，职业道德一方面是用来调节从业人员内部关系，加强职业、行业内部人员的凝聚力；另一方面，它也是用来调节从业人员与其服务对象之间的关系，用来塑造本职业从业人员的形象。

最后，从产生的效果来看，职业道德既能使一定的社会或阶级的道德原则和规范“职业化”，又使个人道德品质“成熟化”。职业道德虽然是在特定的职业生活中形成的，但它决不是离开阶级道德或社会道德而独立存在的道德类型。在阶级社会里，职业道德始终是在阶级道德和社会道德的制约和影响下存在和发展的；职业道德和阶级道德或社会道德之间的关系，就是一般与特殊、共性与个性之间的关系。任何一种形式的职业道德，都在不同程度上体现着阶级道德或社会道德的要求。同样，阶级道德或社会道德，在很大范围上都是通过具体的职业道德形式表现出来的。同时，职业道德主要表现在实际从事一定职业的成人的意识和行为中，是道德意识和道德行为成熟的阶段。职业道德与各种职业要求和职业生活结合，具有较强的稳定性和连续性，形成比较稳定的职业心理和职业习惯，以致在很大程度上改变人们在学校生活阶段和少年生活阶段所形成的品行，影响道德主体的道德风貌。

四、职场情商

职场人际关系复杂与否，身在其中的人都深有体会，一个人即使能力再强，如果处理不好人际关系，那么在职场也是无法受到很高的赏识。那么怎么处理好职场人际关系？提醒大家注意，身在职场要想搞好人际关系，有一些心理和行为是需要避免的。

下面就为大家介绍职场人际关系中需要避免的五个方面：

（一）没有自己的原则

在与同事的相处中，免不了互相竞争，此时，恰当使用接受与拒绝的态度相当重要。一个只会拒绝别人的人会招致大家的排斥，而一个只会向别人妥协的人不但自己受了委屈，而且还会被认为是老好人、能力低、不堪大任，且容易被人利用。因此，在工作中要注意坚持一定原则。在职场中，难免有诸如危害公司利益、拉帮结伙、损害他人等事件，遇到这样的情况要注意保持中立，避免被人利用。

（二）窥探同事隐私

在一个文明的环境里，每个人都应该尊重别人的隐私。窥探别人的隐私向来被认为是个人素质低下、没有修养的行为。因此在与同事的交往中，要保持恰当距离，注意不要随便侵入他人“领地”，以免被同事讨厌，不愿与你交往。

（三）带着情绪工作

如果一个人在工作中经常受到一些不愉快事件的影响，使自己情绪失控，便犯了大忌。如果看到自己不喜欢的东西或事情就明显地表露出来，那么只会造成同事对你的反感。每个人都有自己的好恶，对于自己不喜欢的人或事，应尽量学会包容或保持沉默。你自己的好恶同样不一定合乎别人的观点，如果一个人经常轻易地评论别人，同样会招致别人的厌恶。

（四）算计别人

任何人都会对别人的背后算计非常痛恨，算计别人也是职场中不可取的行为之一。这种行为所带来的后果，轻则被同事所唾弃，重则失去饭碗，甚至身败名裂。作为老板，他绝对不希望自己的手下互相倾轧，老板希望每一个员工都能发挥自己的长处，为自己带来更多的效益，而互相排斥只会增加内耗，使自己的企业受损，周围的同事也同样讨厌那些喜欢搬弄是非、使阴招、发暗箭的人，因为每个人都希望有一个和谐宽松的工作环境，并与自己志趣相投的人共事。

（五）经常向同事借钱

处理好同事之间的经济关系相当重要。由于平时会在一起聚会游玩，发生经济往来的情况可能会比较多，最好的办法是 AA 制。当然，特殊情况下向同事借钱也没有什么不妥，但记得要尽快归还。如果经常向别人借钱，会被认为是一个没有计划的人，别人会对该人的为人处事产生不信任。当然也不要墨守成规，遇到同事因高兴的事请客时不要执意拒绝，同时记得要多说一些祝贺的话。

【练习】

选择一家实习单位，迅速融入其中，并且能够游刃有余的与同事和领导交往。

模块十一　有效掌握职业技能

【案例】

有一位护理专业的毕业生在一家大医院进行护士毕业实习。实习期满,如能让院方满意,便可留下成为正式护士。一天,来了一位生命垂危的伤员,实习护士被安排做主刀医生的助手。手术从清晨一直做到黄昏,眼看患者的伤口即将缝合,这名实习护士突然严肃地盯着主刀医生说:“我们用的是12块纱布,可您只取出来了11块。”“我已经全部取出来了,一切顺利,立即缝合!”主刀医生头也不抬,不屑一顾地回答。

“不,不行!”实习护士高声抗议道:“我记得清清楚楚,手术中我们共用了12块纱布!”主刀医生没有理睬她,命令道:“听我的,准备缝合!”这名护士毫不示弱,大声叫了起来:“您是医生,您不能这样做!”直到这时,主刀医生冷漠的脸上才浮起了一副欣慰的笑容,他举起右手心握着的第12块纱布,向在场的人宣布:“这是我最满意的助手!”于是这名实习生成了这家大医院的正式护士。

【问题讨论】

这名护士身上体现的是一种怎样的精神,具备哪些职业技能?

【课堂点评】

她身上体现了很好的职业意识、职业情操和职业态度,职业素养可以量化为职商,英文单词是career quotient,CQ,可以说,是指职业过程中表现出来的综合品质和涵养。

职业素养体现在生活场是个人素质或者道德修养,体现到职场上的就是职业素养。职业素养是内涵,个体行为是外在表象。个体行为的内在修炼与外在表征的总合构成了自身的职业素养。

可以说,一个人在职场中的成与败、职位的高与低,更在于职商。职业素养体现在能力上,包括通用技能、专业技能和核心技能三大板块。

一、通用技能

(一)正确认知通用技能

通用技能是学生成为一个现代职业人的基本素质。包括职业意识和职业情操、职业态度等,囊括了学生的世界观、价值观、人生观和工作观等范畴。

(二)如何培养通用技能

1. 培养正确的职业意识

职业意识(professional awareness)是作为职业人所具有的意识,以前叫做主人翁精神。具体表现为:对工作积极认真、有责任感、具有基本的职业道德、具有较高的职业操守、具有较强的自律意识。

职业意识是指人们对职业的认识、意向,以及对职业所持的主要观点。职业意识的形成不是突然的,而是经历了一个由幻想到现实、由模糊到清晰、由摇摆到稳定、由远至近的产生和发展的过程。

中国社会调查所最近完成的一项在校大学生心理健康状况调查显示,职业意识既影响个人的就业和择业方向,又影响整个社会的就业状况。职业意识由就业意识和择业意识构成。就业意识指人们对自己从事的工作和任职角色的看法;择业意识指人们对自己希望从事的职业的内心需求。

如何拥有正确的职业意识?

首先要有角色意识。现代分工使得每个人都是处在具体工作岗位上的人,每一个岗位都有特别的职责权限和工作内容,做岗位要求的事,并把事情做到岗位要求的程度,是角色意识的根本体现。

其次要有责任意识。责任应该是一种自觉意识,是个人对自己和他人,对家庭和集体,对国家和社会所负责的认识、情感和信念,以及与之相适应的遵守规范,承担责任和履行义务的自觉态度。

再次要有团队意识。现代组织绩效的取得,不是靠单个人、单个岗位,而是靠各岗位的有效集成,在各个岗位都有良好的完成岗位职责的情况下实现各岗位的有效对接。不要问公司能为你做什么而要问你能为公司做什么。

最后要有规则意识。团队协作和合作是靠大家共同遵守一定的游戏规则,团队合作不是靠感情,不是靠关系,而是靠分工协作,是在各自发挥自己专长基础上的专长相吸,最终实现优势互补。

2. 打造阳光的职业心态

在充满机遇与挑战的职场中,积极阳光的职业心态是成功的基石,更是幸福感的源泉。它并非天生的禀赋,而是可以通过有意识的努力去塑造。

拥抱成长视角:视工作为持续学习和提升的旅程。将挑战视为进步的阶梯,从每一次任务、甚至挫折中汲取经验,相信能力可以通过努力精进。这能有效化解焦虑,激发内在动力。

聚焦积极价值:超越单纯的谋生层面,主动发掘工作的意义。无论是服务他人、创造价值,还是实现个人目标,都要找到与自我价值的连接点,点燃工作热情。关注已取得的成就和微小的进步,常怀感恩之心。

保持开放灵活:职场环境瞬息万变。保持开放心态,乐于接纳新事物、新方法和不同的意见。面对变化不抗拒,而是积极适应并寻找新的可能性。灵活变通能减少不必要的压力,拓宽发展空间。

经营和谐关系:建立积极、协作的人际关系网络。真诚沟通,乐于助人,懂得欣赏他人长处。良好的职场关系能提供支持,提升归属感,让工作氛围更愉悦。

善用压力管理:认识到压力是常态,关键在于如何应对。培养健康的生活习惯(运动、休息、爱好），学习放松技巧（如冥想），建立清晰的边界感，及时疏导负面情绪，保持内心的平和与韧性。

打造阳光心态，核心在于主动选择积极、建设性的思维和行为模式。它如同内在的阳光，不仅能照亮自己的职业道路，提升效能与幸福感，其积极能量也能感染他人，营造更健康、更有活力的工作环境。心态决定状态，状态决定未来。

拓展案例

1997年12月，英国报纸刊登了一张英皇室查尔斯王子与一位街头游民合影的照片。这位蓬头垢面的街头游民不是别人，而是王子以前的校友克鲁伯·哈鲁多。查尔斯王子是在一个寒冷的冬天慰问伦敦穷人时遇到的克鲁伯·哈鲁多。克鲁伯·哈鲁多对查尔斯王子说："殿下，我们曾经就读同一所学校。"查尔斯王子反问："在什么时候？"他说："在山丘小屋的高等小学，我们还曾经互相取笑彼此的大耳朵呢！"原来，克鲁伯·哈鲁多出身于金融世家，与查尔斯王子就读同一所贵族学校，后来他成为了一个小有名气的作家，是英国成功者俱乐部的会员。应该说显赫的家世与高等学历都拥有了，但是，在两度婚姻失败后，克鲁伯开始酗酒，最后由一名作家变成了街头游民。打败克鲁伯的是两度失败的婚姻吗？显然不是，而是他的心态。从他放弃积极正面心态的那刻起，他就已经输掉了自己的一生。

通过以上拓展案例可以得出以下结论：

决定个人生命质量的是心态，决定企业命运的是人心，个人和企业竞争制胜的最核心、最根本的竞争力是阳光的心态。

如何打造阳光的职业心态呢，在这里，给大家介绍几种方法：

首先用一颗真诚心对同事。要学会真诚地应对你的同事，这样才能让自己在大集体里快乐地生长。

其次用一颗感恩心对公司。学会感恩可以提升自己对当前的满意度，只有这样，才会关注别人对公司对你的付出，关注同事对你的帮助，你才会更快乐地工作。

再次用一颗空杯心对现在。把自己的姿态放在零的位置，把自己的职业人生归零，才可能有更高的发展。

平常心对发展。不要总是时时抱怨，要用平常心看待自己的发展，只有埋头走好脚下的路，才可能有仰望时的一片天。

拓展案例

三个大学生毕业被分到一个制药厂，一个分到销售部，一个分到研究室，一个分去养白鼠。有一天，老总就问分到销售部的那位大学生："你是干什么的？"这位大学生说："我分到销售部，卖药。"然后又问研究室的大学生，研究室的这位大学生说："我专门研究药品。"然后又问养白鼠的，这位大学生说："我的工作太重要了，现在我的工作是在协助我的同事制作最好的药品，如果我们的药品制作得好，将会挽救很多的生命。"为什么同样的问题就会有三个不同的答案呢，归根结底就是职业心态的问题。

二、专业技能

(一)正确认知专业技能

专业技能是指在教育者的指导下,通过学习和训练,形成一定的操作技巧和思维活动能力。学生专业技能水平及所从事的具体工种科技含量的高低直接决定了学生在职场中的生存与发展。

(二)如何掌握专业技能

专业技能是职业发展的核心竞争力。要系统、有效地掌握专业技能,关键在于以下三点:

1. 构建系统知识框架从而打牢理论根基

深度学习:从权威教材、经典著作、行业标准入手,系统学习专业核心概念、原理和方法论。避免碎片化知识,力求理解其内在逻辑和体系结构。

精研基础:如同建筑需要坚实的地基,专业技能的精进高度依赖扎实的基础知识(如数学、逻辑、专业语言)。投入时间深入理解基础,后续学习方能事半功倍。

持续输入:关注行业前沿动态、新技术、新规范,通过专业期刊、高质量课程(线上/线下)、研讨会等渠道,保持知识的持续更新和拓展。

2. 投入高强度刻意练习实现能力转化

刻意重复:技能的精熟源于大量、有目的的练习。针对关键技能点(如特定软件操作、实验流程、设计方法)进行反复演练,直至形成肌肉记忆和条件反射。

模拟实战:在模拟项目、案例分析、沙盘演练等接近真实场景的环境中应用所学知识。这能暴露知识盲区,检验理解深度,锻炼解决实际问题的思维。

寻求反馈:主动向导师、同行或资深从业者展示练习成果或解决思路,虚心求教,获取精准反馈。分析错误和不足,针对性改进,是突破瓶颈的关键。

3. 投身真实项目实践、锤炼综合应用能力

勇于承担任务:主动参与实际工作项目、实习、竞赛或开源贡献。在真实压力、复杂约束和协作需求下,将理论知识、单项技能融会贯通,解决综合性问题。

反思与复盘:每次实践后,深入反思过程:成功的关键是什么?遇到了什么困难?要如何解决?哪些地方可以优化?系统复盘能提炼宝贵经验,实现质的飞跃。

解决实际问题:将所学技能应用于解决工作中或行业内的真实痛点、挑战。这不仅检验技能掌握度,更能创造价值,提升成就感和驱动力,并推动技能向更高层次发展。

掌握专业技能是“理论筑基—刻意练习—实战淬炼”的闭环过程,三者缺一不可,需要持续投入、深度思考和积极行动。

三、核心能力

(一)正确认知核心能力

核心能力能使人找到工作,资格证只能使人获得面试的机会。大众汽车公司的邦加尔德曾说

过:“因为我们生活在一个技术发展速度极其迅速的时代,企业和管理部门的工作人员必须着眼于未来,迎接伴随技术发展出现的挑战。这就要求从业人员具备一种直到今天还未被人们普遍了解的自我重塑和自我适应的技能,那就是核心技能。

职业核心能力是人们职业生涯中除岗位专业能力之外的基本能力,它适用于各种职业,适应岗位的不断变换,是伴随人终身的可持续发展能力。它强调的是,当职业发展变化时,员工所具备的这一技能在任何一个岗位上依然起作用。

职业核心能力可分为职业方法能力和职业社会能力两大类:

职业方法能力是指主要基于个人的,一般有具体和明确的方式、手段的能力。它主要指独立学习、获取新知识技能、处理信息的能力。职业方法能力是劳动者的基本发展能力,是在职业生涯中不断获取新的知识、信息、技能和掌握新方法的重要手段。职业方法能力包括“自我学习”“信息处理”“数字应用”等能力。

职业社会能力是指与他人交往、合作、共同生活和工作的能力。职业社会能力既是基本生存能力,又是基本发展能力,它是劳动者在职业活动中,特别是在一个开放的社会生活中必须具备的基本素质。职业社会能力包括“与人交流”“与人合作”“解决问题”等能力。

(二)核心能力的重要性

核心能力对职业生涯的重要性,就像生命需要水一样,普通而又重要,不可缺少,不可替代。

核心能力是一个人打开成功之门的钥匙。对个人而言,掌握核心能力,可以很好地适应就业需要,可以让一个人在任何一个工作中很好地与同事相处,很好地处理各种事情,同时,在相应的工作中,一个人还可以运用自己掌握的核心能力,学习相应的专业技能,更好地锻炼自己,更好地发展自己,以适应更高层次和更高岗位的需求。

核心能力是企业提升竞争力的法宝。对企业而言,不少企业在招聘员工时,十分注重应聘者的职业道德和核心能力的素质,在企业的内训中,除提高员工的岗位技能素质外,也越来越重视职业核心能力的培训。提升员工核心能力,开发员工的潜能,能提高工作绩效,提高企业效益,同时也能增加利润。

(三)掌握核心技能

1. 加强与人合作的能力

与人合作的能力是指根据工作活动的需要,协商合作目标、相互配合工作、并调整合作方式不断改善合作关系的能力,是从事各种职业必备的社会能力。

2. 锻炼与人交流的能力

与人交流的能力是指人们需具备运用现代语言和信息技术进行交流的能力。从四个方面加以界定,即交流的顾客或对象(与谁交流)、交流的目的(为什么交流)、交流的方式(交流者介绍自我的方式等)、交流的手段(交流得以实现的手段)。交流的能力包括:提供书面陈述的能力(如写信、写报告、写文章),提供口头陈述的能力(如打电话、在公众场合发表意见),提供信息的能力,提供建议的能力,建立公共关系的能力,谈判能力,与顾客、学生等不同层次的人建立联系和持续地保持联系的能力。

3. 提升解决问题的能力

问题解决能力指的是确定问题、提出解决问题的方案并付诸实施、检查其实际效果的能力。

4. 培养自我学习的能力。

形成学会自我学习的能力不仅是在学校教育阶段顺利完成学业的必要条件和基本目标,同时还是人们在工作场所进一步接受教育和获得终身发展的重要条件。工作领域的变革步伐的加快客观上要求人们具有学会学习的能力。为了使个人适应组织结构的变革、技术创新和工作过程的持续变化的要求,个人必须具备自我学习的能力。

5. 拓展数字应用的能力

数字应用能力指的是根据工作活动的需要,运用数字应用的基础知识和基本技能,获取合理的数字信息,解读数字信息;能将数据归纳分类,并能制作统计图表;能运用多种运算方法进行数字运算,用适当方法展示数据信息和运算结果,说明工作任务或现状。

6. 增强信息处理的能力

处理信息的能力成为个人竞争,企业致胜,社会发展的十分重要的能力。随着社会的发展,知识不断增加,信息剧增爆炸,人们处理信息的手段也在不断发展,人们使用各类电子产品处理信息,越来越快捷、方便,质量也越来越好。在今天的社会,如果不能及时收集和甄别信息,不能快捷传达和展示信息,不能有效利用和创新信息,便会跟不上时代的步伐。

【拓展阅读】

关于分类推进人才评价机制改革的指导意见

2018 年 2 月,中共中央办公厅、国务院办公厅印发了《关于分类推进人才评价机制改革的指导意见》(中办发〔2018〕6 号),并发出通知,要求各地区各部门结合实际认真贯彻落实。

人才评价是人才发展体制机制的重要组成部分,是人才资源开发管理和使用的前提。建立科学的人才分类评价机制,对于树立正确用人导向、激励引导人才职业发展、调动人才创新创业积极性、加快建设人才强国具有重要作用。当前,我国人才评价机制仍存在分类评价不足、评价标准单一、评价手段趋同、评价社会化程度不高、用人主体自主权落实不够等突出问题,亟须通过深化改革加以解决。为深入贯彻落实《中共中央印发〈关于深化人才发展体制机制改革的意见〉的通知》,创新人才评价机制,发挥人才评价指挥棒作用,现就分类推进人才评价机制改革提出如下意见。

一、总体要求和基本原则

(一)总体要求。以习近平新时代中国特色社会主义思想为指导,认真落实党中央、国务院决策部署,按照统筹推进“五位一体”总体布局和协调推进“四个全面”战略布局要求,落实新发展理念,围绕实施人才强国战略和创新驱动发展战略,以科学分类为基础,以激发人才创新创业活力为目的,加快形成导向明确、精准科学、规范有序、竞争择优的科学化社会化市场化人才评价机制,建立与中国特色社会主义制度相适应的人才评价制度,努力形成人人渴望成才、人人努力成才、人人皆可成才、人人尽展其才的良好局面,使优秀人才脱颖而出。

(二)基本原则

——坚持党管人才原则。充分发挥党的思想政治优势、组织优势、密切联系群众优势,进一步加强党对人才评价工作的领导,将改革完善人才评价机制作为人才工作的重要内容,在全社会大兴识才爱才敬才用才容才聚才之风,把各方面优秀人才集聚到党和人民的伟大奋斗中来。

——坚持服务发展。围绕经济社会发展和人才发展需求,充分发挥人才评价正向激励作用,推动多出人才、出好人才,最大限度激发和释放人才创新创业活力,促进人才发展与经济社会发展深度融合。

——坚持科学公正。遵循人才成长规律,突出品德、能力和业绩评价导向,分类建立体现不同职业、不同岗位、不同层次人才特点的评价机制,科学客观公正评价人才,让各类人才价值得到充分尊重和体现。

——坚持改革创新。围绕用好用活人才,着力破除思想障碍和制度藩篱,加快转变政府职能,保障落实用人主体自主权,发挥政府、市场、专业组织、用人单位等多元评价主体作用,营造有利于人才成长和发挥作用的评价制度环境。

二、分类健全人才评价标准

(一)实行分类评价。以职业属性和岗位要求为基础,健全科学的人才分类评价体系。根据不同职业、不同岗位、不同层次人才特点和职责,坚持共通性与特殊性、水平业绩与发展潜力、定性与定量评价相结合,分类建立健全涵盖品德、知识、能力、业绩和贡献等要素,科学合理、各有侧重的人才评价标准。加快新兴职业领域人才评价标准开发工作。建立评价标准动态更新调整机制。

(二)突出品德评价。坚持德才兼备,把品德作为人才评价的首要内容,加强对人才科学精神、职业道德、从业操守等评价考核,倡导诚实守信,强化社会责任,抵制心浮气躁、急功近利等不良风气,从严治理弄虚作假和学术不端行为。完善人才评价诚信体系,建立诚信守诺、失信行为记录和惩戒制度。探索建立基于道德操守和诚信情况的评价退出机制。

(三)科学设置评价标准。坚持凭能力、实绩、贡献评价人才,克服唯学历、唯资历、唯论文等倾向,注重考察各类人才的专业性、创新性和履责绩效、创新成果、实际贡献。着力解决评价标准"一刀切"问题,合理设置和使用论文、专著、影响因子等评价指标,实行差别化评价,鼓励人才在不同领域、不同岗位作出贡献、追求卓越。

三、改进和创新人才评价方式

(一)创新多元评价方式。按照社会和业内认可的要求,建立以同行评价为基础的业内评价机制,注重引入市场评价和社会评价,发挥多元评价主体作用。基础研究人才以同行学术评价为主,加强国际同行评价。应用研究和技术开发人才突出市场评价,由用户、市场和专家等相关第三方评价。哲学社会科学人才评价重在同行认可和社会效益。丰富评价手段,科学灵活采用考试、评审、考评结合、考核认定、个人述职、面试答辩、实践操作、业绩展示等不同方式,提高评价的针对性和精准性。

(二)科学设置人才评价周期。遵循不同类型人才成长发展规律,科学合理设置评价考核周期,注重过程评价和结果评价、短期评价和长期评价相结合,克服评价考核过于频繁的倾向。探索实施聘期评价制度。突出中长期目标导向,适当延长基础研究人才、青年人才等评价考核周期,鼓励持续研究和长期积累。

（三）畅通人才评价渠道。进一步打破户籍、地域、所有制、身份、人事关系等限制，依托具备条件的行业协会、专业学会、公共人才服务机构等，畅通非公有制经济组织、社会组织和新兴职业等领域人才申报评价渠道。对引进的海外人才和急需紧缺人才，建立评价绿色通道。完善外籍人才、港澳台人才申报评价办法。

（四）促进人才评价和项目评审、机构评估有机衔接。按照既出成果、又出人才的要求，在各类工程项目、科技计划、机构平台等评审评估中加强人才评价，完善在重大科研、工程项目实施、急难险重工作中评价、识别人才机制。深入推进项目评审、人才评价、机构评估改革，树立正确评价导向，进一步精简整合、取消下放、优化布局评审事项，简化评审环节，改进评审方式，减轻人才负担。避免简单通过各类人才计划头衔评价人才。加强评价结果共享，避免多头、频繁、重复评价人才。

四、加快推进重点领域人才评价改革

（一）改革科技人才评价制度。围绕建设创新型国家和世界科技强国目标，结合科技体制改革，建立健全以科研诚信为基础，以创新能力、质量、贡献、绩效为导向的科技人才评价体系。对主要从事基础研究的人才，着重评价其提出和解决重大科学问题的原创能力、成果的科学价值、学术水平和影响等。对主要从事应用研究和技术开发的人才，着重评价其技术创新与集成能力、取得的自主知识产权和重大技术突破、成果转化、对产业发展的实际贡献等。对从事社会公益研究、科技管理服务和实验技术的人才，重在评价考核工作绩效，引导其提高服务水平和技术支持能力。

实行代表性成果评价，突出评价研究成果质量、原创价值和对经济社会发展实际贡献。改变片面将论文、专利、项目、经费数量等与科技人才评价直接挂钩的做法，建立并实施有利于科技人才潜心研究和创新的评价制度。

注重个人评价与团队评价相结合。适应科技协同创新和跨学科、跨领域发展等特点，进一步完善科技创新团队评价办法，实行以合作解决重大科技问题为重点的整体性评价。对创新团队负责人以把握研究发展方向、学术造诣水平、组织协调和团队建设等为评价重点。尊重认可团队所有参与者的实际贡献，杜绝无实质贡献的虚假挂名。

（二）科学评价哲学社会科学和文化艺术人才。坚持马克思主义指导地位、为人民做学问的研究立场、以人民为中心的创作导向，注重政治标准和学术标准、继承性和民族性、原创性和时代性、系统性和专业性相统一，建立健全中国特色的哲学社会科学和文化艺术人才评价体系，推进中国特色哲学社会科学学科体系、学术体系、话语体系建设，推出更多无愧于民族、无愧于时代的文艺精品。

根据人文科学、社会科学、文化艺术等不同学科领域，理论研究、应用对策研究、艺术表演创作等不同类型，对其人才实行分类评价。对主要从事理论研究的人才，重点评价其在推动理论创新、传承文明、学科建设等方面的能力贡献。对主要从事应用对策研究的人才，重点评价其围绕统筹推进“五位一体”总体布局和协调推进“四个全面”战略布局，为党和政府决策提供服务支撑的能力业绩。对主要从事艺术表演创作的人才，重点评价其在艺术表演、作品创作、满足人民精神文化需求等方面的能力业绩。突出成果的研究质量、内容创新和社会效益，推行理论文章、决策咨询研究报告、建言献策成果、优秀网络文章、艺术创作作品等与论文、专著等效评价。

（三）健全教育人才评价体系。坚持立德树人，把教书育人作为教育人才评价的核心内容。深化高校教师评价制度改革，坚持社会主义办学方向，坚持思想政治素质和业务能力双重考察、全面考核和突出重点相结合，注重对师德师风、教育教学、科学研究、社会服务、专业发展的综合评价。坚持分类指导和分层次评价相结合，根据不同类型高校、不同岗位教师的职责特点，分类分层次分学科设置评价内容和评价方式。突出教育教学业绩评价，将人才培养中心任务落到实处，要求所有教师都必须承担教育教学工作，建立健全教学工作量评价标准，落实教授为本专科生授课制度，加强教学质量和课堂教学纪律考核。

适应现代职业教育发展需要，按照兼备专业理论知识和技能操作实践能力的要求，完善职业院校（含技工院校）“双师型”教师评价标准，吸纳行业、企业作为评价参与主体，重点评价其职业素养、专业教学能力和生产一线实践经验。

适应中小学素质教育和课程改革新要求，建立充分体现中小学教师岗位特点的评价标准，重点评价其教育教学方法、教书育人工作业绩和一线实践经历。严禁简单用学生升学率和考试成绩评价中小学教师。

（四）改进医疗卫生人才评价制度。强化医疗卫生人才临床实践能力评价，完善涵盖医德医风、临床实践、科研带教、公共卫生服务等要素的评价指标体系，合理确定不同医疗卫生机构、不同专业岗位人才评价重点。对主要从事临床工作的人才，重点考察其临床医疗医技水平、实践操作能力和工作业绩，引入临床病历、诊治方案等作为评价依据。对主要从事科研工作的人才，重点考察其创新能力业绩，突出创新成果的转化应用能力。对主要从事疾病预防控制等的公共卫生人才，重点考察其流行病学调查、传染病疫情和突发公共卫生事件处置、疾病及危害因素监测与评价等能力。

建立符合全科医生岗位特点的评价机制，考核其掌握全科医学基本理论知识、常见病多发病诊疗、预防保健和提供基本公共卫生服务的能力，将签约居民数量、接诊量、服务质量、群众满意度作为重要评价因素。

按照强基层、保基本及分级诊疗要求，建立更加注重临床水平、服务质量、工作业绩的基层医疗卫生人才评价机制，鼓励医疗卫生人才服务基层，更好满足基层人民群众健康需求。

（五）创新技术技能人才评价制度。适应工程技术专业化、标准化程度高、通用性强等特点，分专业领域建立健全工程技术人才评价标准，着力解决评价标准过于追求学术化问题，重点评价其掌握必备专业理论知识和解决工程技术难题、技术创造发明、技术推广应用、工程项目设计、工艺流程标准开发等实际能力和业绩。探索推动工程师国际互认，提高工程教育质量和工程技术人才职业化、国际化水平。

健全以职业能力为导向、以工作业绩为重点、注重职业道德和知识水平的技能人才评价体系。加快构建国家职业标准、行业企业工种岗位要求、专项职业能力考核规范等多层次职业标准。完善职业资格评价、职业技能等级认定、专项职业能力考核等多元化评价方式，做好评价结果有机衔接。坚持职业标准和岗位要求、职业能力考核和工作业绩评价、专业评价和企业认可相结合的原则，对技术技能型人才突出实际操作能力和解决关键生产技术难题要求，对知识技能型人才突出掌握运用理论知识指导生产实践、创造性开展工作要求，对复合技能型人才突出掌握多项技能、从事多工种多岗位复杂工作要求,引导鼓励技能人才培育精益求精的工匠精神。

(六)完善面向企业、基层一线和青年人才的评价机制。建立与产业发展需求、经济结构相适应的企业人才评价机制,突出创新创业实践能力,推动企业自主创新能力提升。对业绩贡献突出的优秀企业家、经营管理人才、高层次创新创业人才,可放宽学历、资历、年限等申报条件。健全以市场和出资人认可为重要标准的企业经营管理人才评价体系,突出对经营业绩和综合素质的考核。建立社会化的职业经理人评价制度。

创新基层人才评价激励机制。对长期在基层一线和艰苦边远地区工作的人才,加大爱岗敬业表现、实际工作业绩、工作年限等评价权重,着力拓展基层人才职业发展空间。健全以职业农民为主体的农村实用人才评价制度,完善教育培训、认定评价管理、政策扶持“三位一体”的制度体系。完善社会工作专业人才职业水平评价制度,加强社会工作者职业化管理与激励保障,提升社会治理和社会服务现代化水平。

完善青年人才评价激励措施。破除论资排辈、重显绩不重潜力等陈旧观念,重点遴选支持一批有较大发展潜力、有真才实学、堪当重任的优秀青年人才。加大各类科技、教育、人才工程项目对青年人才支持力度,鼓励设立青年专项,促进优秀青年人才脱颖而出。探索建立优秀青年人才举荐制度。

五、健全完善人才评价管理服务制度

(一)保障和落实用人单位自主权。尊重用人单位主导作用,支持用人单位结合自身功能定位和发展方向评价人才,促进人才评价与培养、使用、激励等相衔接。合理界定和下放人才评价权限,推动具备条件的高校、科研院所、医院、文化机构、大型企业、国家实验室、新型研发机构及其他人才智力密集单位自主开展评价聘用(任)工作。防止人才评价行政化、“官本位”倾向,充分发挥学术委员会等作用。对开展自主评价的单位,人才管理部门不再进行资格审批,通过完善信用机制、第三方评估、检查抽查等方式加强事中事后监管。

(二)健全市场化、社会化的管理服务体系。进一步明确政府、市场、用人主体在人才评价中的职能定位,建立权责清晰、管理科学、协调高效的人才评价管理体制。推动人才管理部门转变职能、简政放权,强化政府人才评价宏观管理、政策法规制定、公共服务、监督保障等职能,减少审批事项和微观管理。发挥市场、社会等多元评价主体作用,积极培育发展各类人才评价社会组织和专业机构,逐步有序承接政府转移的人才评价职能。建立人才评价机构综合评估、动态调整机制。

(三)优化公平公正的评价环境。加强人才评价法治建设,健全完善规章制度,提高评价质量和公信力,维护人才合法权益。严格规范评价程序,建立健全申报、审核、公示、反馈、申诉、巡查、举报、回溯等制度。加强评价专家数据库建设和资源共享,建立随机、回避、轮换的专家遴选机制,优化专家来源和结构,强化业内代表性。建立评价专家责任和信誉制度,实施退出和问责机制。强化人才评价综合治理,依法清理规范各类人才评价活动和发证、收费等事项,加强考试环境治理,落实考试安全主体责任。加强人才评价文化建设,提倡开展平等包容的学术批评、学术争论,保障不同学术观点的充分讨论,营造求真务实、鼓励创新、宽容失败的评价氛围和环境。

各地区各部门要坚持党管人才原则,切实加强党委和政府对改革完善人才评价机制的统一领导,党委组织部门要牵头抓总,有关部门要各司其职、密切配合,发挥社会力量重要作用,认真抓好组织落实。要深入调查研究,结合实际制定具体实施方案,加强分类指导,强化督促检查,确保改革任务落地见效。军队可根据本意见,结合实际建立健全军队人才评价机制。要坚持分类推进、先行试点、稳步实施,及时研究解决改革中遇到的新情况新问题。要加强政策解读和舆论引导,积极回应社会关切,为分类推进人才评价机制改革营造良好氛围。

【练习】

请根据自己的实际情况,阐述如何从现在开始培养自己的职业能力。

模块十二　企业文化认同

【案例】

2025年全国两会期间，海尔集团董事局主席、首席执行官周云杰因“不嘻嘻”表情全网刷屏。这场“反差萌”走红的背后，是中国制造业企业家从幕后走向台前的缩影，也是海尔从濒临破产的集体小厂成长为全球行业巨头的时代隐喻——没有守业，只有创业。

生死一锤：质量革命铸就品牌基因。

1984年，35岁的张瑞敏接手青岛电冰箱总厂时，这家集体小厂已亏损147万元，工人涣散到“车间随地大小便”。面对困境，张瑞敏的第一把火是出台“十三不准”劳动纪律管理规定，其中一条赫然写着“不准在车间随地大小便”。

真正的转折点发生在1985年。一位用户投诉冰箱质量问题，张瑞敏带人彻查仓库，发现76台有瑕疵的产品。面对“低价内部处理”的建议，他带头抡起大锤，当众砸毁所有问题冰箱，并扣掉自己当月工资：“今天允许卖76台，明天就会有760台！”这一砸，砸醒了全体员工的质量意识，也砸出了海尔在中国冰箱行业的第一块金牌。

海尔至今依然坚守质量为先，时刻注重创新，尤其是科技创新，从其是全球拥有“灯塔工厂”数量最多的企业这一点就能鲜明体现出来。“灯塔工厂”由世界经济论坛与管理咨询公司麦肯锡合作开展遴选，被誉为“世界上最先进的工厂”，具有榜样意义的“数字化制造”和“全球化4.0”示范者。在如今的信息时代，一切都是快节奏的，人心也难免浮躁，而一家企业能静下心来，专注于不断提升产品品质与服务质量是十分难能可贵的，正因如此难能可贵，做到这些的企业才能在汪洋的市场大海中乘风破浪，脱颖而出。

【问题讨论】

企业要想做大，除了利润的最大化，还需要建设企业文化吗？企业文化包括哪些因素？

【课堂点评】

俗话说：“一年企业靠运气，十年企业靠经营，百年企业靠文化。”“三流企业卖体力，二流企业卖技术，一流企业卖文化。”对于企业来说，战略是成功的前提、人才是成功的关键、精神是成功的基础，企业文化的构建是企业成功的核心。

一、认知企业文化

企业文化是企业的灵魂，是企业经营活动的“统帅”，是企业行动的“指南”，在企业经营活动中具有无法替代的核心作用。它外在于形，而内在于心。

(一)认同企业文化的必要性

企业文化认同是双向奔赴的契约。企业文化不应是单向灌输的教条，而需具备价值共鸣性(回应员工精神需求)与实践可行性(制度保障文化落地)。员工在认同中汲取成长养分，企业通过文化筛选凝聚同路人——唯有双向契合，方能激活个人与组织的共生式进化。

1. 认同企业文化是提高企业知名度的要求。

对企业而言，企业要想在市场经济中做大做强，就需要不断坚持自己的管理思想，突出个性化的管理特色，才能提升企业知名度，实现企业的可持续性发展。

2. 认同企业文化成为“企业人”的必经路线。

对个人而言，个人要想很快从校园进入社会，必须把企业发展和自己的发展融为一体，认同企业文化中所体现的价值观和行为准则，在企业文化的核心和统领下完成自己的职业规划。

(二)企业文化的概念

广义上说，文化是人类社会历史实践过程中所创造的物质财富与精神财富的总和；企业文化，或称组织文化(corporate culture 或 organisational culture)，它是一个组织由其价值观、信念、仪式、符号、处事方式等组成的其特有的文化形象。

具体来说，企业文化是企业在生产经营实践中，逐步形成的，为全体员工所认同并遵守的、带有本组织特点的使命、愿景、宗旨、精神、价值观和经营理念，以及这些理念在生产经营实践、管理制度、员工行为方式与企业对外形象的体现的总和。是在一定的条件下，企业生产经营和管理活动中所创造出的具有本企业特色的精神财富和物质形态的总和，它包括文化观念、价值观念、企业精神、道德规范、行为准则、历史传统、企业制度等。

广义的企业文化指企业物质文化、行为文化、制度文化及精神文化的总和，狭义的企业文化指的是以企业价值观为最本质内容的企业的意识形态。

企业文化是企业的灵魂，是推动企业发展的不竭动力。它包含着非常丰富的内容，其核心是企业的精神和价值观。

企业精神是企业的精气、元神，是企业价值观的升华、提炼和凝聚。或者说，企业精神是指一个企业全体员工共同一致、彼此共鸣的内心态度、意志状态和思想境界。企业精神是企业性格、形象的凝缩，有利于唤起企业的凝聚力，起到鼓舞士气的作用。

企业价值观是指企业在追求经营成功过程中所推崇的基本信念和所奉行的目标，是企业全体员工一致同意的关于企业意义的终极判断。不是泛指企业管理中的各种文化现象，而是企业或企业中的员工在从事商品生产与经营中所持有的价值观念。

(三)企业文化的要素

企业文化具备五个要素：企业环境、价值观、领军人物、文化网络、礼节仪式。这五个要素共同作用于企业文化形成和发展的过程中。

1. 企业环境

企业环境是对企业文化形成和发展具有关键影响的因素。是指企业经营所处的社会和业务环境，包括市场、竞争对手、政府、技术等，严格来说，它只是游离在企业文化系统以外的要素，但是企业要在这样的环境中获得成功,就必须采取一些策略来形成自己特定的文化形态。

2. 价值观

价值观是组织的基本思想和信念,他们本身就形成了企业文化的核心。它以具体的词语给企业规划出愿景,给员工规划出成功之路,并制定出一套合适的制度规范员工的行为,规范成功的评判标准。一个企业的价值观越鲜明,凝聚力就越强。

3. 领军人物

领军人物是把企业价值观人格化,且本身为员工们提供了具体楷模;领军人物是企业力量的化身,是强势文化的主角,领军人物其实就是企业价值观的化身,是人们所公认的最佳行为的体现,是企业的支柱和希望。

4. 文化网络

文化网络是组织内主要非正式的联系手段,也是企业价值观的运载工具。因为公司的本质也是人类的社区,员工也存在着社交的需求。而文化网络这种虚拟性的文化传播能最大限度地引发共鸣和对组织的认同感。

5. 礼节仪式

礼节仪式是企业的风俗习惯,是日常生活中的惯例和常规,是向员工表明期望的行为模式。企业需要用各种仪式来传播与维护企业文化,将隐形的企业文化通过有形的物质文化展示出来,同时挖掘员工的潜力,提高员工的积极性。

(四)企业文化的结构

企业文化结构指的是企业文化系统内各要素之间的时空顺序、主次地位与结合方式。它表明各个要素如何链接,形成企业文化的整体模式。企业文化的结构即企业物质文化、企业行为文化、企业制度文化、企业精神文化形态。

1. 企业物质文化

物质文化是表层文化,是企业职工创造的产品和各种物质设施等构成的器物文化,是一种以物质形态为主要研究对象的表层企业文化。企业生产的产品和提供的服务是企业生产经营的成果,它是企业物质文化的首要内容。其次是企业创造的生产环境、企业建筑、企业广告、产品包装与设计等,它们都是企业物质文化的主要内容。

2. 企业行为文化

行为文化是浅层文化,是员工对企业文化的认同度,是在工作中对文化的遵循。表现在员工在生产经营中、学习娱乐中产生的活动文化。

3. 企业制度文化

制度文化是企业行为文化得以贯彻的保证,是企业制度约束体现的价值行为判断标准。

4. 企业精神文化

精神文化是企业文化的核心价值观,相对于企业物质文化和行为文化来说,企业精神文化是一种更深层次的文化现象,在整个企业文化系统中,它处于核心的地位。

海尔集团总裁张瑞敏透露海尔经营的秘诀:“海尔过去的成功是观念和思维方式的成功。企业发展的灵魂是企业文化,而企业文化最核心的内容应该是价值观。”他说自己在海尔集团的企业文化建设中扮演了牧师的角色。

(五)企业文化的功能

内部功能有奋斗目标的导向功能、共同意识的凝聚功能、主体意识的激励功能。

1. 奋斗目标的导向功能

企业文化对企业成员的个体行为起着导向作用,而且对企业整体的价值取向和行为走向也起导向作用,一旦个体成员的行为与企业文化的标准有所不同,这种文化就会将之引导到正确的价值观和规范标准上来。比如,大庆精神中的“铁人精神”是整个大庆企业群体的价值取向和价值追求。

2. 共同意识的凝聚功能

企业文化在被员工共同认可后,就会产生一种向心力和凝聚力,从而让员工自身的行为与企业联系起来,发挥总体优势。比如,新疆新能源股份有限公司的“工作就是生活”的主张让所有的员工有一种认同感和归属感。

3. 主体意识的激励功能

企业文化让企业成员从内心产生一种奋发的效应,从而有积极向上的思想意识、强烈的使命感、持久的驱动力,这就是所说的主体意识的激励功能。比如,海尔集团用女工高云燕的名字命名“云燕镜子”,不但激励了本人,也成为榜样的力量激励着全体员工。

当然,外部功能有推动企业形象优化、传播人类精神文明、营造人文社会环境的作用。

企业文化所需达到的目标是:培育高效能的企业经营团队,以实现价值共守、精神共通、情感共流和命运共担。

二、如何融入企业文化

企业文化作为一种亚文化,是从属于组织文化的一个子概念,它是企业在长期的生产经营实践中所创造和形成的、具有本企业特色的精神:包括价值观念、道德标准、行为规范、员工文化素质,以及蕴含在企业制度、企业形象和企业产品之中的文化特色。如何很快地融入不同企业的文化中,是个比较大的话题,就其共性而言,可以从团队文化、行为文化、目标文化三方面入手。

(一)培养团队意识

团队文化的目的是弘扬团队精神,培养集体观念和协作,培养与企业共同的价值观和行为准则,所以平时就需多留意,要在一种相互鼓励,相互帮助的学习氛围中进步,这样,会让自己在成为企业人的路途中,缩短适应过程,很快地在企业的环境里积极工作,乐于工作。

(二)提升行为素养

行为文化是企业经营作风、精神风貌的动态体现,是企业形象塑造的外在折射,所以,要在进入企业或单位时,敢于用青年人独有的张力和热情去工作,用自己的温情对待同事,用自己的激情对待事业,形成文明、主动、务实、高效的工作作风,把内在思想用外在的行为展现出来,实现人与环境、企业与员工的最大程度的和谐发展。

(三)完成目标愿景

与企业的愿景一样,共赢是每个员工职业生涯的极致。只有实现企业的发展,员工才能有更好的平台发挥其自身的能力。才能实现集体和个体的不断超越和进步。要加强对自身的学习,抓住培训机会,积极参加各种形式的劳动竞赛,交流成功的案例与经验,学习标杆的事迹,提高自身的素质与技能,为自己搭建上升空间和平台。在企业文化中让自己的目标实现最大化。

【练习】

请分析吉利现象的背后折射出来的文化内涵,撰写一篇不少于800字的文章。

模块十三　培养终身学习能力

【案例】

1. 钱伟长:终身学习的典范

钱伟长,被誉为我国的"力学之父"和"应用数学之父",终身致力于学习与探索。他在不同的年龄段都坚持学习,从36岁开始深入研究力学,到44岁挑战学习俄语,再到58岁开始学习电池知识,甚至在64岁之后仍坚持学习计算机。钱伟长坚信,年龄并非学习的障碍,关键在于是否有学习的愿望与行动。他的一生都在践行着学习的真谛,通过不断学习来增长知识、提升能力,从而紧跟时代的步伐,满足社会的需求。

2. 图书馆馆长诸树青的开放理念

在杭州,有一家图书馆对所有读者敞开大门,甚至包括乞丐和拾荒者。然而,这样的开放政策却引起了某些人的不满。他们认为,允许这些社会底层人士进入图书馆,是对其他读者的不尊重。面对这样的质疑,图书馆馆长诸树青坚定地回答:"我无法阻止他们进入图书馆,但您可以选择离开。"他的这一理念,充分体现了对知识的尊重和对学习的包容。

3. 梁漱溟的深远寓意

梁漱溟为两个儿子取名,一个为培宽,一个为培恕,其中深意不言而喻。在当下社会,能够看到如此蕴含"宽恕"的文化,实属难得。那些真正致力于社会变革的人们,他们的心中始终关注着社会民众。

【问题讨论】

结合案例谈一谈终身学习的价值和意义。

【课堂点评】

1994年,"首届世界终身学习会议"在罗马隆重举行,终身学习在世界范围内形成共识。

国际21世纪教育委员会在向联合国教科文组织提交的报告中指出:"终身学习是21世纪人的通行证。"

专家研究,作为大学生,在学校里学到的知识储备,只是一生所需要知识的十分之一,更多的知识,在离开校园后,需要通过各种形式(单位培训、自学)来完成自己知识的更新。

21世纪是知识不断更新的时代,终身学习将伴随着一个人整个职业生涯,一个人成功与否,不在于学历高低,而在于终身学习能力的高低。

我国终身教育体系经历了从理念萌芽、实践探索到纵深推进的阶段性发展,形成了酝酿奠基(1978—1992年)、体系构建(1993—2009年)、创新突破(2010—2019年)、提质增效(2020至今)

四个关键发展时期。

一、认知终身学习

终身学习是21世纪的生存概念，是指社会每个成员为适应社会发展和实现个体发展的需要，贯穿于人的一生的学习过程，也就是说，人的一生都要不断地、持续地学习，即人们所常说的“活到老学到老”。

终身教育包括人一生所受的各种教育的总和。它开始于人的生命之初，终止于人的生命之末，包括人发展的各个阶段及各个方面的教育活动。既包括纵向的一个人从婴儿到老年期各个不同发展阶段所受到的各级各类教育，也包括横向的从学校、家庭、社会等各个不同领域受到的教育。

从社会层面来说，终身学习符合时代、社会的需求，有利于提高民族核心竞争力。只有通过不断地学习，做到终身学习，才能与时代发展保持同步。想要很好的生存，就必须紧跟时代的发展步伐，保持一颗学习的心。

从个人角度来讲，终身学习可以满足个人高层次、高品质的精神追求，有利于提高个人社会适应力。人是天生的学习者，人的一生其实就是学习的过程。要充实自己的生命，唯有通过不断地学习。

青岛港(集团)有限公司明港桥公司吊桥队队长许振超说：“一个人可以没文凭，但不可以没有知识；可以不进大学殿堂，但不可以不学习。只有知识能改变命运，只有奋发学习才能成就未来”。

知识型工人的楷模、常州黑牡丹公司的邓建军认为，只有不断学习，终身学习，才能提高工作能力和竞争力。

社会的快速发展和知识的迅速更新迭代，社会的、职业的、家庭日常生活的急剧变化，导致人们必须更新知识观念，以获得新的适应力。

在这个信息技术高度发达的时代，社会生活的信息化、网络化程度越来越高，知识的总量急剧增加，知识“更新周期”越来越短，人们原有的知识和技能已经远远不能满足现实工作和学习的需要，普遍感受到了发展、竞争的压力，由此产生了普遍的、多样化的终身学习的需求。

面对全新的和不断变化发展的职业、家庭和社会生活，人们只能选择用新的知识、技能和观念来武装自己。终身学习强调人的一生必须不间断地接受教育和学习，以不断地更新知识，保持应变能力。

人类寿命的延长和科技的进步，让人们休闲的时间增加，让人们有了较高的教育期望。

第二次世界大战后，经济条件改善，从衣食住行的窘境中解脱出来的人们开始摆脱体力劳动和家务劳动的拖累，又由于信息时代的到来，科技不断进步，人们在拥有更充裕的自由时间的同时，开始想办法支配自己的时间。这种外部条件的改善，让人们开始注重精神生活的充实，期望通过个人努力来达到自我完善。要实现高层次、高品质的精神追求，靠一次性的学校教育是很难达到的，只有依靠终身学习的能力，才能满足自身的教育期望。

终身学习有如下特点：

1. 终其一生性

终其一生性是指人们终其一生所受到的各种培养的总和，它突破了正规学校的框架，把教育看成是一个人一生中连续不断的学习过程，实现了从学前期到老年期的整个教育过程的统一。既包括正规教育，又包括非正规教育。它包括了教育体系的各个阶段和各种形式。

2. 全民广泛性

全民广泛性是指接受终身教育的人包括所有的人，无论男女老幼、贫富差别、种族信仰。事实上，当今社会中的每一个人，都要学会生存，而要学会生存就离不开终身教育，因为生存发展是时代的主流，会生存必须会学习，这是现代社会给每个人提出的新课题。

3. 多元扩展性

多元扩展性是指终身教育既包括家庭教育、学校教育，也包括社会教育。可以这么说，它包括人的各个阶段，是一切时间、一切地点、一切场合和一切方面的教育。终身教育扩大了学习天地，多元化地为整个教育事业注入了新的活力。

4. 灵活实用性

终身学习具有灵活性，表现在任何需要学习的人，可以随时随地接受任何形式的教育。学习的时间、地点、内容、方式均由个人决定。人们可以根据自己的特点和需要选择最适合自己的学习。

二、终身学习能力的四大支柱

终身学习又特指“学会共处，学会求知，学会做事，学会做人。”这是21世纪教育的四大支柱，也是每个人一生成长的支柱。

（一）学会与人和谐相处

学会与人和谐相处指的是学会共同生活，学会与他人共同工作。

学会共处，首先要了解自身，发现他人，尊重他人，所谓设身处地；同时也要认知他人，所谓知己知彼。

学会共处，就要学会关心，学会分享，学会合作。关心他人才是和谐共处的前提。

学会共处，就要学会平等对话，互相交流。这是人际和谐共处的基础。

学会共处，主要不是从书本中学习，它的最有效途径之一是参与目标一致的社会活动，学会在各种“磨合”之中找到新的认同，确立新的共识，并从中获得实际的体验。

（二）学会积极探索知识

学会积极探索知识指的是对包括人类自身及其主观世界，也包括自然、社会的外部世界的一种积极探索。“求知”则是一个只有起点而无终点、在实践和认识的无限往复中探索未知追求真理的过程。而“求知”的手段，从口头传授到文字印刷，从广播电视等声像技术到“信息高速公路”，已发生了多次革命性的变化。“求知”的环境，则从家庭、学校扩展到整个社会，继之以“网上一代”痴迷的“虚拟学习环境”。

学会求知，要有强烈的学习动机，有探求未知的热情，有实事求是的科学态度，有科学的人文精神，掌握举一反三的科学方法。总之，学会求知就是要使自己成为“终生的科学之友”。

学会求知，要注重通过普通教育打下宽厚坚实的“通才”基础。与此同时，又需要通过专业教育，向自己专业的深度进军。

（三）学会踏实动手做事

学会踏实动手做事指的是通过职业技术训练，将劳动技能与在学校所学的知识联系在一起，将技能、知识与解决问题、完成任务联系在一起。着眼于21世纪知识经济对劳动力的要求和终身学习社会对公民的要求，从更深的层次上去把握。

（四）学会快乐实现自我

学会快乐实现自我指的是前三种学习基础之上的一种基本进程，是教育和学习的根本目标。它的前提是自立，立足生存来寻求自我价值的最高体现，激发自我的潜能，展现自我的天赋，实现自己的价值。

三、如何培养终身学习能力

终身学习是一种习惯，故提出以下建议来培养大家终身学习的能力：

（一）树立学习理念

学习是人类认识自然和社会、不断完善和发展自我的必由之路。无论是一个人、一个团体，还是一个民族、一个社会，只有不断学习，才能获得新知，增长才干，跟上时代。随着信息时代的来临，一个人在学校获得的知识已远远不能适应社会的要求。有学者研究发现，一个人在大学阶段获得的知识仅占一生所需知识的10%左右，其余的要靠完成学校教育后的继续学习去获得。因此，每个人必须树立终身学习的观念。

（二）提升学习动机

把学习当作一种发自内心的、反映个体需要的活动。学习的对立面是被动学习，即把学习当作一项外来的、不得不接受的活动。把主动学习作为推动学习的内部动力，树立正确的价值取向，视学习为自己的迫切需要和愿望，坚持不懈地进行自主学习、自我评价、自我监督。除了学习理论知识，也要关注具体技能的培训和实践，在实践过程中，人们可能会发现自己有很多知识不熟悉甚至不知道，这时候就需主动提升学习动机，学会及时为自己“充电”。同时确立学习的短期目标和长期目标，促使自己的学习活动保持一定的强度和力度。

（三）熟悉学习途径

现代社会是一个信息社会，人们获取知识的途径和渠道可谓五花八门。报刊杂志、广播电视、计算机网络、图书馆、阅览室、书店等都可以给人带来知识。学会多元对待学习途径，学会用好学习的窗口和载体，开拓新视野，学习新知识。

（四）把握学习机会

心灵的富足，是自己工作的源头，所以，只要工作中有学习的机会，一定不要错过。把握机会，才能提高自我。社会很多的学习资源，很多的学习渠道，包括现在流行的网上的渠道，都可以去学习，去成长，去开拓眼界。当公司随着业务的发展扩充时，机会就来了。机会的来临是给予有准备的人的，所以每个人都要持续不断地学习，愿意接受各方面的挑战，在机会未来时不断地充实自己，才能在机会来临时很好地把握。

【练习】

回答下列问题：

请详细描述我将扮演的角色有哪些？

最主要的角色有哪些？并说出原因。

我主要的学习内容有哪些？吸引我的原因是什么？

我在个性上可以尝试改变的有什么？并说出原因。

我可以培养的兴趣、能力有什么？并说出原因。

我的中期学习生涯计划（含教育进修或训练）是什么？并说出原因。

模块十四　自 我 管 理

【案例】

胡适毕业演讲一

诸位毕业同学:

你们现在要离开母校了,我没有什么礼物送给你们,只好送你们一句话。

这一句话是:珍惜时间,不要抛弃学问。

以前的功课也许有一大部分是为了这张文凭,不得已而做的。从今以后,你们可以依自己的心愿去自由研究了。趁现在年富力强的时候,努力做一种专门学问。少年是一去不复返的,等到精力衰竭的时候,要做学问也来不及了。

有人说:出去做事之后,生活问题亟需解决,哪有功夫去读书?即使要做学问,既没有图书馆,又没有实验室,哪能做学问?

我要对你们说:凡是要等到有了图书馆才读书的,有了图书馆也不肯读书;凡是要等到有了实验室方才做研究的,有了实验室也不肯做研究。你有了决心要研究一个问题,自然会节衣缩食去买书,自然会想出法子来设置仪器。

至于时间,更不成问题。达尔文一生多病,不能多做工,每天只能做1点钟的工作。你们看他的成绩!每天花1点种看10页有用的书,每年可看3 600多页书;30年读11万页书。

诸位,11万页书可以使你成为一个学者了。可是每天看3种小报也得费你1点钟的功夫;四圈麻将也得费你1点半钟的光阴。那是看小报呢?还是打麻将呢?还是努力做一个学者呢?全靠你们自己选择!

易卜生说:你的最大责任就是把你这块材料铸造成器。

学问就是铸器的工具。抛弃了学问便是毁了你自己。

再会了,你们的母校眼睁睁地要看你们10年之后成什么器。

胡适毕业演讲二

有什么好方子呢?依我个人的观察和经验,有三种防身的药方是值得一试的。

第一个方子只有一句话:“总得时时寻一两个值得研究的问题!”

我们出学校之后,离开了做学问的环境,如果没有一两个值得解答的问题在脑子里盘旋,就很难保持求学问的热心。

第二个方子也只有一句话:“总得多发展一点非职业的兴趣。”

一个人应该有他的职业,也应该有他非职业的玩艺儿,可以叫作业余活动。往往他的业余活动比他的职业还更重要,因为一个人成就怎样,往往靠他怎样利用他的闲暇时间。他用他的闲暇来打麻将,他就成了个赌徒;你用你的闲暇来做社会服务,你也许成为了一个社会改革者;或者你用你的闲暇去研究历史,你也许成为了一个史学家。你的闲暇往往定你的终身。英国19世纪的两个哲人,弥儿终身做东印度公司的秘书,然而他的业余工作使他在哲学上、经济学上、政治思想史上都占有一个很高的位置;斯宾塞是一个测量工程师,然而他的业余工作使他成为前世纪晚期世界思想界的一个重镇。古来成大学问的人,几乎没有一个不善用他的闲暇时间的。职业不容易适合我们的性情,我们要想生活不苦痛不堕落,只有多方发展。

有了这种心爱的玩艺儿,你就做六个钟头抹桌子工作也不会感觉烦闷了。因为你知道,抹了六个钟头的桌子之后,你可以回家做你的化学研究,或画完你的大幅山水,或写你的小说戏曲,或继续你的历史考据,或做你的社会改革事业。你有了这种称心如意的活动,生活就不枯寂了,精神也就不会烦闷了。

第三个方子也只有一句话:“你得有一点信心。”

古人说:“信心可以移山。”又说:“只要功夫深,生铁磨成绣花针。”我们要深信:今日的努力,必定有将来的大收成。

朋友们,在你最悲观失望的时候,那正是你必须鼓起坚强的信心的时候。你要深信:天下没有白费的努力。

【问题讨论】

看了胡适毕业演讲一,请问你有什么感受?你怎么对自己进行自我管理规划?

看了胡适毕业演讲二,请问你对自己的未来有了一种怎样的想法?又怎么规划自己的专业与业余时间?

【课堂点评】

胡适毕业演讲中四句话带给我们太多的震撼与启示,“珍惜时间,不要抛弃学问”让我们在大学时光和未来岁月里,学会自我管理;“总得时时寻一两个值得研究的问题!”让我们学会永远保持求学问的热心;总得多发展一点非职业的兴趣。”让我们学习在闲暇时间里多方发展;“你得有一点信心。”让我们时时调整自己的情绪,对自己永不言弃。

一、认知自我管理

所谓自我管理,就是指个体对自己的目标、思想、心理和行为等表现进行的管理,自己把自己组织起来,自己管理自己,自己约束自己,自己激励自己,自己管理自己。一个人必须抛弃陋习,进而引进新的工作方式和生活习惯,包括要订立目标、妥善计划、分配时间、权衡轻重,加上自我约束、持之以恒,才可提高效率,事半功倍。

自我管理又称为自我控制,是一种利用个人内在力量改变行为的策略,普遍运用在减少不良行为与增加好的行为的出现。

自我管理注重的是一个人的自我教导及约束的力量，亦即行为的制约是透过内控的力量（自己），而非传统的外控力量（教师、家长）。它包括时间管理、休闲支配和情绪调适。

二、学会时间管理

时间对人们来说，很重要又有限，它不是可再生资源，所以人们无力创造，但是人们却可以学会让时间得到有效的支配，从而让自己的职业理想和其他目标得到最大程度的实现。

1. 明确目标，找准理想

列夫·托尔斯泰对目标的精彩主张："人要有生活目标：一辈子的目标、一个时期的目标、一个阶段的目标、一年的目标、一个月的目标、一个星期的目标、一天的目标、一个小时的目标和一分钟的目标，还有为大目标牺牲小的目标。"

建立目标和目的的过程使一个人知道自己要到哪里去，清楚地知道自己要达到什么目标，知道专注于什么事情上；知道什么对自己最重要，什么与自己没有什么关系。

目标越大，人就会越坚强越有耐力，所有的艰难困苦与大目标相比，都会变得很小；目标越小，人就会越勤奋越细心，在勤奋和细心中积累经验、取得成果，并在已取得的经验和成果的基础上，向下一个目标前进。

2. 细化目标，寻找动力

生命的悲哀不在于目标未达成，而在于没有目标可达成！制定计划是件愉快的事，而非一项任务，如果你的计划是一串上升的数字，你很快会对它产生兴趣。如果短期计划超过了 90 天，你会对它丧失兴趣，可以把它分散成单项，然后逐一在 90 天内完成。

人生总体目标：这里包含一个人一生中要达到的 2~5 个目标，如果一个人能达到或接近这些目标，就是尽了全力实现自己定下的人生目标了，人生目标需要与个人价值观相符合。

长期目标：是一个人为实现每一个人生总目标而制定的目标。一般来说。这些是一个人计划用十年时间做到的事情。虽然一个人可以规划十年以上的事情，但这样分配时间并不明智。目标越遥远，就越不具体。但制定长期目标是重要的，如果没有长期目标，人们就会产生短期的失败感。长期目标要与社会环境和兴趣相符合。

中期目标：这些是一个人为达到长期目标而定的目标。一般来说，这些是一个人计划在 5~10 年内做的事情。中期目标需要与个人志愿和组织环境相符合。

短期目标：这些是一个人为达到中期目标而定的目标。实现短期目标的时间为 1~5 年。短期目标与周围环境相符合。

日常规划：这是一个人为达到短期目标而定的每日、每周及每月的任务，可以做成清单。日常规划需要与个人能力相符合。

3. 有效学习，实现目标

新的时代需要人们不断更新观念、知识及技能，以便与时代发展保持同步，而学习是实现理想、追随兴趣的必由之路。

在时间管理中，人们必须学会运用 8∶2 原则，要让 20% 的投入产生 80% 的效益。从个人角度看，要把握一天中的20%的精华时间用于自己关键的思考和准备，这可以根据自己的生活状态、生物钟来确定这20%精华时间是什么时候。

合理安排零散时间、选择良好的学习环境、随时进行自我激励，养成有条理的习惯等都是实现自己目标非常有效的办法。

三、高效休闲支配

休闲不同于“闲暇”“空闲”“消闲”，它表达了人类生存过程中劳作与休憩的辩证关系，又喻示着物质生命活动之外的精神生命活动。人倚木而休，使精神的休整和身体的颐养活动得以充分地进行，而不是随心所欲。

美国著名企业家福特说过：“当我们工作的时候，就应该专心致志地工作，当我们玩的时候，就应该尽情投入地玩，试图把这两者混同起来是没有用的。主要的目标应该是先把工作做好，并为此得到报酬。当工作完成之后，便可以开始玩了。”

建议休闲时间可以参加以下活动：

学习类活动，包括和自己专业知识有关的讲座活动、和自己专业技能有关的实训活动，以及和自己专业无关但是自己感兴趣的辅修专业、各类证书培训班等。

运动类活动，包括体育自我锻炼、体育专业健身、各种旅游活动等。

社团类活动，包括各种文学社团、合唱社团、创业社团等。

实践类活动，包括公益活动、社会兼职、勤工俭学、环保宣传等。

社交类活动，包括与同学聚餐、走访亲人、约会朋友等。

早在1918年，美国联邦教育局就将休闲教育列为教育的一条“中心原则”。这个中心原则是：“每个人都应该享有时间去培养他个人和社会的兴趣。如果能被合理地使用，那么，这种闲暇将会重新扩大他的力量，并进一步丰富其生活，从而使得他能够更好地履行自己的职责。如果相反，滥用闲暇时间将损害健康、扰乱家庭、降低工作效率，并破坏其公民意识。”

所以，应该根据自己的需要和兴趣，根据自己的性别、年龄、收入与教育程度，培养正确的休闲价值观和休闲生活方式，设计出属于自己的休闲方案，让自己的休闲技能为自己的休闲时光增加乐趣。

四、善于情绪调适

情绪是指人们在心理活动过程中对客观事物的态度体验。困扰人们的不是事物本身，而是对事物的看法。情绪管理就是善于掌握自我，善于调节情绪，对生活中的矛盾和事件引起的反应能适可而止地排解，能以乐观的态度、幽默的情趣及时地缓解紧张的心理状态。

(一)体察自己

学会体察自己是情绪管理的前提，即时时提醒自己：“我现在的情绪是怎样的？是快乐的还是愤怒的，是无奈的还是无聊的？”，例如，当你因为朋友约会迟到而对他冷言冷语，问问自己：“我为什么这么做？我现在有什么感觉？如果你察觉你已对朋友三番两次的迟到感到生气，你就可以对自己的生气做更好的处理。”有许多人认为，人不应该有情绪，所以不肯承认自己有负面的情绪，要知道，人一定会有情绪的，压抑情绪反而带来更不好的结果，学着体察自己的情绪，是情绪管理的第一步。

（二）表达自己

学会表达自己是情绪管理中的关键，即需要把自己的情绪传递给对方，把自己产生的负面情绪以正确、恰当的方式表达给对方，从而让对方产生设身处地的同理心，以达到情绪管理的最高层面。

（三）宣泄自己

宣泄情绪的方法很多，有些人会痛哭一场、有些人找三五好友诉苦一番、另些人会逛街、听音乐、散步或逼自己做些别的事情，以免老想起不愉快的事情，比较糟糕的方式是喝酒、飙车，甚至自杀。要提醒各位的是，纾解情绪的目的在于给自己一个厘清想法的机会，让自己好过一点，也让自己更有能量去面对未来。如果纾解情绪的方式只是暂时逃避痛苦，尔后会将承受更多的痛苦，这便不是一个合适的方式。有了不舒服的感觉，要勇敢的面对，仔细想想：“为什么这么难过、生气？我可以怎么做，将来才不会再重蹈覆彻？怎样做可以降低我的不愉快？”这么做会不会带来更大的伤害？运动、旅游、娱乐、美食、交友、读书、听音乐、做感兴趣的事情、积极的自我暗示等都不失为宣泄情绪的一种好方法。根据这几个角度去选择适合自己且能有效宣泄情绪的方式，你就能够控制情绪，而不是让情绪来控制你！

拓展阅读：

小赵是一名大学生，父母长期在两地工作。他从小比较要强，高中时期学业压力大，又不善于与他人沟通，曾一度情绪低落，有极端行为。高考后情绪有所好转，入大学以来，在军训期间主动担任班级负责人，后积极竞选班委、校学生会自律委员会干事。

1. 问题表现

（1）人际沟通不畅：说话有些不太注意方式方法，与同学们关系一般，在班级竞选中所得票数中等。

（2）心理压力较大：在开学初的心理测评中发现其高中时有轻生行为，大学开学初仍有轻生想法，且晚上存在失眠的情况。

2. 自我管理措施及成效

（1）时间管理方面：小赵严格遵循“三三三”时间分配原则，每天保证8小时睡眠，合理安排学习、工作和生活时间。早晨6:30起床晨跑，7:40用早餐并规划当日任务，上午和下午专注学习专业课程，晚自习后进行学生会工作和自我学习，23:00准时睡觉。通过这样的时间管理，他的学习成绩稳步提升，绩点从大一的3.2提升到大二的3.8，并且成功竞选为班长，获得了“优秀学生干部”的荣誉称号。

（2）情绪管理方面：小赵在心理咨询中心老师的指导下，学会了情绪调节方法，如深呼吸、冥想等，慢慢地，他能够更好地应对压力和负面情绪。同时，他积极参与体育锻炼，通过打篮球、跑步等方式释放压力,保持良好的心态。

(3)人际交往方面:他意识到自己沟通方式的问题后,主动参加沟通技巧培训,并在日常生活中注重观察和学习他人的沟通方式。在与同学相处时,更加注重倾听他人意见,学会换位思考,积极参与集体活动,主动与同学们交流互动,逐渐融入班级集体,与同学们建立了良好的关系,还结交了一些志同道合的朋友。

(4)自我成长规划方面:小赵制定了详细的短期和长期目标,短期目标包括提升学习成绩、改善人际关系等,长期目标则是成为一名优秀的计算机工程师。他将大目标拆解成一个个小目标,并逐步去实现,每完成一个小目标就给自己适当的奖励,这让他在自我管理的道路上更加坚定和自信。

通过以上多方面的自我管理,小赵不仅在学业上取得了优异的成绩,还提升了人际交往能力,增强了心理素质,成功实现了自我成长和蜕变,成为了同学们眼中的优秀榜样。

【练习】

假设现在是星期一的晚上,你要计划未来七天的日程,你现在面临着以下情况:

(1)你有好几个月没有回家,也没有写信或打电话。

(2)你身上只有5块钱,需要取钱。

(3)你从昨天早晨开始牙疼,想去看医生。

(4)你明天早上从9:00到11:00要听一场讲座。

(5)你欠某人200元钱,他明天将会和你参加同一场会议。

(6)明天下午14:00到16:00有一个会。

(7)你的上级留下一张便条,要你尽快与他见面。

(8)你在图书馆借的书明天到期。

(9)你负责的项目小组将在明天下午18:00开会,预计1 h。

(10)明晚20:00有个1 h长的电视节目,与你的工作有密切关系。

(11)大家明天晚上聚餐。

(12)星期六是一个好朋友的生日,你还没有买礼物和生日卡。

(13)明晚有一场演唱会。

(14)你想好好洗个澡。

(15)你没有干净的内衣,一大堆脏衣服没有洗。

(16)有一份夜间兼职不错,但你必须在星期二、星期三晚上去面试(19:00以前),估计要花费1 h。

(17)你邀请恋人后天晚上来你家共进烛光晚餐,但家里什么吃的也没有。

(18)你要在星期五交计划书,并提前把它复印一份。

(19)你收到一个朋友的信一个月了,没有回信,也没有打电话给他。

(20)星期天早上要作一次简报,预计准备简报要花费15个小时,而且只能用业余时间。

(21)外地一个朋友邀请你周末去玩,你需要整理行李。

(22)下个星期一,你要参加一次业务考试。

(23)这个星期有些材料没有整理完,要在下星期一之前整理好,约需 2 h。

(24)你错过了星期一的例会,要在下星期一之前复印一份会议记录。

请将这份事件清单中的各种事件划分不同的优先级,按优先级把它们重新排序,然后根据这些事件,制订一个未来五天的时间安排表。

在这些项目中,有些是互相冲突的,有些则富有弹性。如何制订一份合理实用的计划表呢?在制订时间表以前,请考虑以下方面:

①把要做的事情全部看一遍。

②确定每件事情的重要等级。

③根据重要程度把事情重新排序

时间为:星期二、星期三、星期四、星期五、星期六

每天上班时间为 8:00~18:00(含往来交通时间,中午有 1 h 休息)

模块十五　职业体能储备

【案例】

反面案例：透支身体，职业道路被迫中断

案例1：互联网“过劳”程序员（32岁，猝死风险预警）。

张某就职某头部大厂，长期践行“996”模式。日常状态：凌晨2:00下班、日均步数小于500步、靠咖啡因提神、三餐外卖高油盐。公司虽有健身房但从未使用，体检报告连年亮红灯（脂肪肝、心律不齐）却未重视。项目攻坚期连续熬夜三天后突发心绞痛送医，确诊冠心病前兆。医生警告“再透支可能猝死”，被迫离职调养，职业生涯急刹中断。

关键教训：忽视基础健康管理（睡眠、营养、运动），将短期效率置于体能可持续性之上，终致职业生命提前衰竭。

案例2：外科新秀医生的“体力塌方”（28岁，手术台晕倒）。

李某作为三甲医院骨科新锐医生，技术精湛但体能储备薄弱。为争取晋升机会长期超负荷工作：日均站立手术超8 h，夜班接急诊成为常态。拒绝力量训练，认为“年轻能扛”。一次进行复杂关节置换手术时，因低血糖加脱水突发眩晕，器械脱手险些酿成事故。事后被暂停手术权限，职业声誉严重受损。

关键教训：专业技术需匹配职业场景的体能刚需（如外科医生的核心力量、耐力），否则能力再强亦难兑现。

正面案例：体能投资，赋能职业续航

案例1：电竞选手的科学化训练（25岁，巅峰状态延长）

LGD战队选手王某，在职业电竞黄金期引入“体能教练团队”。每日训练含1 h抗阻训练（强化肩颈/手腕）、45 min有氧（提升血氧浓度）、动态视力专项练习。严格作息（23:00—7:00）、营养师配餐（控糖高蛋白）。结果：反应速度保持0.15 s行业顶尖水平，连续三年大赛零伤病，25岁“高龄”仍带队夺冠，突破电竞选手职业寿命瓶颈。

核心价值：针对职业特需体能（反应力、局部肌群耐力）精准训练，延长职业黄金期。

案例2：建筑工程师的“野外体能库”（40岁，高原项目总工）。

中建某局工程师赵某，常年负责青藏铁路等高海拔项目。为适应极端环境，十年坚持晨跑5 km（提升心肺功能）、每周登山（模拟缺氧工况）、力量训练（扛设备爬坡需求）。在海拔5 000 m工地，当年轻同事高原反应卧床时，他仍能每日巡检10 km，保障工程节点。体能优势助其45岁升任高原特种工程项目总监。

核心价值：前瞻性储备职业场景特需体能(高原耐受力、负重能力)，将生理劣势转化为竞争力。

【问题讨论】

如何理解职业体能储备的重要性?

【课堂点评】

一直以来，"累并快乐着"似乎是职场上打拼的人们追求的最高目标。在节奏日益加快的职场，工作强度大、压力大导致很多人生活节奏非常紊乱，体力的巨大透支，以致年纪不大便身患各种疾患。调查显示，在30~40岁的管理人员中，很多人的健康有问题，或者长期处于亚健康状态。一个不容忽视的事实就是，最有价值的职场工作者同时也是最容易被耗损的。

其实，事业与健康并非水火。所有职场中人，无论工作多么繁忙，一定要保证足够的睡眠，劳逸结合；日常三餐要注意均衡营养，多吃新鲜蔬果；工作环境与室外环境温差不宜过大；有小病必须及时休息并就医，千万不要以工作为借口而拖拉。保证足够的体能储备，赢得健康的身体，是职场上的拼杀立于不败之地的基础。

作为培养适应于社会生产、建设、管理、服务等一线高素质人才的高等职业院校，培养学生专业技能水平是人才培养的标准，但专业技能的掌握和利用，必须具有相应的职业体能作保障。学生毕业后所从事的岗位客观地对其体能提出了诸多要求，要适应紧张而单调的流水作业，或者高强度而艰苦的工作环境，这就要求学生不仅具有较高的职业技术操作能力，还应当具有较高的运用职业技能所需的体能，表现出与职业技术密切相关的力量、耐力、速度、灵敏、柔韧等身体素质。只有职业技术与职业专业体能相适应，才能有效地投入工作，创造最大的劳动价值。相反，学生的身体素质没有达到标准要求，缺乏必要的职业身体训练，必然会大大降低职业技术学习的质量、影响劳动技能的提高，甚至无法承担职业劳动任务。因此，在校期间，学生必须充实和完善对职业活动有益的体育教育知识、职业体能储备和运动技能储备，强化发展对职业重要的身体能力及其相关能力。如果在体育活动中有目的地开展与职业岗位相适应的体育锻炼，则会迅速有效地增强学生的职业体能，为职业技术的学习提高创造捷径。

一、体适能的自我评价

(一)心肺适能的评价

心肺适能是心肺功能对运动的适应能力，是健康体适能最重要的指标之一。一般采用台阶试验、12 min 跑、肺活量等测试方法对大学生的心肺适能进行评价。

1. 12 min 跑测试

美国运动生理学家库珀提出的12 min跑测试见表4-1，这既是一种有氧耐力的锻炼方法，也是评定心肺功能的指标，是目前国内外评价心肺功能适应能力最简单的方法之一。12 min跑是指在

12 min 内能跑完多少米。运动生理学的研究表明，在 12 min 内心肺功能适应能力强的人比适应能力弱的人跑的距离更长。

测试最好是在 400 m 的跑道上进行。测试前要充分做好准备活动，在跑的过程中尽量快跑，如感到呼吸困难，应减慢速度，及时调整呼吸。但在开始和结束时，应避免全速跑和冲刺跑。

表 4-1　12 min 跑测试评价心肺功能适应能力的参考性标准(km)

适应能力等级＼距离/km＼年龄/岁		13~19	20~29	30~39	40~49	50~59	60+
男	很差	<2.08	<1.95	<1.89	<1.82	<1.65	<1.39
	较差	2.08~2.18	1.95~2.10	1.89~2.08	1.82~1.99	1.65~1.86	1.39~1.63
	一般	2.19~2.49	2.11~2.39	2.09~2.32	2.00~2.22	1.87~2.08	1.64~1.92
	较好	2.50~2.75	2.40~2.62	2.33~2.50	2.23~2,45	2.09~2.30	1.93~2.11
	良好	2.76~2.97	2.63~2.82	2.51~2.70	2.46~2.64	2.31~2.53	2.12~2.49
	优秀	>2.98	>2.83	>2.71	>2.65	>2.54	>2.50
女	很差	<1.60	<1.54	<1.50	<1.41	<1.34	<1.25
	较差	1.60~1.89	1.54~1.78	1.50~1.68	1.41~1.57	1.34~1.49	1.25~1.38
	一般	1.90~2.06	1.79~1.95	1.69~1.89	1.59~1.78	1.50~1.68	1.39~1.57
	较好	2.07~2.29	1.96~2.14	1.90~2.06	1.79~1.98	1.69~1.89	1.59~1.74
	良好	2.30~2.41	2.15~2.32	2.07~2.22	1.99~2.14	1.90~2.08	1.75~1.89
	优秀	>2.42	>2.33	>2.23	>2.15	>2.09	>1.90

2. 台阶实验

台阶实验是男生用高 40 cm 的台阶(或凳子)，女生用高 35 cm 的台阶(或凳子)做踏台上、下运动。测试前测定安静时的脉搏，目的是让受试者在比较安静的状态下进行测试。然后受试者做轻度的活动，主要是活动下肢关节。受试者按节拍器完成每分钟上、下台阶 30 次的负荷，持续 3 min，节拍器的节律为 120 次/min(每上、下一次是四动)。

受试者从预备姿势开始，①受试者一只脚踏在台阶上；②踏台腿伸直成台上站立；③先踏台的脚先下地；④还原成预备姿势。做完后，立刻坐到椅子上测量运动结束后的 1~1.5 min、2~2.5 min、3~3.5 min 的三个恢复期脉搏数。并用下列公式求得评定指数，计算结果包括有小数的，对小数点后的一位进行四舍五入取整数进行评分。

评定指数=踏台上、下运动持续时间(s)×100/2×(恢复期三次测定脉搏的和)

3. 肺活量

让受试者面对仪器站立、手持吹气口嘴，面对肺活量计站立试吹 1~2 次，首先，看仪表有无反应，还要试口嘴或鼻处是否漏气，调整口嘴和用鼻夹(或自己捏鼻孔)；学会深呼吸气(避免耸肩提气，应该像闻花式的慢吸气)。受试者进行一两次较平日深一些的呼吸动作后，更深地吸一口气，屏住气向口嘴处慢慢呼出至不能再呼为止，防止此时从口嘴处吸气，测试中不得中途二次吸气。吹气完毕后，液晶屏上最终显示的数字即为肺活量毫升值。每位受试者测三次，每次间隔 15 s，记录三次数值，选取最大值作为测试结果。以毫升为单位，不保留小数。

（二）肌肉适能评价

肌肉适能包括肌肉力量和肌肉耐力。肌肉力量评价一般采用一次重复的最大力量的方法测试。肌肉耐力评价通常采用较长时间或固定时间重复完成动力性和静力性练习的方法测试。

1. 肌肉力量评价

最大力量测试（1 repetition maximun，1RM）：大学生可选择仰卧推举、负重屈肘、肩上举、坐蹲腿等测试肌肉力量的方法，来评价上肢肌肉群和下肢肌肉群的力量，参考标准见表 4-2。

测试方法如下：

先做 5~10 min 相关肌肉群的准备活动，然后选择毫不费力举起的重量进行练习，并逐渐增加重量直到只能举起一次。真正的 1RM 测试是测一次能够举起的最大重量。

计算测试成绩的方法是：一个人的 1RM 重量除以该人体重，再乘以 100，即为肌肉力量。

肌肉力量分数＝1RM 重量/体重×100

例如，假定一位 68 kg 的男子，他的仰卧推举 1RM 为 80 kg，那么他的肌肉力量分数为 80÷68×100≈117.7（分）。

表 4-2　一次重量最大量测试中肌肉力量得分的参考性标准

练习方式	力量等级 / 得分/分	很差	较差	一般	较好	好	优秀
男	仰卧推举	<50	50~99	101~130	111~130	131~149	>149
	负重屈肘	<30	30~40	41~54	55~60	61~79	>79
	肩上举	<40	41~50	51~67	68~80	81~110	>110
	坐蹲腿	<160	161~199	200~209	210~229	230~239	>239
女	仰卧推举	<40	41~69	70~74	75~80	51~99	>99
	负重屈肘	<15	15~34	35~39	40~55	56~59	>59
	肩上举	<20	20~46	47~54	55~59	60~79	>79
	坐蹲腿	<100	100~130	131~144	145~174	175~189	>189

握力：受试者两脚自然分开成直立姿势，两臂自然下垂。一手手心向内持握力计全力紧握，握力计不能接触受试者的衣服和身体，记下握力指针的刻度（或握力器所显示的数字）。用有力（利）手握两次。取最大值，以千克为单位，保留一位小数。

2. 肌肉耐力评价

1 min 俯卧撑测试：1 min 俯卧撑是测试男生肩部、臀部和胸部肌肉耐力的方法。测试方法如下：身体呈仰卧姿势，并用两手撑地，手指向前，两手间距与肩同宽，两腿向后伸直，用脚尖撑地。然后屈臂使身体平直下降，使肩与肘接近同一平面，躯干、臀部和下肢要挺直。当胸部离地 2.5~

5 cm,撑起恢复到预备姿势为完成一次。每次都要争取完成动作,否则不能计入总数。根据 1 min 俯卧撑的次数判定肌肉耐力的等级参考标准见表 4-3。

表 4-3　俯卧撑测试评价肌肉耐力的参考性标准(男)

等级 得分/分 年龄/岁	差	一般	较好	好	优秀
18~20	4~11	12~19	20~29	30~39	>40
21~25	3~9	10~16	17~25	26~33	>34
26~30	2~8	9~15	16~22	23~29	>30
31~35	2~6	7~12	13~19	20~27	>28
36~40	2~6	7~11	12~19	20~25	>26

仰卧起身测试:仰卧起身与仰卧起坐的不同之处是腿部肌肉的利用被排除,更能准确地评价腹部肌肉耐力。此外,仰卧起身避免了背部承受过大的压力。因此,仰卧起身在国外正逐渐取代仰卧起坐,成为更常用的评价腹肌耐力的方法。

仰卧起身测试方法是:受试者仰卧于垫上,两腿稍分开,屈膝成 90°,两臂伸直,在指尖处贴一胶带,靠近脚的方向再贴一条平行于第一条的胶带(间距为 8 cm 仰卧起身就是抬起上体使指尖触到第二条胶带,再返回原来的位置。仰卧起身测试没有时间限制,但要在一个较慢的、每分钟 20 个动作的节奏下完成,这个节奏由每分钟 40 次敲击的节拍器引导(身体起升时一次敲击,下落时紧接着一次敲击)。请尽量达到 75 次。根据完成仰卧起身次数判定肌肉耐力的等级参考标准见表 4-4。

表 4-4　仰卧起身测试评价肌肉耐力的参考性标准

等级 得分/分 年龄/岁		差	一般	较好	好	优秀
男	<35	15	30	45	60	75
	35~44	10	25	40	50	60
	≥45	5	15	25	40	50
女	<35~44	10	25	40	50	60
	35	6	15	25	40	50
	≥45	4	10	15	30	40

1 min 仰卧起坐:受试者仰卧于垫上,两腿稍分开,呈膝呈 90°左右,两手手指交叉贴于脑后。另一同伴压住其踝关节,以固定下肢。受试者坐起时两肘触及或超过双膝为完成一次。仰卧时两肩处胛必须触垫。受试者借用肘部撑垫或臀部起落的力量起坐时,该次不计数。测试人员发出“开始”口令的同时开表计时,记录 1 min 内受试者完成次数。1 min 到时,受试者虽已坐起但肘关节未达到双膝者不计该次数,精确到个位。

（三）柔韧性评价

1. 肩部柔韧性测试

肩部柔韧性测试，评价的是肩关节的活动范围。测试方法是：站直后，举起右手，前臂向体后下方弯曲，并尽量向下伸展，同时，用左手在体后去触及右手，尽可能地使两手手指重叠。完成右手在上的测试后，以相反的方向进行测试（即左手在上）。一般总是一侧的柔韧性要好于另一侧。

两手手指所重叠的距离就是肩部柔韧性测试的得分（单位为厘米）。测量手指重叠的距离应取近似值。例如，某一受试者重叠距离为 1.9 cm，应记为 2.5 cm；如果两手手指不能重叠，得分应记为-2.5 cm；如果两手手指刚好碰到，得分应为 0。

在肩关节柔韧性测试前，应有一个短时间的牵拉练习作为热身活动，并且为了预防受伤，应避免在测试中快速移动。完成测试后，根据评分表确定肩关节柔韧性等级，见表 4-5。

表 4-5　评价肩关节柔韧性的参考标准

右手在上得分	左手在上的分	柔韧性等级
<0	<0	很差
0	0	较差
+2.5	+2.5	一般
+5	+5	较好
+7.5	+7.5	好
+10	+10	优秀

2. 坐立体前屈

受试者两腿伸直，两脚平蹬测试纵板坐在平地上，两脚分开 10～15 cm，身体前屈，用两手中指尖逐渐向前推动游戏，两臂匀速向前推动游标不得突然发力，推游标时两腿不能弯曲，直到不能前推为止。测试计的脚蹬纵板内沿平面为 0 点，向内为负值，向前为正值。记录以厘米为单位，保留一位小数。测试两次，取最好成绩。

（四）身体成分评价

1. 腰围—臀围比例测试

过多的腹部脂肪与疾病（如心脏病和高脂肪等）的发生是直接相关的。因此，腹部有大量脂肪堆积的人腰围—臀围比例高，他们比腰围—臀围比例低的人更容易患心脏病和高血压。腰围—臀围比例的等级评定见表 4-6。

表 4-6　腰围—臀围比例的等级评定

等级（相关病的危险）	男	女
高危险	>1.0	>0.85
较高危险	0.90～1.0	0.80～0.85
较低危险	<0.90	<0.80

（选自：季浏《体育与健康》，华东师范大学出版社，2000）

2. 体质指数测试

体质指数(body mass index,BMI)测试是近年来国际流行的标准体重测定法,在判断肥胖程度时,不受性别、身材的影响。由于体重指数与身体脂肪的百分含量有明显的相关性,能较好地反映机体的肥胖程度。但在具体应用时还应考虑到局限性:如对肌肉发达的运动员或有水肿的病人,BMI 可能过高估计其肥胖程度。老年人的肌肉组织与其脂肪组织相比,肌肉组织的减少较多,计算的体重指数值可能过低估计其肥胖程度。相等 BMI 值女性的体脂百分含量一般大于男性。体质指数计算公式如下:

$$体质指数=实际体重(kg)/身高(m^2)$$

18.5 以下为低体重;18.5~22.9 为正常体重;23.0~24.9 属于超重;25.0~29.9 为Ⅰ度肥胖;大于或等于 30 为Ⅱ肥胖。

3. 皮脂厚度

皮脂厚度测量法是用皮褶厚度计测量身体某些部位的皮褶厚度,目前较多采用肱三头肌皮褶厚度(在肩峰和鹰嘴突出之间,肱三头肌中点垂直捏起皮褶)和肩胛下皮厚度(在肩胛下角 1~2 cm 处与脊柱成 45°捏起皮褶),然后用 Brozek 公式推算人体密度和体脂率,进而评价人体的肥胖程度。

计算身体密度:将测得的皮褶厚度值代入公式推算身体密度(Db)公式,计算得出身体密度,计算公式如下:

15~18 岁:Db=1.097 7-0.001 46X(男)

Db=1.093 1-0.001 60X(女)

成年人:Db=1.091 3-0.001 16X(男)

Db=1.089 7-0.001 33X(女)

X=肱三头肌皮褶厚度(mm)+肩胛下皮褶(mm)

计算身体脂肪百分比(F%):采用 Brozek 提出的公式推算身体脂肪(F%)公式,计算公式如下:

$$F\%=[4.57/人体密度(Db)-4.142]\times100$$

评价标准:人们通常依据身体脂肪的百分比来确定是否肥胖,其标准值是:男性脂肪含量超过体重的 20%,女性超过 30%,均属于肥胖。对男性而言,理想的体脂百分率是 10%~20%;对女性而言则是 15%~25%。

二、体育锻炼的基本原则

体育锻炼的原则是身体锻炼基本规律的反映,也是锻炼者安排锻炼计划、选择锻炼内容、运用锻炼方法所要遵循的原则。

(一)体育锻炼的 FITT 监控原则

FITT 是频率(frequency)、强度(intensity)、时间(time)和运动形式(Type)四个英文的缩写。要

想取得良好的锻炼效果,必须在体育锻炼中科学地安排好锻炼的频率、锻炼的强度、锻炼持续的时间和运动形式。

频率:表示每周进行体育锻炼的次数,要想获得良好的体育锻炼效果,每周应进行3~5次体育锻炼,作为大学生应该保证每周进行5次体育锻炼。

强度:锻炼强度常用心率间接地表示,目前推荐的锻炼强度范围为自己最大心率的60%~80%。最大心率可采用下列公式来估算,即最大心率=220-年龄。体育锻炼必须达到一定的强度,只有超过一定强度,锻炼才能有效地引起机体的适应,同时,在适应一定运动强度后,还应逐渐加大锻炼的强度,才能使身体健康水平逐步得到提高。

时间:是指每次运动的持续时间。有效的一次锻炼时间是20~60 min,对于一个适应水平较低的大学生而言,至少应持续20~30 min的锻炼,而适应水平较高的大学生可能要持续锻炼40~60 min。另外,时间和强度是决定运动负荷的主要因素,运动时间短,运动强度要大;运动时间延长,运动强度可适当降低,如以最大心庇的80%强度进行锻炼,仅需20~30 min即可,而以最大心率的60%强度进行锻炼,则需要40~60 min。

运动形式:是指不同的运动类型,可分为有氧运动和无氧运动。有氧运动项目包括步行、远足、慢跑、跳绳、游泳、跳操、骑自行车和划船等,进行有氧运动需持续3 min或以上。无氧运动的项目包括举重运动、短跑、投掷,主要功能是训练肌力与肌耐力。进行无氧运动是使无氧能量系统进行短暂的(3 min以下)爆发性运动。

FITT原则,旨在引导大众科学地进行体育锻炼,并通过原则中的四个要素相互影响、相互制约,达到体育锻炼的最佳效果。

(二)超负荷原则

超负荷原则是指在进行体育锻炼时,身体或特定的肌肉所受到的刺激负荷应强于已适应的刺激强度。在进行体育锻炼时只有遵循超负荷原则,身体健康素质才能在现有的基础上逐步得到提高。为了发展有氧耐力的水平,可以通过增加每周的练习次数、每次练习的持续时间和练习的强度来达到增强有氧耐力的目的。为了提高肌肉的力量,可以通过增加器械重量和增加练习的次数、组数及缩短每组练习的间歇时间,来达到增强力量的目的。为了增加关节运动的幅度和肌肉的柔韧性,可以通过增加肌肉的拉伸长度、拉伸持续的时间和加大关节活动的幅度来实现。

运用超负荷原则指导体育锻炼最重要的因素就是要从自己体能水平和身体承担负荷能力的实际出发,恰当地确定锻炼负荷的大小。负荷通常包括负荷量与负荷强度。负荷量一般是以练习的次数、时间、距离、重量来表示;负荷强度是以练习的速度、负重量、密度来表示。负荷量与负荷强度两者相互影响,相互制约,在强度最大时,负荷量最小;负荷强度是次最大强度,负荷量应达到中等;负荷量最大时,负荷强度应是最小强度。

尽管超负荷锻炼有利于提高健康和体能水平,但并非每次锻炼时都要练习得筋疲力尽。事实上,即使不进行超负荷练习,以适宜的运动量进行锻炼,对健康也有促进作用。

(三)循序渐进原则

体育锻炼对增强体质,促进健康的作用是循序渐进、逐步提高的,不可能一蹴而就。循序渐进原则是指在进行体育锻炼或发展某种身体健康素质时应逐渐增加运动负荷。要想获得理想的锻炼效果，增加运动负荷不宜太慢或太快。运动负荷增加太慢会限制身体健康素质的进一步提高，增加太快可能造成过度疲劳或引发运动损伤。

循序渐进原则的应用可采用"百分之十规则"。这个规则的含义是：每周的运动强度或持续运动时间的增加不得超过前一周的10%。例如，一个人每天跑步持续30 min，下一周可将跑步时间增加到33 min。

当锻炼者达到他所希望的体能时，就无须再增加运动强度和持续时间。以某种固定的负荷进行有规律的锻炼，就能保持这种体能水平。但值得注意的是：如果停止锻炼，体能水平将会随时间的推移而回到锻炼前的水平。

(四)安全性原则

安全性原则是指在体育锻炼的过程中始终注意保护自己，做到安全第一。其主要内容包括：不要盲目参加超过能力的活动；每次练习前必须做好充分的准备活动；饭后、饥饿或疲劳时就暂缓锻炼，生病初愈不宜进行较大强度的锻炼；每次锻炼后，要注意做好整理、放松活动；制定或实施自己的锻炼计划前，如果患有某种疾病或有家庭病史，需要找大夫咨询，一定要经过体检和医生的认可，在有医务监督的情况下按照体育教师和医生的建议进行锻炼。

(五)专门性原则

专门性原则是指锻炼时针对身体某一部位或某一机能进行反复的练习。只有这样才能取得专门的健身效果。如果锻炼的主要目的是为了提高有氧能力，就应该选择慢跑、步行、自行车、有氧操、游泳等运动项目进行锻炼。为此，进行身体锻炼时，应根据自己确定的锻炼目标来选择适当的锻炼内容与方法，这样才能更好地帮助自己实现锻炼目标。

(六)恢复性原则

人体机能的提高是通过锻炼、疲劳、恢复、再锻炼这样一个循环往复的过程而实现的。由于锻炼会使身体产生疲劳，因此，要想从锻炼中获得最大的效益，在下一次锻炼之前必须注意休息，保证体力得以恢复。

(七)锻炼效果的可逆性原则

可逆性原则是指通过锻炼获得的锻炼效果，由于停止锻炼而引起体能水平的下降。虽然每次锻炼后需要一定休息时间进行恢复，但休息时间过长则会降低体能水平，所以，保持体能水平需要有规律的锻炼。研究表明，停止力量练习8周后，肌肉力量下降10%，停止耐力练习8周后，耐力水平下降30%~40%。

(八)大小运动量相结合原则

交叉采用大小运动量进行身体锻炼，不仅能够提高效果，而且还能防止伤害事故的发生。因此，应做到不要连续几天进行高强度运动或运动量大的锻炼；高强度或运动量大的锻炼一周最多只能进行三次；每周可以安排一次超高强度运动；掌握自己身体状况，如果疲劳没有很好地恢复或出现过度疲劳症状，应停止锻炼或减小运动量。

三、体育锻炼的自我监控

（一）知晓自己的体能和健康状况

在开始体育锻炼前，锻炼者有必要了解自己的体能水平，这有助于锻炼者通过一定的方法和手段来改善体能方面的不足之处，有助于体现锻炼所带来的益处，从而树立自己坚持锻炼的信心。

体育锻炼需要身体承受一定负荷，但对人来说，承担一定负荷的运动有可能存在安全隐患。因此，在准备参与体育锻炼前也很有必要了解自己的健康状况。如果锻炼者身患疾病（高血压、心脏病、糖尿病等），则需要咨询医生或体育保健专家，这样才能科学地进行锻炼，否则体育锻炼不仅无益于健康，而且还可能造成生命危险。健康状况自评量表能使锻炼者清楚地了解自己的健康状况；疾病史自评量表会使锻炼者清楚地了解自己的疾病史；适合健康状况运动量的自评量表则可以帮助锻炼者选择最适合自己运动量的运动形式。

锻炼者在正式决定参与体育锻炼前，很有必要了解自己的健康状况，这样可以避免体育锻炼给你带来副作用。

（二）运动强度的监控

一般采用心率监控运动强度，心率可以帮助了解和控制体育锻炼过程中的运动强度，它可以准确地告诉锻炼者运动强度是需要增加还是需要减少。为了掌握体育锻炼运动强度是否合理，应当准确测量运动中的心率，测试运动中心率的方法是运动结束后的 5 min 内开始进行测量，测量 10 s 钟的心率再乘以 6，作为运动时 1 min 的心率。

靶心率：是指能获得最佳效果并能确保安全的运动心率，也称运动适宜心率。在体育锻炼中常用它来调节运动负荷。下列公式可以帮助锻炼者计算靶心率：靶心率＝最大心率×60%～最大心率×85%）。靶心率为人们提供了运动时安全有效的心率范围。学会了如何根据靶心率来调控自己锻炼时的运动强度，就应该利用这种方法指导自己的实践活动。

（三）体育锻炼过程中的监控

危险信号：在训练的过程中，一定要注意一些危险信号。

如果发生以下任何一种情况，即使只有一次，也要停止运动，在咨询医生之后，才可以恢复运动。

（1）心脏不正常。这包括不规则的心跳，心脏快速跳动，或者是心悸，突然的心跳，或者在正常心跳之后出现很慢的心率（这可能发生在运动中或运动后）。

（2）胸、手臂或喉咙感到疼痛或压力，这可能在运动中或运动后发生。

（3）眩晕、突然丧失协调、神志迷乱、出冷汗、目光呆滞、面色苍白、忧郁或者昏厥。在这种情况下，要停止运动，也不要做放松运动，躺下并抬高脚，或者坐下把你的头放在双腿之间，直到症状消失。

遇到以下情况，可以立即试用建议的疗法，如果没有作用，就去看医生。

（1）长期的快速心跳。这可能在你接近训练区域上端时和运动后 5～10 min 内发生。要改变这个状况，可以把运动心跳保持在训练区域的下端，并且逐渐增加运动量。当症状仍不消失时，就去看医生。

(2)关节炎发作。休息到症状消失再参加运动。如果采用常用药物而没有作用,就去看医生。

遇到以下情况,一般可以不用医生就可消除的症状,但必要时最好告诉医生。

(1)运动后的事业心或呕吐。减少运动量并延长放松运动时间。

(2)在运动停止后仍持续 10 min 以上的严重呼吸困难。运动强度应保持在训练区域下端或下方,并且缓慢地增加运动量。

(3)疲劳恢复过慢。如果锻炼者在运动后 24 h 仍不能消除疲劳或在运动后出现失眠的现象,就要降低训练强度,保持在训练区域的下端或下方,并且缓慢地增加运动量。

(4)侧肋剧痛(隔膜痉挛)。坐下前倾,试着把腹部器官向上挤压以舒张隔膜。

(四)过度疲劳的十大症状

(1)运动后第二天肌肉非常疼痛。

(2)肌肉的疼痛感随着锻炼的次数逐渐加强。

(3)体重不正常地持续下降。

(4)以前能完成的练习任务现在完不成。

(5)安静状态下的心率增加了 8~10 次(在每天相同的时间和状态下测量)。

(6)对体育锻炼感到厌倦。

(7)感冒、头疼等症状增多。

(8)食欲下降。

(9)颈、腑、腹股沟部的淋巴结肿大。

(10)便秘、腹泻。

如果在锻炼过程中,出现上述过度疲劳症状,应该减少运动量或停止锻炼,直到过度疲劳症状消除。

(五)对锻炼环境的监控

在阳光下锻炼身体,人们可以直接接受太阳辐射到地球上的光线、紫外线和红外线,它们对人类的健康与生存尤为重要。但是,这些射线和自然环境中的一些有害因素也随时威胁着,人们的健康。

1. 太阳射线对人体运动的不良影响

在体育锻炼时,皮肤过度暴露在强烈的阳光下对机体也会产生很大的伤害。紫外线可使局部皮肤毛细血管扩张充血,使表皮细胞破坏,导致皮肤发红、水肿,出现红斑;过量紫外线照射还可以引起光照性皮炎、眼炎、白内障、头痛、头晕、体温升高、精神异常等症状。此外,过度紫外线照射还会诱发皮肤癌。

过强的红外线照射对机体有害,它可使局部组织温度过高,甚至发生烧伤。当头部受强烈阳光照射时,其中的红外线可使脑组织的温度上升,进而引起全身机能失调。因此,要尽量避免在强烈的阳光下进行体育活动,同时还应选择在反射率低的场地进行锻炼。

2. 热环境中的体育锻炼

只有当体温恒定在 37℃左右时,机体才能维持进行正常的生理活动,超出这一范围过大就会对人体造成伤害。运动时，人体内产热量会大幅度增加，特别是剧烈运动时产生的热量能比平时增加100倍以上。体内产生这么多的热量，如果蓄积在体内使体温升高，会引起一系列的机能失调，甚至休克，浅色或白色的服装有利于反射热量，在阳光足的环境中运动时，可戴上有孔的遮阳帽；休息时选择在阴凉处；运动中运动后应及时补充水分；注意观察身体状态的变化，如果身体出现不适症状，应该停止运动，否则就有患热辐射疾病的危险。

3. 冷环境中的体育锻炼

在寒冷环境中进行体育锻炼需要采取一定的保护措施，其主要目的是保持体温和防止冻伤，因此要注意手、脚、鼻子、耳朵等部位的保暖。运动着装应是重量轻而多层的服装，而不是单层厚重服装，贴身一层衣服需要是有助于散发皮肤水分和吸水性强的材料。在寒冷多风的环境下进行身体锻炼，尽量不把身体弄湿，以保持热量。另外在冷环境下，肌肉的黏滞性增大、伸展性和弹性降低，更容易引起运动损伤。为了避免冷环境给运动带来的不利影响，在运动前一定要做好准备活动并增加增加热身活动的时间，保证锻炼者体温进一步地升高；其次，不要张大嘴巴呼吸，避免冷空气直接刺激喉咙而引起呼吸道感染、喉痛和咳嗽等；运动后要及时穿好衣服保持身体温度。

4. 避免在空气污染的环境中进行锻炼

大气的二氧化碳、一氧化碳、臭氧、花粉、可吸入颗粒等是影响体育锻炼效果和危害健康的重要污染物，它们可导致胸腔发闷、咳嗽、头痛、眩晕及视力下降等，严重的还可导致支气管哮喘。在马路边跑步时，呼吸带中会弥漫着由汽车排放的大量二氧化碳，会对锻炼者的健康造成严重的危害。因此，应避免到车流量大的马路边快走或跑步。在遇到沙尘暴、可吸入颗粒物较多或大雾的天气时，也应停止在户外的锻炼。因为空气中的可吸入颗粒物和雾中含有许多危害健康的物质。

【练习】

请对照本文中所列标准做一次心肺功能测试。

第五篇

求职实务

模块十六　求职准备

【案例】

案例一：

上海某学院能源经济专业的隋傅，在大四伊始就锚定了特斯拉的生产管理岗位。他的第一次简历投递石沉大海。他没有气馁，仔细研究了职位描述，发现自己在物流管理知识上存在短板。于是，他利用课余时间系统学习了相关在线课程，并在简历中增加了这部分内容。第二次投递，依然没有回音。

他转而寻求实习经历中的亮点。回忆起在上一段工厂实习中，曾连续三天通宵参与紧急物料清点，确保了生产线未停摆。他将这段经历中体现的“抗压能力”和“问题解决”细节提炼出来，重写了简历的核心部分。第三次、第四次投递，他开始尝试不同的投递渠道：从社会招聘网站转向了特斯拉的官方校招通道。

第五次尝试后，他终于收到了一封礼貌的拒信。他没有放弃，继续优化，并鼓起勇气在第六次投递后，主动通过招聘平台联系了 HR，简短表达了对岗位的强烈意愿和持续改进的努力。第七次，他结合了之前所有的修改，并附上了一段针对特斯拉生产流程优化的思考建议。

第八次投递，他通过校招通道再次提交。这次，他收到了面试邀请。面试中，面对关于突发生产中断的模拟场景，他详细描述了在实习期间处理类似问题的过程。最终，面试官告诉他，虽然他的学历背景并非顶尖，但他展现出的实战抗压能力和对岗位的执着钻研是录用的关键。隋傅拿到了心仪的 offer。

案例二：

某高校中文系的王同学，是老师和同学眼中的“学霸”。大学四年，他几乎每天在图书馆苦读超过 10 小时，专业绩点高达 3.8（满分 4.0），英语六级取得了 600 多分的好成绩。进入求职季，他信心满满，认为自己优异的成绩单足以敲开名企大门。

他精心制作了一份简历，上面详细罗列了所学的主要课程名称、获得的奖学金以及担任过的一些社团普通成员的经历。他将简历投向了自己所在城市心仪的几家大型文化传媒公司和出版社，目标岗位是内容策划或编辑。他坚信凭借优异的学业表现，获得面试是理所当然的。

然而，投递出去的近 50 份简历如同泥牛入海，没有收到任何一家公司的面试邀约。他感到困惑和沮丧。在一次偶然的校园招聘咨询会上，他鼓起勇气询问一位 HR，对方在快速浏览了他的简历后委婉地指出：简历中缺乏能体现其实际工作能力（如独立策划项目、数据分析、新媒体运营实践）的具体事例；对岗位所需的核心技能（如用户洞察、市场敏感度）也未见相关佐证；并且，他固执地只考虑本地极少数几家头部公司，拒绝了其他城市和新兴文化机构的机会。王同学最终在毕业离校时，仍未找到与专业相关的工作。

【问题讨论】

1. 分析上述同学求职成功和失败的原因?
2. 求职前需要做哪些准备?

【课堂点评】

智联招聘职业专家认为,如果从目前大学生的就业形式与现状分析来看,毕业一年没有成功就业根本不足为奇,很多大学生都存在着求职失败的经历。现在这种双向选择就业的方式,学生能否就业,在什么性质的公司就业,已经跟他毕业于哪所学校没有多大关系了。企业现在选人也更务实,他们只选对的,选合适的,学历要求有所下降,能力要求不断上升。因此,在求职前做好准备,是求职成功的关键所在。

一、求职心理准备

(一)心理误区

1. 盲目

不知道自己要什么?

(在前面的职业规划里面已经讲述,这里不再赘述)

2. 偏执

不少毕业生过于向往经济发达地区,尤其是沿海地区的中心城市,最低的期望也是回自己家乡所在地的中心城市。他们只注重经济文化发达、工作环境优越的一面,而忽视了人才济济、相对过剩的一面,择业期望值居高不下,甚至还有逐年上升的趋势,从而导致主观愿望与现实需求之间的巨大落差。还有的学生过于注重工作的性质,如公务员或者事业单位,吃财政饭,非此不行,往往导致就业失败。

3. 攀比

虚荣与自尊是与生俱来的,克服虚荣,准确定位,最好的自己就是最大的成功。在攀比的过程中伤害了自己,拉开了与人的距离,使自己变得冷漠。

4. 被动犹豫

在求职择业过程中,机会应该说对每个人都是均等的,就看你如何把握它。各种招聘人才的信息,每时每刻经过各种渠道在发布、在传递,好比一条河流,信息是一朵朵浪花,你抓住了,就归你所有,你错过了,就无法回头。因此,只要你认准这条信息对你有用,你感兴趣,就必须主动以最快捷的方式向发出信息方作出反应,让对方知道你、了解你,才有可能看中你。机会往往就是这样被主动者拥有。

5. 焦虑

大学生面对求职与毕业压力非常大产生焦虑,压力、焦虑产生于没有做好准备,所以在大学中的几年就是:做好经验储备;做好专业储备;做好面试准备。

6. 自负

自负在心理学上指过高地估计个人的能力，从而失去自知之明。在这种心理的支配下，不少毕业生在求职择业过程中，总是自以为是；自负自傲，自以为自己什么都懂，什么都会，夸夸其谈，结果留给用人单位的是浮躁、不踏实的印象。试想，有哪家单位肯要一个不知天高地厚、自命不凡、眼高手低的毕业生呢？

7. 自卑

在择业遭受挫折后，一蹶不振，对自己评价过低，丧失了应有的自信心，择业时缺乏主动争取和利用机遇的心理准备，不敢主动、大胆地与用人单位交谈，也就不能很好地表达自己。越是躲躲闪闪、胆小、畏缩，越不容易获得用人单位的好感。这种心理严重妨碍了一部分毕业生正常的就业竞争，使得那些原本在某些方面比较出色的毕业生也陷入"不战自败"的困惑。

8. 依赖

依赖他人是难以选择到一份满意的工作的。现在的毕业生中，独生子女所占的比例越来越大，他们的生活一帆风顺，没有经历过什么波折，再加上父母亲的过分呵护，客观上也培养了他们的依赖心理。这些毕业生大多缺乏主见，自我意识模糊，在择业中常会茫然不知所措，自己独立进行择业决策的能力差，以致在人才市场上，父母代替子女，亲友代替本人与用人单位洽谈的场面屡见不鲜。难怪有用人单位对依赖性过强的毕业生说："你本人都要靠别人来推销，企业还能靠你来推销产品吗？"

（二）求职前的自我心理调节

1. 完善自我，充满自信

自信是以实力为基础的，因此在学校就要不断地完善自己，从现在做起，储备与培养如下能力：

学术——证明你的"学习力"；

技能——为职场"量身而学"；

社团——争取做到"又大又专"；

实习——以实习积累"实力"。

有了实力，自信就有了，自信也是在不断的证明自己的实力的基础上建立的。充满自信的人才是企业最愿意吸收的人。

2. 正视社会现实

目前我国就业市场压力确实很大，但是并不意味着没有机会。以北京为例，从今年的求职人员学历分布情况来看，本科和本科以上学历人员比例继续扩大，其中本科学历人员基本上和大专及大专以下学历人员持平，成为北京市人才市场求职人员构成的主力。目前人才市场上的普遍现象是，就业矛盾开始得到一定缓解，求职者只要适当降低就业要求，找到一份工作并非难事，"就业"矛盾已逐步向"择业"矛盾转变。大部份求职者普遍感到找工作并不难，但要找一份与自己教育背景、兴趣爱好相匹配，与自己生活成本、生活方式相适应，与自己职业规划、社会地位意愿相符合的满意职业却非易事，预计这种矛盾将在未来很长一段时间内持续突出。就目前来看，广大求职者要想找到一份理想的职业，还需不断提升自身能力素质，转变择业观念，才可能成为职场佼佼者。我们的策略是,放下身段,先就业再择业,就业中不断地学习和积累自己的知识和能力,以便为自己的择业甚至创业做好充足的准备。

3. 培养独立意识

大学生是一个特殊群体,它的特殊之处在于承载社会、家长以及自身的高期望值。部分00后大学生由于家长的安排与过于干涉造成依赖心理,尤其表现在就业问题上。求职依赖心理现象主要是由于个人独立决策能力不强,缺乏进取精神造成的,往往表现为不主动出击,消极逃避就业市场,抱着等、靠、要的依赖思想。依赖家人亲戚通融社会关系,试图通过关系就业;依赖老师、学校送工作上门,以为"车到山前必有路",天上掉馅饼,坐等就业机会;即便有就业岗位选择的机会,也要向千里之外的家长寻求决策帮助、对职业左顾右盼,拿不定主意,以致贻误就业时机。在面对就业、择业时,必须培养独立意识,充分肯定自身价值,对人才市场的需求信息,研究信息的分类及适用性进行深刻的研讨,把握自身专业与区域经济发展,产业变化及企业产品的情况,知己知彼后,在充分调研分析后再选择地域、行业、企业来就业。

4. 正确面对挫折

生活中的失败挫折是不可避免的,是我们人生中的挑战和考验,关键是如何化挫折为前进的动力,在就业中也是同样的道理。人有时也要学一学珍珠贝,能够把贫困、挫折和磨难用心温柔的包容起来,日久天长,挫折与磨难就会化作内心中一颗颗闪亮的珍珠!找工作被拒绝是再平常不过的事情,其实被拒绝也是一种经验的积累,也是财富,最重要的是不断总结与提升自我。

二、求职材料的准备

(一)自荐材料

1. 求职简历

简历是展现自己的第一幕舞蹈。完美的简历就像一幕引人入胜的无声舞台剧,可以展示个人的独特魅力,让用人单位看出求职者的特点与优势。因此,简历在求职中尤为重要。

简历作为求职的第一块敲门砖,成功的机会就寄托于一张薄纸上,如何做好一份简历呢?参考下面几点建议,让简历做到扬长避短。

1)明确岗位和职位

只有明白这个职位做什么,在制作简历时才能突出求职者的经历和优势,才能有的放矢。第一轮简历的筛选基本上是比较固定的。如果求职者求职者不符合一些明确的标准,只有1/3左右的公司会给予机会。简历的制作最忌讳的就是看完不知道求职者需要什么岗位和职位。

2)简历的格式和形式

简历格式和形式的重要性远远超过人们预料。一份好的简历不仅有主题,有突出的经历,而且需要有特点的包装和格式。这些都是吸引用人单位的重要因素。使用合适的格式与形式,有重点、有节奏地表达自己的想法,自然能增加求职的胜率。有些求职者以为另类的简历会让人耳目一新,所以往往突出求新求奇的特色。除非寻求的职位有些别样特殊,简历最好还是在简洁、醒目上下功夫,不要过于花哨,否则效果适得其反。

3)简洁明了,主题突出

A4纸是当前大多数公司使用的文件纸张,具有一定的亲和力,给人以正式的感觉。千万不要使用A4以下的纸张,除非明确知道这个公司的文件是以A4以下如B5纸张为常用文件用纸,否则给人以小气、寒酸和局促之感。简历要简洁,不要耽误用人单位人事主管的时间。简历不是越详尽越好,最好是一页纸,不超过两页纸。一份优秀的简历也就是在一两页纸中把求职者的信息和经历主题鲜明的表达给用人单位。用人单位的人事经理也就是通过一分钟了解你,然后用几秒钟最多30 s的第一印象决定是否给你下一个机会。因此写得越多,并不代表你越优秀。

4)突出适合这个职位的经验和经历

针对求职岗位和职位,撰写经历能力与成功经验。如果应聘的是一个行政人员,最好不要过多地说明自己是一个合格的销售人员。如果寻求的是一个具有决策影响力的职位,不要让"可能"、"也许"这样的词汇出现在简历上。针对不同的用人单位和不同职位,表现经验和经历的形式应有所不同,比如外企更重视英语和学校名声,中国公司看重专业和户口,一些热门的公司,往往对在校成绩更关注。实战中,建议制作不同的简历来突出不同的要点,不要让一份简历放之四海而皆准。

5)基本信息的选择

基本信息不一定全列出来。基本信息是指姓名、性别、身体素质、婚姻、户口等个人信息和社会属性等内容。如果用人单位没有特别强调必须注明,建议你列出认为这个职位应该列出的信息。学会分析用人单位注明的条件是不是"必须"。很多用人单位碍于地方政府的要求,注明了求职者必须是本地户口,或者必须是本科以上学历。其实完全可以不理会这些要求,大胆去展示你的能力——胜利永远属于勇敢者!但是勇敢者要注重策略,比如对注明要求本地户口的外地人才,在简历上不要注明户口所在地,这并不是欺骗用人单位,只是没有必要将不足之处毫无保留地表现出来。

6)个人简历的基本内容

个人资料:必须有姓名、性别、联系方式(固定电话、手机、电子邮箱),而出生年月、籍贯、政治面貌、婚姻状况、身体状况、兴趣爱好等则视个人以及应聘的岗位情况,可有可无。

学业有关内容:毕业学校、专业,所获学位及时间,所修专业课程(可把详细成绩单附后)以及一些对工作有利的副修课程。

本人经历:大学以来的简单经历,主要是学习和担任社会工作的经历,有些用人单位比较看重你在课余参加过哪些活动,如实习、社会实践、志愿工作者、学生会、团委工作、社团等其他活动。切记不要列入与自己所找工作毫不相关的经历。

荣誉和成就:包括"优秀学生"、"优秀学生干部"、"优秀团员"及奖学金等方面所获的荣誉,还可以把你认为较有成就的经历(比如自立读完大学等)写上去。

求职愿望:表明你想做什么,能为用人单位做些什么。内容应简明扼要。

2. 求职信

求职者面对如此众多的竞争对手，怎样才能突围而出，成功得到面试机会？撰写求职信，可以增加面试机会。

1）求职信的内容

称呼：称呼要恰当。对于不甚明确的单位，可写成“人事处负责同志”“尊敬的领导”、“尊敬的某某公司领导”，等等；对于明确了单位负责人的，可以写出负责人的职务、职称，如“尊敬的林教授”“尊敬的蒋处长”“尊敬的刘经理”等等。称呼写在第一行，顶格写，之后用冒号，另起一行，写上问候语“您好！”。

引言：引言包括姓名、就读学校、专业名称、何时毕业等基本情况。引言的主要作用是尽量引起对方的兴趣看完材料，并自然进入主体部分，开头要引人注目，说明应聘缘由和目的。

主体：主体部分是求职信的重点，简明扼要并有针对性地概述自己，突出自己的特点，并努力使自己的描述与所聘职位要求一致，切勿夸大其词或不着边际。简历中有的具体内容不应在求职信中重复。尽可能地少用人称代词“我”，要让人感到你想表达的是“我怎样才能帮你”。

结尾：信的结尾要留下你的电话、手机、Email 等联系方式，并表明如果几天内等不到他们的电话，就会自己打电话确认招聘者是否收到履历表和求职信并安排面试。语气要肯定、热情、诚恳、有礼貌，把想得到工作的迫切心情表达出来，请用人单位尽快答复并给予面试机会。通常结束语后面应写表示祝愿或敬意的话，如“此致”“敬礼”“祝您身体健康、工作顺利”等。

落款：包括署名和日期。署名应写在结尾祝词的下一行的右后方。日期（×年×月×日）应写在名字下面。若有附件，可在信的左下角注明。例如，“附 1：个人简历”“附 2：成绩表”，等等。

2）求职信撰写要诀

要诀 1：求职信要突出重点

认清求职信与个人简历的区别：两者各自发挥不同的用途。求职信的作用是求职者怎样 sell（推销）过去的经验、技能，表明自己符合应征职位的要求，简单地说就是要写明：雇主为何要考虑你的职位申请；个人简历则是 Factual（根据事实），将求职者所有专长完整地罗列其中。

常犯错误：把所有个人专长全部都写在求职信上，并无针对不同职位的不同要求，令雇主觉得求职信内容无重点，没有足够的说服力，从而减低面试机会。

要诀 2：资料文法不容错漏

确定求职信及个人简历内容没有错别字，文法正确，字句通顺，资料正确，随信附上所需的相片、学历证明等，以免影响雇主对你的印象，因而错失面试机会。

常犯错误：忘记写联络方式、误将出生日期写成应聘日期、忘记签名、忘记写希望获得面试机会的段落等。此外，由于求职信多是大量制作，很容易出现写错应征职位名称、公司等，必须审慎检阅。

要诀 3：资料要简短贴题

雇主每次接到大量求职信，一般会以很快的速度阅看求职信及个人简历，所以求职信的内容要以整齐、简短、贴题为原则。除非招聘广告特别要求手写求职信，否则求职信必须以打字形式，显得足够的整齐。内容必须量身打造，简单解释个人的才能为何胜任该职位。页数方面，求职信 1

页便可,个人简历虽然是记录求职者所有的资料如个人背景、学历、工作经验等,但页数亦要适可而止。年资不多求职者一两页便可,年资深厚者亦不可超过10页,而年资愈多,部分学历亦可以简略,如不用仔细明确大学读过什么科目,最好以Point Form(要点形式)罗列。

常犯错误:求职信过分冗长,亦不能针对应征职位的要求,例如申请涉及地域性的职位,但求职信则纯粹列明过往工作种类,却不写明以往的工作曾负责过地域性的事务。

(二)学校推荐表

毕业生推荐表是学校发给毕业生填写的并附有各院(系)及学校学生就业指导服务中心书面意见的推荐表格。因为该表是学校正式向用人单位推荐毕业生的书面材料,所以具有较大的权威性和可靠性,要认真填写,字迹要工整、清晰、整洁。

因学校发给毕业生的正式推荐表(即盖有学校学生就业指导服务中心公章的推荐表)每人只有一份,所以自己可多复印几份,以备在双向选择过程中与其他材料一起送给有关用人单位。只有当用人单位决定录用你且你亦愿意去时,才能将盖有学校学生就业指导服务中心公章的推荐表送给单位。

(三)附件

个人获奖证明,如优秀党、团员,优秀学生干部证书的复印件,外语四、六级证书的复印件,计算机等级证书的复印件,发表论文或其它作品的复印件等。

三、求职信息的准备

(一)信息筛选

1. 真实性

由于信息的来源渠道不同,传递方式不一,大量信息扑面而来,难免造成信息的真实程度不一。在当前人才市场尚不十分健全的情况下,假信息或不准确的信息层出不穷,造成有的毕业生求职未成,却人财两空,贻误求职的最佳时机。因此毕业生务必冷静分析,增强判断求职信息真实性的能力。

2. 准确性

求职信息必须能够真实、全面、准确地反映招聘单位的意图,不能含糊其辞,模棱两可,否则容易对求职者造成误导,产生错觉。因此要从简单的求职信息中认真琢磨,仔细体会,对于一些不是十分清楚的求职信息要及时与用人单位取得联系或请教别人,搞清用人单位的准确信息,以免与所求职业相差太远,甚至上当受骗。如果求职信息不准确,也会使求职者白白浪费许多精力、财力,贻误时机。

3. 时效性

信息一个很重要的特性就是时效性,即信息都有时间要求,在规定时间内是有效的,过了一定时间,就失去了它的意义和作用。因此毕业生在收集、整理、处理求职信息时一定要注意信息的有效时间,争取及早对信息做出应有的反应,而不致使重要的求职信息在自己手上成为“明日黄花”。

“机不可失，时不再来”这句话用在毕业生求职择业上是具有现实意义的。

4. 针对性

用人单位所要求人才的层次、专业、性别、能力等方面千差万别、五花八门。求职信息本身必须能够说明它所适用的对象，以及该对象所应具备的具体条件。否则就会让每个人都产生自己都能适合、都能胜任的错觉。因此，必须注意求职信息的针对性，不能盲目追求大家都看好的职业。适合自己的信息一定要予以重视，不适合自己的求职信息一定要果断地摒弃，减少求职择业的盲目性和盲从性。

（二）信息的种类

1. 招聘信息

这是直接反映社会用人需求状况的信息，这类信息有直接利用价值，也是预测社会人员需求趋势的重要参数。

2. 政策信息

这类信息属于国家或地方政府所属职能部门发布的行政命令或政府规定，其中有些可直接、间接影响劳动就业。特别是就业政策方面的信息要关注，当年国家和各地方、各部门以及学校针对毕业生就业的一些政策、规定，是毕业生求职择业的前提和基础。所以一定要仔细学习、领会这些信息的精华，为择业提供政策依据。

3. 供需信息

供需信息包括社会经济发展形势、社会各行业、各类企事业单位经营状况和对毕业生的需求等。求职者尤其要重点了解本校、本专业的社会需求情况，用人单位对毕业生的基本要求等。

4. 职业变化信息

这类信息一般不直接反映社会需求状况，但经济与社会发展自然影响就业结构变化，从而间接地反映社会劳动力的流向和需求的变动趋势，起到预测社会人员需求的作用。包括新职业、淘汰职业信息；职业供求分析以及预测信息；职业培训信息；岗位空缺信息；本专业毕业生在社会上的需求状况等。

5. 用人单位信息

此类信息包括用人单位地理环境、生产经营状况、文化背景、发展前景、发展规模、经济效益、管理体制、岗位设置、工作条件、硬件设施、福利待遇、对人才的重视程度以及对毕业生的具体安排使用意图、联系方式等。

6. 其他信息

就业活动安排信息。比如什么时候召开企业说明会，什么时候举办招聘会或供需洽谈会。重要的社会关系、本地区毕业生的供需情况、男女生比例等。

（三）获取信息的渠道

获取就业信息的渠道有多种，如学校就业办、政府劳动人事部门和新闻媒介等。

此外社会关系也很重要，如家长、亲戚、父辈的同学、同事及朋友、邻居、熟人、同学、以前或现在的老师、校友、领导、专家、其他求职者等。

还有自我活动获取的信息。电话咨询、登门求访、信函询问、社会实践、毕业实习、社会服务、业余兼职,各级各类“双选会”。

【练习】

根据自己的专业以及经历撰写一份求职简历。

模块十七　面　　试

【案例】

案例一:小七,女,24 岁,会计专业。

当我接到了一家知名高薪企业的面试通知时,因为从来没有面试的经验,所以既高兴又紧张。我在图书馆里泡了好几个晚上,啃《面试轻松过关》《面试宝典》之类的书,看得头昏脑胀。

真正面试的那一天终于来到了。走进考场后才发觉,与我一同面试的其他五个人都是男生。考场是一个很小的会议室,中间是一张圆桌。考官坐在圆桌一边,我们几个人坐在另外一边。服务员拿来六杯水,其他几个男生直接拿起自己面前的水杯就开始喝。我一转念,不对啊,几个考官都还没有水喝呢,我们怎么可以抢先呢?于是很有礼貌地把杯子递给离我最近的一个考官。

"还是女孩子心细啊。"坐在中间的一位考官说,另几个正在喝水的男生立刻窘住了,面面相觑。我暗暗自得,不忘对考官们露出谦逊的微笑。

几位考官介绍了公司运营方面的具体情况,也聊了聊我们的专业和对公司的想法。由于刚才的"喝水事件",另外几个男生都比较拘谨,反倒是我和考官们谈笑自如。这时,坐在正中央的主考官突然问了我一个意想不到的问题:"你的简历上写着会跳舞,你会跳哪种舞呢?"我立刻懵了。小时候我的确学过一点舞蹈,后来就没再进行过舞蹈训练。要是说实话,多丢面子啊。于是我就扯个谎说会跳新疆舞,说完之后就觉得脸有些发热。谁知考官要求我随便摆个姿势看看。我窘极了,从头到脚都无所适从,只好站起来原地转了个圈。

好不容易面试结束,考官们走出会议室讨论了一下,把我叫了出去。

"根据你的性格特点,我们想把你安排在外事部门,不过户口方面可能还需要再争取。"

听到这句话,我愣住了:"你们不是答应可以解决吗?"后半句被我吞进了肚子,我的感觉越来越不妙。要是户口解决不了,我也许根本就不会来应聘……我左思右想,轻轻咬着下唇说:"要不,我跟爸爸妈妈商量一下。"

主考官也突然愣了一下,我马上意识到,自己似乎说错了什么。

"好吧。"他微笑着说,"不过要记得,以后你参加面试的时候,不要说'和爸爸妈妈商量'的话,因为这样会显得你没有主见,明白吗?"

我抬头看了看他的眼睛,他眼里满是真诚。我意识到,我错失这个机会了。

案例二:张嶙嶙,女,26 岁,社会工作专业。

我是一个"外柔内刚"的人,人前文气内向得一塌糊涂,面对陌生人还会紧张得说不出话。

大四下半年,大家开始忙着找工作,生性内向的我迫于各方面的压力也到处去投简历。可是,所有投出的简历犹如石沉大海,一点音讯都没有,打击得我本来就没多少的自信心更是所剩无几。终于有一天,一个外商投资的外贸公司打来电话让我去面试。

为了好好把握这个机会,我专门向有经验的学长取经。各方高人的实战经验告诉我,面试时一定要谦逊,千万别太锋芒毕露。同时,还要对公司的情况进行摸底。我怀揣着“经书”,在网上开始了昏天暗地的搜罗。所有网上有关该公司的资料都被我翻了个遍,就连外方老板喜欢的表达方式我都了然于心。

面试这天,我美美地打扮了一番来给自己增加自信。一排看似威严的人士簇拥着老板模样的人坐在会场上方,外方老板亲自面试。天哪,一看这架势,我的心跳不由自主地加速起来。我急忙回忆学长面授的经验,心里暗自念着:要谦逊、谦逊、谦逊……

在我结结巴巴地进行了自我介绍后,主考官开始正式“考问”我。第一个问题就把我呛住了。他说,“我们招的是本科学历,你是研究生怎么会来应聘这个岗位?”我支支吾吾地说,“我……我觉得你们公司挺好的,也比较适合我的专业。”“我们公司好在哪里? 这里工作压力很大,平时要经常加班,你可以适应吗? 试用期只有基本工资 2 200 元,其他什么福利也没有,能接受吗?”面对主考官连珠炮般而又近乎苛刻的问题,我紧张得手心直冒汗,只知道用“是”、“可以”、“行”来证明我的诚意。

在等待是否进入复试的空档,我长长地嘘了一口气,心里暗自庆幸,想着刚才的回答算是很谦逊了。终于等到了“宣判”时刻,主考官面带微笑地告诉我:“小姑娘,你的条件不错,不过以后再去面试要自信点……”接下来的话,我就一句也没听进去了……

【问题讨论】

1. 上述案例中,两名求职者为什么会失败?
2. 面试中有哪些技巧?

【课堂点评】

当你用简历成功的敲开了第一道门,那么接下来,你需要用十二分的精神去做好求职中最为关键的一步——面试。面试的关键和高难度体现在一些细节和瞬间的表现,这决定你求职的成功与失败。案例一就是因为说错一句话就从而失掉了后面的机会;案例二表明,“谦逊”有时也能惹祸。那么,面试中究竟有哪些技巧,如何成功地通过面试? 我们将按照面试前后的时间流程,从面试前的资料收集和准备、着装、内容、面试的类别,到面试后的收尾工作,让你熟悉面试整个流程及成功应对面试的技巧。

一、面试单位的资料搜集和调研

兵书有云:所谓知己知彼,则百战百胜。如果说,求职就像一场战役,那么,面试就是其中最为关键的一场战斗。所以在战斗前对于情报的收集就非常重要。几乎所有的面试官都认为,面试中失败的主要原因之一就在于候选人对用人的单位和职位缺乏了解,面试之前,对于应聘单位的调研至关重要。调研应聘单位所通过以下的几个渠道:

招聘广告:在招聘广告中都会有公司的岗位描述和职位需求。

单位网站：在互联网高度发达的今天，我们获取招聘公司的资料就是通过该单位的官方网站，了解该单位的行业发展前景，主营业务，公司的运营模式，主要领导人，企业文化等相关内容。

搜索引擎：要了解该单位更为具体的信息，我们可以采取此种途径，如果该单位为知名企业，那么一般会有一些 bbs 上介绍该单位面试的攻略，我们不妨去了解一下，或许会有一些启发。对该单位有一定的了解，对应聘就抱有更大的信心，在面试中无疑就增加了胜率。

根据对应聘行业和职业的调研结果，对常见的面试问题准备有针对性的回答，比如：在自我介绍中强调自身能力对于该岗位的胜任，以及具有该岗位或者行业的相关工作经验（当然不能编造），讲述自己优缺点的时候，应当针对对方的企业文化和岗位要求。

二、着装和仪表

（一）女生面试着装和仪表

对于女生来讲，服饰的颜色，款式，花纹是三个要素。有两个要素选择经典的风格，另一个可以自由发挥。

关键：整体上的效果是衣服衬托人，不是展示服饰之美。有了这种感觉就可以任意的搭配而不显单调。短裤长靴丝袜这样的时尚元素，以及亮闪闪的装饰不宜出现，过于紧身和牛仔风格的服饰也应尽量避免。

除了衣着，女生更关注的往往是妆容如何选择。淡妆或不化妆都是合适的，看考生的个人习惯。对于头发，短发最简单，梳好不飞起就可以了；长头发最好扎起来，最常见的就是扎马尾，也可以简单地绑起一部分来。会盘发的话把长发盘起来，无论直发、卷发，都显得很高贵成熟。刘海需要重点注意，因为过长的刘海遮挡视线，风格也显得幼稚。染发和烫发已经为社会所认可，不必过于在意，除非是十分夸张的颜色或是发式，否则不需要做太多的调整。整体的干练形象是最终的目的，干练对于职场女性是最好的夸赞。

礼仪服饰的测评和举止是不能分开的，它们共同的基础是回答问题多的表现。考生熟悉了面试问题、流程并进行了反复的练习，紧张的感觉才能逐步减少，才能展现形象上的干练与大方。单纯的强调礼仪，无异于缘木求鱼，舍本逐末，熟练的过程并不能减轻由于内容匮乏带来的紧张。所以，仪表和着装能够得体即好，不必过于追求奢华。

（二）男生面试着装

以稳重大方为原则，一般来讲，衬衫、西裤、皮鞋、领带是男生面试时最保险的选择。

衬衫：衬衫最好选择淡色系，尽量避免条纹和有图案的衬衫。一般来讲，纯白色衬衫能传递真诚、干练、清爽的信息，容易获得对方的信任。蓝色的衬衫也是不错的选择。衬衫颜色越淡，底色越纯净，给对方留下的印象就越深刻。天然纤维衣料最佳，如果面料是棉布的话，一定要保证衬衫没有褶皱。有条件的话最好提前熨烫一下。

西装：西装应该保持同色配套，颜色以深色或深蓝色为宜。一般来讲，不要穿太旧或太新的西装，自己平时穿惯的西装能让人更放松。西装的纽扣也是有讲究的：如果是双排扣，纽扣一定要全部扣上；单排扣的西装在正式场合必须扣上一个；两粒扣的扣上不扣下；三粒扣的扣中间一粒。在进入面试公司前一定要注意检查一下。

皮鞋：西装一定要配皮鞋的，面试时最好不要标新立异。皮鞋的颜色应该与西装的颜色协调，黑色的皮鞋是最保守和百搭的颜色。在款式上，选择没有攻击性的方头型而非尖头型。鞋的清洁与否最能反映一个人的生活习惯，所以一定要保持皮鞋的整洁。

领带：领带的选择最为考验穿衣者的眼光，也最容易出现问题。领带的颜色要与西装和衬衫的颜色协调。在此基础上，尽量选择亮一些的颜色。领带的长度不宜过长，以到皮带扣处为宜。如果你的年龄不超过35岁的话，尽可能不要用领带夹。如果平时不经常穿西装，最好征求一下别人的意见。

包：对于穿西装者来说，公文包是最佳的选择。包里不要放太多的东西，而且存放一定要有条理，面试所需的材料放在最容易取的地方。

面部：切忌不修边幅，保证脸部的整洁，最好不要蓄胡子。眼镜只要适合自己并且大方就好，在出门前一定要将镜片擦拭干净。

饰物：对于男生来讲，饰物是绝对禁止的。选择适合自己的手表是底线。

对于抽烟的人来讲，在面试当天一定要克制自己，衣服上的烟味也可能断送一次机会呢。尽量不要吃有强烈气味的食物。

其他衣服：如果应聘的职位比较轻松，西装反而会显得过于凝重。可以选择款式简单、颜色淡雅的衬衫和休闲一点的西裤，或者偏于休闲的西装。但是最好不要穿T恤和牛仔裤。

三、面试类型

(一)结构化面试与非结构化面试

根据面试的结构化(标准化)程度，面试可以分为结构化面试、半结构化面试和非结构化面试三种。所谓结构化面试，是指面试题目、面试实施程序、面试评价、考官构成等方面都有统一明确的规范的面试；半结构化面试，是指只对面试的部分因素有统一要求的面试，如规定有统一的程序和评价标准，但面试题目可以根据面试对象而随意变化；非结构化面试，是对与面试有关的因素不作任何限定的面试，也就是通常没有任何规范的随意性面试。

正规的面试一般都为结构化面试，公务员与事业单位录用面试即为结构化面试。所谓结构化，包括三个方面的含义：一是面试过程把握(面试程序)的结构化。在面试的起始阶段、核心阶段、收尾阶段，主考官要做些什么、注意些什么、要达到什么目的，事前都会相应策划。二是面试试题的结构化。在面试过程中，主考官要考察应试者哪些方面的素质，围绕这些考察角度主要提哪些问题，在什么时候提出，怎样提，在面试前都会作出准备。三是面试结果评判的结构化。从哪些角度来评判应试者的面试表现，等级如何区分，甚至如何打分等，在面试前都会有相应规定，并在众考官间统一尺度。

半结构化面试是面试的一个或几个环节为结构化。

在非结构化的面试条件下，面试的组织非常"随意"。关于面试过程的把握、面试中要提出的问题、面试的评分角度与面试结果的处理办法等，主考官事前都没有精心准备与系统设计。非结构化面试颇类似于人们日常非正式的交谈。除非面试考官的个人素质极高，否则很难保证非结构化面试的效果。目前，非结构化的面试愈来愈少。

（二）单独面试与集体面试

根据面试对象的多少，面试可分为单独面试和集体面试。

所谓单独面试，指主考官个别地与应试者单独面谈。这是最普遍最基本的一种面试方式。单独面试的优点是能提供一个面对面的机会，让面试双方较深入地交流。单独面试又有两种类型。一是只有一个主考官负责整个面试过程。这种面试大多在较小规模的单位录用较低职位人员时采用。二是由多位主考官参加整个面试过程，但每次均只与一位应试者交谈。公务员面试大多属于这种形式。

集体面试又叫小组面试，指多位应试者同时面对面试考官的情况。在集体面试中，通常要求应试者作小组讨论，相互协作解决某一问题，或者让应试者轮流担任领导主持会议、发表演说等。这种面试方法主要用于考察应试者的人际沟通能力、洞察与把握环境的能力、领导能力等。

无领导小组讨论是最常见的一种集体面试法。在不指定召集人、主考官也不直接参与的情况下，应试者自由讨论主考官给定的讨论题目，这一题目一般取自于拟任工作岗位的专业需要，或是现实生活中的热点问题，具有很强的岗位特殊性、情景逼真性和典型性。讨论中，众考官坐于离应试者一定距离的地方，不参加提问或讨论，通过观察、倾听为应试者进行评分。

（三）压力性面试与非压力性面试

根据面试目的的不同，可以将面试区分为压力性面试和非压力性面试。

压力性面试是将应考者置于一种人为的紧张气氛中，让应考者接受诸如挑衅性的、非议性的、刁难性的刺激，以考察其应变能力、压力承受能力、情绪稳定性等。典型的压力式面试，是以考官穷究不舍的方式连续就某事向应考者发问，且问题刁钻棘手，甚至逼得应考者穷于应付，考官以此种“压力发问”方式逼迫应考者充分表现出对待难题的机智灵活性、应变能力、思考判断能力、气质性格和修养等方面的素质。

非压力性面试是在没有压力的情景下考察应考者有关方面的素质。

（四）一次性面试与分阶段面试

根据面试的进程来分，可以将面试分为一次性面试和分阶段面试。

所谓一次性面试，是指用人单位对应试者的面试集中于一次进行。在一次性面试中，面试考官的阵容一般都比较“强大”，通常由用人单位人事部门负责人、业务部门负责人及人事测评专家组成。在一次面试情况下，应试者是否能面试过关，甚至是否被最终录用，就取决于这一次面试表现。面对这类面试，应试者必须集中所长，认真准备，全力以赴。

分阶段面试又可分为两种类型，一种叫“依序面试”，一种叫“逐步面试”。

依序面试一般分为初试、复试与综合评定三步。初试的目的在于从众多应试者中筛选出较好的人选。初试一般由用人单位的人事部门主持，主要考察应试者的仪表风度、工作态度、上进心、进取精神等，将明显不合格者予以淘汰。初试合格者则进入复试，复试一般由用人部门主管主持，以考察应试者的专业知识和业务技能为主，衡量应试者对拟任工作岗位是否合适。复试结束后再由人事部门会同用人部门综合评定每位应试者的成绩，确定最终合格人选。

逐步面试，一般是由用人单位的主管领导、处（科）长以及一般工作人员组成面试小组，按照小组成员的层次，由低到高的顺序，依次对应试者进行面试。面试的内容依层次各有侧重，低层一般以考察专业及业务知识为主，中层以考察能力为主，高层则实施全面考察与最终把关。实行逐层淘汰筛选，越来越严。应试者要对各层面试的要求做到心中有数，力争每个层次均留下好印象。在低层次面试时，不可轻视大意，不可骄傲马虎，在面对高层次面试时，也不必胆怯拘谨。

（五）常规面试、情景面试与综合性面试

根据面试内容设计的重点不同，可将面试分为常规面试、情景面试和综合性面试等三类面试。

所谓常规面试，就是我们日常见到的、主考官和应试者面对面以问答形式为主的面试。在这种面试条件下，主考官处于积极主动的位置，应试者一般是被动应答的姿态。主考官提出问题，应试者根据主考官的提问作出回答，展示自己的知识、能力和经验。主考官根据应试者对问题的回答以及应试者的仪表仪态、身体语言、在面试过程中的情绪反应等对应试者的综合素质状况作出评价。

在情景面试中，突破了常规面试考官和应试者那种一问一答的模式，引入了无领导小组讨论、公文处理、角色扮演、演讲、答辩、案例分析等人员甄选中的情景模拟方法。情景面试是面试形式发展的新趋势。在这种面试形式下，面试的具体方法灵活多样，面试的模拟性、逼真性强，应试者的才华能得到更充分、更全面的展现，主考官对应试者的素质也能作出更全面、更深入、更准确的评价。

综合性面试兼有前两种面试的特点，而且是结构化的，内容主要集中在与工作职位相关的知识技能和其他素质上。

（六）鉴别性面试、评价性面试和预测性面试

依据面试的功能，可以将面试分为鉴别性面试、评价性面试和预测性面试。

所谓鉴别性面试，就是依据面试结果把应考者按相关素质水平进行区分的面试；评价性面试则是对应考者的素质作出客观评价的面试；而预测性面试是指对应考者的发展潜力和未来成就等方面进行预测的面试。

（七）目标参照性面试和常模参照性面试

依据面试结果的使用方式，可以将面试区分为目标参照性面试和常模参照性面试。

所谓目标参照性面试，就是面试结果须明确应考者的素质水平是否达到某一既定的目标水平，通常分为合格与不合格两种；而常模参照性面试，则是根据面试结果对应考者按素质水平高低进行排序，从而进行优胜劣汰决策的面试，结果往往分为若干档次。

四、面试技巧及注意事项

对社会经验有所欠缺的毕业生，求职面试的时候有一条是很重要的：不要首先去你最心仪的单位，而是首先到你不是特别想去的单位去面试！不为别的，就为了熟悉一下面试的全过程，为到最心仪的单位面试打下基础。谨记下面这些面试技巧及注意事项，将会大有帮助。

(一)面试技巧

1. 如何回答问题

(1)把握重点,简捷明了,条理清楚,有理有据。回答问题要结论在先,议论在后,先将自己的中心意思表达清晰,然后再做叙述和论证。否则,长篇大论,会让人不得要领。面试时间有限,如果多余的话太多,容易走题,反倒会将主题冲淡或漏掉。这一点在面试自我介绍的时候尤其需要注意。

(2)讲清原委,避免抽象。用人单位提问总是想了解一些应试者的具体情况,切不可简单地仅以“是”和“否”作答。应针对所提问题的不同,有的需要解释原因,有的需要说明程度。不讲原委,过于抽象的回答,往往不会给主试者留下具体的印象。

(3)确认提问内容,切忌答非所问。面试中,如果对用人单位提出的问题,一时摸不到边际,以致不知从何答起或难以理解对方问题的含义时,可将问题复述一遍,并先谈自己对这一问题的理解,请教对方以确认内容。对不太明确的问题,一定要搞清楚,这样才会有的放矢,不致答非所问。

(4)有个人见解,有个人特色。用人单位有时接待应试者若干名,相同的问题问若干遍,类似的回答也要听若干遍。因此,用人单位会有乏味、枯燥之感。只有具有独到的个人见解和个人特色的回答,才会引起对方的兴趣和注意。

(5)知之为知之,不知为不知。面试遇到自己不知、不懂、不会的问题时,回避闪烁,默不作声,牵强附会,不懂装懂的做法均不足取,诚恳坦率地承认自己的不足之处,反倒会赢得主试者的信任和好感。

2. 如何消除紧张

由于面试成功与否关系到求职者的前途,所以大学生面试时往往容易产生紧张情绪。有些大学生可能由于过度紧张而导致面试失败。因此必须设法消除过度的紧张情绪。这里介绍几种消除过度紧张的技巧,供同学们参考。

(1)面试前可翻阅一本轻松活泼、有趣的杂志书籍。这时阅读书刊可以转移注意力,调整情绪,克服面试时的怯场心理。避免等待时紧张、焦虑情绪的产生。

(2)面试过程中注意控制谈话节奏。进入考场致礼落座后,若感到紧张先不要急于讲话,而应集中精力听完提问,再从容应答。一般来说人们精神紧张的时候讲话速度会不自觉地加快,讲话速度过快,既不利于对方听清讲话内容,又会给人一种慌张的感觉。讲话速度过快,还往往容易出错,甚至张口结舌,进而强化自己的紧张情绪,导致思维混乱。当然,讲话速度过慢,缺乏激情,气氛沉闷,也会使人生厌。为了避免这一点,一般开始谈话时可以有意识地放慢讲话速度,等自己进入状态后再适当增加语气和语速。这样,既可以稳定自己的紧张情绪,又可以扭转面试的沉闷气氛。

(3)回答问题时,目光可以对准提问者的额头。有的人在回答问题时眼睛不知道往哪儿看。经验证明,魂不守舍,目光不定的人,使人感到不诚实;眼睛下垂的人,给人一种缺乏自信的印象;两眼直盯着提问者,会被误解为向他挑战,给人以桀骜不驯的感觉。如果面试时把目光集中在对方的额头上,既可以给对方以诚恳、自信的印象,也可以鼓起自己的勇气,消除自己的紧张情绪。

3. 如何运用语言

面试场上你的语言表达艺术标志着你的成熟程度和综合素养。对求职应试者来说,掌握语言表达的技巧无疑是重要的。那么,面试中怎样恰当地运用谈话的技巧呢?

(1)口齿清晰,语言流利,文雅大方。交谈时要注意发音准确,吐字清晰。还要注意控制说话的速度,以免磕磕绊绊,影响语言的流畅。忌用口头禅,更不能有不文明的语言。

(2)语气平和,语调恰当,音量适中。面试时要注意语言、语调、语气的正确运用。打招呼时宜用上语调,加重语气并带拖音,以引起对方的注意。自我介绍时,最好多用平缓的陈述语气,不宜使用感叹语气或祈使句。声音过大令人厌烦,声音过小则难以听清。以每个用人单位都能听清你的讲话为原则。

(3)注意听者的反应。求职面试不同于演讲,而是更接近于一般的交谈。交谈中,应随时注意听者的反应。比如,听者心不在焉,可能表示他对自己这段话没有兴趣,你得设法转移话题;侧耳倾听,可能说明由于自己音量过小使对方难于听清;皱眉、摆头可能表示自己言语有不当之处。根据对方的这些反应,就要适时地调整自己的语言、语调、语气、音量、修辞,包括陈述内容。这样才能取得良好的面试效果。

(二)注意事项

1. 面试基本礼仪

(1)一旦和用人单位约好面试时间后,一定要提前5-10分钟到达面试地点,以表示求职者的诚意,给对方以信任感,同时也可调整自己的心态,作一些简单的仪表准备,以免仓促上阵,手忙脚乱。为了做到这一点,一定要牢记面试的时间地点,有条件的同学最好能提前去一趟,以免因一时找不到地方或途中延误而迟到。如果迟到了,肯定会给招聘者留下不好的印象,甚至会丧失面试的机会。

(2)进入面试场合时不要紧张。如门关着,应先敲门,得到允许后再进去。开关门动作要轻,以从容、自然为好。见面时要向招聘者主动打招呼问好致意,称呼应当得体。在用人单位没有请你坐下时,切勿急于落座。用人单位请你坐下时,应道声"谢谢"。坐下后保持良好体态,切忌大大咧咧,左顾右盼,满不在乎,以免引起反感。离去时应询问"还有什么要问的吗",得到允许后应微笑起立,道谢并说"再见"。

(3)对用人单位的问题要逐一回答。对方给你介绍情况时,要认真聆听。为了表示你已听懂并感兴趣,可以在适当的时候点头或适当提问、答话。回答主试者的问题,口齿要清晰,声音要适度,答话要简练、完整。一般情况下不要打断用人单位的问话或抢问抢答,否则会给人急躁、鲁莽、不礼貌的印象。问话完毕,听不懂时可要求重复。当不能回答某一问题时,应如实告诉用人单位,含糊其辞和胡吹乱侃会导致面试失败。对重复的问题也要有耐心,不要表现出不耐烦。

2. 禁忌的小动作

手:这个部位最易出毛病。如双手总是不安稳,忙个不停,做些玩弄领带、挖鼻、抚弄头发、掰关节、摆弄考官递过来的名片等动作。

脚:神经质般不住晃动、前伸、翘起等,不仅人为地制造紧张气氛,而且显得心不在焉,相当不礼貌。

背：哈着腰，弓着背，似一个“刘罗锅”，考官如何对你有信心？

眼：或惊慌失措，或躲躲闪闪，该正视时却目光游移不定，予人缺乏自信或者隐藏不可告人秘密的印象，极易使考官反感；另外，若死盯着考官的话，又难免给人压迫感，招至不满。

脸：或呆滞死板，或冷漠无生气等，如此僵尸般地表情怎么能打动人？得快快改掉。一张活泼动人的脸很重要。

行：其动作有的手足无措，慌里慌张，明显缺乏自信，有的反应迟钝，不知所措，不仅会自贬身价，而且考官不将你看“扁”才怪呢。

总之，面试时，这些坏习惯一定要改掉，并自始自终保持斯文有礼、不卑不亢，大方得体、生动活泼的言谈举止。不仅可大大提升求职者的形象，而且往往使成功机会大增。

3. 面试中的随机应变

在面谈面试过程中，用人单位一般处于主动位置，尤其是面谈没有固定的模式，有时可能会随时发生你所料想不到的情况，这时就需要你善于随机应变，恰当处理意外情况：

(1)在面谈中，可能出现紧张感，把事先准备组织的表述内容扰乱了，此时，或许可以向主考官坦率地说对不起，或太紧张了，是否暂停一下，一般主考官会给予谅解，此时便可稳定情绪，从新组织要表述的内容。

(2)在面谈中也可能会碰到双方沉默、尬尴，这也可能是应试人故意设置的，看你能否沉得住气，此时应当寻找恰当的策略来应付，比如找一些主考官感兴趣的话题，以恰当的方式来继续会谈，或者顺着刚才的话题，继续发挥谈话。保持沉默，可能也是一种有效的策略。

(3)如果讲错了话，切勿紧张失态，保持镇定。若是小错，可以忽略不予计较，继续讲话；若是大错，则应当面纠正致歉。

(4)对主考官所提出的问题，若不懂，切勿装懂卖弄，可以坦率承认，并可虚心请教，这样可显出你的诚实好学的品质。

4. 注意细节问题

(1)第一印象很重要。和主考官握手一定要有力，以说明你的自信和热情；要两眼平视主考官，注意和考官们目光交流，而不要环顾四周。

(2)面试时要集中注意力。对主考官提出的任何问题都不要忽略。

(3)少说话。要避免滔滔不绝、夸夸其谈的陈述，回答问题时要具体明了。

(4)准时抵达面试地点。准时到达说明你重诺守信。

(5)不要在面试中表现出你非常迫切地希望得到这份工作，但也不要表现出你对这份工作毫无兴趣。

(6)要注意礼貌，多使用“请”、“谢谢”、“非常荣幸”之类的话语。

(7)不要有过多的小动作。面试中任何一个不经意的小动作，如不停地摸头发、玩圆珠笔、不停地舔嘴唇等，都会让主考官对你的印象大打折扣，因为这些行为反映了面试者的紧张情绪。

(8)让主考官更好地认识你。向主考官简明扼要地介绍你的才能以及你打算怎样在工作岗位上发挥作用。

五、面试中常见的问题及解析

(1)请介绍一下你自己?

回答提示:一般人回答这个问题过于平常,只说姓名、年龄、爱好、工作经验,这些在简历上都有。其实,企业最希望知道的是求职者能否胜任工作,包括:最强的技能、最深入研究的知识领域、个性中最积极的部分、做过的最成功的事,主要的成就等,这些都可以和学习无关,也可以和学习有关,但要突出积极的个性和做事的能力,说得合情合理企业才会相信。企业很重视一个人的礼貌,求职者要尊重考官,在回答每个问题之后都说一句"谢谢",企业喜欢有礼貌的求职者。

(2)你觉得个性上最大的优点是什么?

回答提示:沉着冷静、条理清楚、立场坚定、顽强向上、乐于助人和关心他人、适应能力和幽默感、乐观和友爱。我经过一到两年的培训及项目实战,加上实习工作,使我适合这份工作。

(3)说说你最大的缺点?

回答提示:这个问题企业问的概率很大,通常不希望听到直接回答的缺点是什么等,如果求职者说自己小心眼、爱忌妒人、非常懒、脾气大、工作效率低,企业肯定不会录用你。绝对不要自作聪明地回答"我最大的缺点是过于追求完美",有的人以为这样回答会显得自己比较出色,但事实上,他已经岌岌可危了。企业喜欢求职者从自己的优点说起,中间加一些小缺点,最后再把问题转回到优点上,突出优点的部分,企业喜欢聪明的求职者。

(4)你对加班的看法?

回答提示:实际上好多公司问这个问题,并不证明一定要加班,只是想测试你是否愿意为公司奉献。

回答样本:如果是工作需要我会义不容辞加班,我现在单身,没有任何家庭负担,可以全身心的投入工作。但同时,我也会提高工作效率,减少不必要的加班。

(5)你对薪资的要求?

回答提示:如果你对薪酬的要求太低,那显然贬低自己的能力;如果你对薪酬的要求太高,那又会显得你分量过重,公司受用不起。一些雇主通常都事先对求聘的职位定下开支预算,因而他们第一次提出的价钱往往是他们所能给予的最高价钱,他们问你只不过想证实一下这笔钱是否足以引起你对该工作的兴趣。

回答样本一:我对工资没有硬性要求,我相信贵公司在处理我的问题上会友善合理。我注重的是找对工作机会,所以只要条件公平,我则不会计较太多。

回答样本二:我希望公司能根据我的情况和市场标准的水平,给我合理的薪水。

回答样本三:如果你必须自己说出具体数目,请不要说一个宽泛的范围,那样你将只能得到最低限度的数字。最好给出一个具体的数字,这样表明你已经对当今的人才市场作了调查,知道像自己这样学历的雇员有什么样的价值。

(6)在五年的时间内,你的职业规划是什么?

回答提示:这是每一个应聘者都不希望被问到的问题,但是几乎每个人都会被问到,比较多的答案是“管理者”。但是近几年来，许多公司都已经建立了专门的技术途径。这些工作地位往往被称作“顾问”、“参议技师”或“高级软件工程师”等等。当然，说出其他一些你感兴趣的职位也是可以的，比如产品销售部经理，生产部经理等一些与你的专业有相关背景的工作。要知道，考官总是喜欢有进取心的应聘者，此时如果说“不知道”，或许就会使你丧失一个好机会。最普通的回答应该是“我准备在技术领域有所作为”或“我希望能按照公司的管理思路发展”。

(7)你朋友对你的评价是什么？

回答提示：想从侧面了解一下你的性格及与人相处的问题。

回答样本一：我的朋友都说我是一个可以信赖的人。因为，我一旦答应别人的事情，就一定会做到。如果我做不到，我就不会轻易许诺。

回答样本二：我觉的我是一个比较随和的人，与不同的人都可以友好相处。在我与人相处时，我总是能站在别人的角度考虑问题。

(8)你还有什么问题要问吗？

回答提示：企业的这个问题看上去可有可无，其实很关键，企业不喜欢说“没问题”的人，因为其很注重员工的个性和创新能力。企业不喜欢求职者问个人福利之类的问题，如果有人这样问：贵公司对新入公司的员工有没有什么培训项目，我可以参加吗？或者说贵公司的晋升机制是什么样的？企业将很欢迎，因为体现出你对学习的热情和对公司的忠诚度以及你的上进心。

(9)如果通过这次面试我们单位录用了你，但工作一段时间却发现你根本不适合这个职位，你怎么办？

回答提示：一段时间发现工作不适合我，有两种情况：①如果你确实热爱这份工作，那你就要不断学习，虚心向领导和同事学习业务知识和处事经验，了解这份工作的精神内涵和职业要求，力争减少差距；②你觉得这份工作可有可无，那还是趁早换个单位，去发现适合你的，你热爱的岗位，那样你的发展前途也会大点，对单位和个人都有好处。

(10)在完成某项工作时，你认为领导要求的方式不是最好的，自己还有更好的方法，你应该怎么做？

回答提示：①原则上我会尊重和服从领导的工作安排，同时私底下找机会以请教的口吻，婉转地表达自己的想法，看看领导是否能改变想法。②如果领导没有采纳我的建议，我也同样会按领导的要求认真地去完成这项工作。③还有一种情况，假如领导要求的方式违背原则，我会坚决提出反对意见，如领导仍固执己见，我会毫不犹豫地再向上级领导反映。

(11)如果你的工作出现失误，给本公司造成经济损失，你认为该怎么办？

回答提示：①我本意是为公司努力工作，如果造成经济损失，我认为首要的问题是想方设法去弥补或挽回经济损失。如果我无能力负担，希望单位帮助解决。②分清责任，各负其责，如果是我的责任，我甘愿受罚；如果是一个我负责的团队中别人的失误，也不能幸灾乐祸，作为一个团队，需要互相提携共同完成工作，安慰同事并且帮助同事查找原因总结经验。③总结经验教训，一个人的一生不可能不犯错误，重要的是能从自己的或者是别人的错误中吸取经验教训，并在今后的工作中避免发生同类的错误。检讨自己的工作方法、分析问题的深度和力度是否不够，以致出现了本可以避免的错误。

(12)如果你做的一项工作受到上级领导的表扬,但你主管领导却说是他做的,你会怎样做?

回答提示:我首先不会找那位上级领导说明这件事,我会主动找我的主管领导来沟通,因为沟通是处理人际关系的最好办法,但结果会有两种:①我的主管领导认识到自己的错误,我想我会视具体情况决定是否原谅他。②他更加变本加厉的来威胁我,那我会毫不犹豫地找我的上级领导反映此事,因为他这样做会造成负面影响,对今后的工作不利。

(13)谈谈你对跳槽的看法?

回答提示:①正常的"跳槽"能促进人才合理流动,应该支持。②频繁的跳槽对单位和个人双方都不利,应该反对。

(14)工作中你难以和同事、上司相处,你该怎么办?

回答提示:①我会服从领导的指挥,配合同事的工作。②我会从自身找原因,仔细分析是不是自己工作做得不好让领导不满意,同事看不惯。还要看看是不是同事关系处理得不好,如果是这样的话我会努力改正。③如果我找不到原因,我会找机会跟他们沟通,请他们指出我的不足,有问题就及时改正。④作为优秀的员工,应该时刻以大局为重,即使在一段时间内,领导和同事对我不理解,我也会做好本职工作,虚心向他们学习,我相信,他们会看见我在努力,总有一天会对我微笑的。

(15)假设你在某单位工作,成绩比较突出,得到领导的肯定。但同时你发现同事们越来越孤立你,你怎么看这个问题?你准备怎么办?

回答提示:①成绩比较突出,得到领导的肯定是件好事情,以后更加努力。②检讨一下自己是不是对工作的热心度超过同事间交往了,要加强同事间的交往及共同的兴趣爱好。③工作中,切勿伤害别人的自尊心。④不在领导前拨弄是非。

(16)你最近是否参加了培训课程?谈谈培训课程的内容。是公司资助还是自费参加?

回答提示:自费参加,参加了某某培训课程。可以和专业相关,也可以是英语和计算机,或者社交力等方面。(可以多谈谈自己学的技术)。

(17)你对于我们公司了解多少?

回答提示:在去公司面试前上网查一下该公司主营业务。如回答:贵公司有意改变策略,加强与国外大厂的OEM合作,自有品牌的部分则透过海外经销商。

(18)请说出你选择这份工作的动机?

回答提示:这是想知道面试者对这份工作的热忱及理解度,并筛选因一时兴起而来应试的人,如果是无经验者,可以强调"就算职种不同,也希望有机会发挥之前的经验"。

(19)你最擅长的技术方向是什么?

回答提示:说和你要应聘的职位相关的课程,表现一下自己的热诚没有什么坏处。

(20)你能为我们公司带来什么呢?

回答提示:企业很想知道未来的员工能为企业做什么,求职者应再次重复自己的优势,然后说:"就我的能力,我可以做一个优秀的员工在组织中发挥能力,给组织带来高效率和更多的收益"。企业喜欢求职者就申请的职位表明自己的能力,比如申请营销之类的职位,可以说:"我可以开发大量的新客户,同时,对老客户做更全面周到的服务,开发老客户的新需求和消费。"等等。

(21)最能概括你自己的三个词是什么?

回答提示:我经常用的三个词是:适应能力强,有责任心和做事有始终,结合具体例子向主考官解释。

(22)你的业余爱好是什么?

回答提示:找一些富于团体合作精神的,这里有一个真实的故事:有人被否决掉,因为他的爱好是深海潜水。主考官说:因为这是一项单人活动,我不敢肯定他能否适应团体工作。

(23)作为被面试者给我打一下分?

回答提示:试着列出四个优点和一个非常非常非常小的缺点(可以抱怨一下设施,没有明确责任人的缺点是不会有人介意的)。

(24)你怎么理解你应聘的职位?

回答提示:把岗位职责和任务及工作态度阐述一下。

(25)喜欢这份工作的哪一点?

回答提示:相信其实大家心中一定都有答案了吧!每个人的价值观不同,自然评断的标准也会不同,但是,在回答面试官这个问题时可不能太直接就把自己心理的话说出来,尤其是薪资方面的问题,不过一些无伤大雅的回答是不错的考虑,如交通方便,工作性质及内容颇能符合自己的兴趣等等都是不错的答案,不过如果这时自己能仔细思考出这份工作的与众不同之处,相信在面试上会大大加分。

(26)为什么要离职?

回答提示:①回答这个问题时一定要小心,就算在前一个工作受到再大的委屈,对公司有多少的怨言,都千万不要表现出来,尤其要避免对公司本身主管的批评,避免面试官的负面情绪及印象。建议此时最好的回答方式是将问题归咎在自己身上,例如觉得工作没有学习发展的空间,自己想在面试工作的相关产业中多加学习,或是前一份工作与自己的生涯规划不合等等,回答的答案最好是积极正面的。②我希望能获得一份更好的工作,如果机会来临,我会抓住。我觉得目前的工作,已经达到顶峰,即没有升迁机会。

(27)说说你对行业、技术发展趋势的看法?

回答提示:企业对这个问题很感兴趣,只有有备而来的求职者能够过关。求职者可以直接在网上查找对你所申请的行业部门的信息,只有深入了解才能产生独特的见解。企业认为最聪明的求职者是对所面试的公司预先了解很多,包括公司各个部门,发展情况,在面试回答问题的时候可以提到所了解的情况,企业欢迎进入企业的人是“知己”,而不是“盲人”。

(28)对工作的期望与目标何在?

回答提示:这是面试者用来评断求职者是否对自己有一定程度的期望、对这份工作是否了解的问题。对于工作有确实学习目标的人通常学习较快,对于新工作自然较容易进入状况,这时建议你,最好针对工作的性质找出一个确实的答案,如业务员的工作可以这样回答:“我的目标是能成为一个超级业务员,将公司的产品广泛的推销出去,达到最好的业绩成效;为了达到这个目标,我一定会努力学习,而我相信以我认真负责的态度,一定可以达到这个目标。”其他类的工作也可以比照这个方式来回答,只要在目标方面稍微修改一下就可以了。

(29)说说你的家庭?

回答提示:企业面试时询问家庭问题不是非要知道求职者家庭的情况,探究隐私,企业不喜欢探究个人隐私,而是要了解家庭背景对求职者的塑造和影响。企业希望听到的重点也在于家庭对求职者的积极影响。企业最喜欢听到的是:我很爱我的家庭,我的家庭一向很和睦,虽然我的父亲和母亲都是普通人,但是从小,我就看到我父亲起早贪黑,每天工作特别勤劳,他的行动无形中培养了我认真负责的态度和勤劳的精神。我母亲为人善良,对人热情,特别乐于助人,所以在单位人缘很好,她的一言一行也一直在教导我做人的道理。企业相信,和睦的家庭关系对一个人的成长有潜移默化的影响。

(30)就你申请的这个职位,你认为你还欠缺什么?

回答提示:企业喜欢问求职者弱点,但精明的求职者一般不直接回答。他们希望看到这样的求职者:继续重复自己的优势,然后说:“对于这个职位和我的能力来说,我相信自己是可以胜任的,只是缺乏经验,这个问题我想我可以进入公司以后以最短的时间来解决,我的学习能力很强,我相信可以很快融入公司的企业文化,进入工作状态。”企业喜欢能够巧妙地躲过难题的求职者。

(31)你欣赏哪种性格的人?

回答提示:诚实、不死板而且容易相处的人、有“实际行动”的人。

(32)你通常如何处理别人的批评?

回答提示:沉默是金,不必说什么,否则情况更糟,不过我会接受建设性的批评。我会等大家冷静下来再讨论。

(33)怎样对待自己的失败?

回答提示:我们大家生来都不是十全十美的,我相信我有第二个机会改正我的错误。

(34)什么会让你有成就感?

回答提示:为贵公司竭力效劳,尽我所能,完成一个项目。

(35)眼下你生活中最重要的是什么?

回答提示:对我来说,能在这个领域找到工作是最重要的,能在贵公司任职对我说最重要。

(36)你为什么愿意到我们公司来工作?

回答提示:对于这个问题,你要格外小心,如果你已经对该单位作了研究,你可以回答一些详细的原因,像“公司本身的高技术开发环境很吸引我。”、“我同公司出生在同样的时代,我希望能够进入一家与我共同成长的公司。”、“贵公司一直都稳定发展,在近几年来在市场上很有竞争力。”、“我认为贵公司能够给我提供一个与众不同的发展道路。”这都显示出你已经做了一些调查,也说明你对自己的未来有了较为具体的远景规划。

(37)你和别人发生过争执吗?你是怎样解决的?

回答提示:这是面试中最险恶的问题,其实是考官布下的一个陷阱,千万不要说任何人的过错,应知成功解决矛盾是一个协作团体中成员所必备的能力。假如你工作在一个服务行业,这个问题简直成了最重要的一个环节。你是否能获得这份工作,将取决于这个问题的回答。考官希望看到你是成熟且乐于奉献的。他们通过这个问题了解你的成熟度和处世能力。在没有外界干涉的情况下,通过妥协的方式来解决才是正确答案。

(38)问题:你做过的哪件事最令自己感到骄傲?

回答提示:这是考官给你的一个机会,让你展示自己把握命运的能力。这会体现你潜在的领导能力以及你被提升的可能性。假如你应聘于一个服务性质的单位,你很可能会被邀请去午餐。记住:你的前途取决于你的知识、你的社交能力和综合表现。

(39)新到一个部门,一天一个客户来找你解决问题,你努力想让他满意,可是始终达不到群众的满意,他投诉你们部门工作效率低,你这个时候怎么作?

回答提示:①首先,我会保持冷静。作为一名工作人员,在工作中遇到各种各样的问题是正常的,关键是如何认识它,积极应对,妥善处理。②其次,我会反思一下客户不满意的原因。一是看是否是自己在解决问题上的确有考虑的不周到的地方,二是看是否是客户不太了解相关的服务规定而提出超出规定的要求,三是看是否是客户了解相关的规定,但是提出的要求不合理。③再次,根据原因采取相对的对策。如果是自己确有不周到的地方,按照服务规定作出合理的安排,并向客户作出解释;如果是客户不太了解政策规定而造成的误解,我会向他作出进一步的解释,消除他的误会;如果是客户提出的要求不符合政策规定,我会明确地向他指出。④再次,我会把整个事情的处理情况向领导作出说明,希望得到他的理解和支持。⑤我不会因为客户投诉了我而丧失工作的热情和积极性,而会一如既往地牢记为客户服务的宗旨,争取早日做一名领导信任、公司放心、客户满意的职员。

(40)对这项工作,你有哪些可预见的困难?

回答提示:①不宜直接说出具体的困难,否则可能令对方怀疑应聘者不行。②可以尝试迂回战术,说出应聘者对困难所持有的态度——工作中出现一些困难是正常的,也是难免的,但是只要有坚忍不拔的毅力、良好的合作精神以及事前周密而充分的准备,任何困难都是可以克服。

分析:一般问这个问题,面试者的希望就比较大了,因为已经在谈工作细节,但常规思路中的回答,又被面试官"骗"了。当面试官询问这个问题的时候,有两个目的。第一,看看应聘者是不是在行,说出的困难是不是在这个职位中一般都不可避免的问题。第二,是想看一下应聘者解决困难的手法对不对,以及公司能否提供这样的资源。而不是想了解应聘者对困难的态度。

(41)如果我录用你,你将怎样开展工作?

回答提示:①如果应聘者对于应聘的职位缺乏足够的了解,最好不要直接说出自己开展工作的具体办法。②可以尝试采用迂回战术来回答,如"首先听取领导的指示和要求,然后就有关情况进行了解和熟悉,接下来制定一份近期的工作计划并报领导批准,最后根据计划开展工作。"

分析:这个问题的主要目的也是了解应聘者的工作能力和计划性、条理性,而且重点想要知道细节。如果像思路中所讲的迂回战术,面试官会认为回避问题,则应改变策略。如果引导了几次仍然是回避的话,此人绝对不会录用了。

(42)你希望与什么样的上级共事?

回答提示:①通过应聘者对上级的"希望"可以判断出应聘者对自我要求的意识,这既是一个陷阱,又是一次机会。②最好回避对上级具体的希望,多谈对自己的要求。③如"作为刚步入社会的新人,我应该多要求自己尽快熟悉环境、适应环境,而不应该对环境提出什么要求,只要能发挥我的专长就可以了。

分析:这个问题比较好的回答是,希望我的上级能够在工作中对我多指导,对我工作中的错误能够立即指出。总之,从上级指导这个方面谈,不会有大的纰漏。

(43)在完成某项工作时,你认为领导要求的方式不是最好的,自己还有更好的方法,你应该怎么做?

回答提示:①原则上我会尊重和服从领导的工作安排;同时私底下找机会以请教的口吻,婉转地表达自己的想法,看看领导是否能改变想法。②如果领导没有采纳我的建议,我也同样会按领导的要求认真地去完成这项工作。③还有一种情况,假如领导要求的方式违背原则,我会坚决提出反对意见,如领导仍固执己见,我会毫不犹豫地再向上级领导反映。

(44)与上级意见不一致,你将怎么办?

回答提示:①一般可以这样回答"我会给上级以必要的解释和提醒,在这种情况下,我会服从上级的意见。"②如果面试你的是总经理,而你所应聘的职位另有一位经理,且这位经理当时不在场,可以这样回答:"对于非原则性问题,我会服从上级的意见,对于涉及公司利益的重大问题,我希望能向更高层领导反映。"

分析:这个问题的标准答案是思路①,如果用②的回答,必死无疑。你没有摸清楚改公司的内部情况,先想打小报告,这样的人没有人敢要。

(45)你工作经验欠缺,如何能胜任这项工作?

常规思路:①如果招聘单位对应届毕业生的应聘者提出这个问题,说明招聘公司并不真正在乎"经验",关键看应聘者怎样回答。②对这个问题的回答最好要体现出应聘者的诚恳、机智、果敢及敬业。③如"作为应届毕业生,在工作经验方面的确会有所欠缺,因此在读书期间我一直利用各种机会在这个行业里做兼职。我也发现,实际工作远比书本知识丰富、复杂。但我有较强的责任心、适应能力和学习能力,而且比较勤奋,所以在兼职中均能圆满完成各项工作,从中获取的经验也令我受益非浅。请贵公司放心,学校所学及兼职的工作经验使我一定能胜任这个职位。"点评:这个问题思路中的答案尚可,突出自己的吃苦能力和适应性以及学习能力(不是学习成绩)为好。

(46)您在前一家公司的离职原因是什么?

回答提示:①最重要的是:应聘者要使找招聘单位相信,应聘者在过往的单位的"离职原因"在此家招聘单位里不存在。②避免把"离职原因"说得太详细、太具体。③不能掺杂主观的负面感受,如"太辛苦""人际关系复杂""管理太混乱""公司不重视人才""公司排斥我们某某的员工"等。④但也不能躲闪、回避,如"想换换环境""个人原因"等。⑤不能涉及自己负面的人格特征,如不诚实、懒惰、缺乏责任感、不随和等。⑥尽量使解释的理由为应聘者个人形象添彩。⑦相关例子:如"我离职是因为这家公司倒闭;我在公司工作了三年多,有较深的感情;从去年始,由于市场形势突变,公司的局面急转直下;到眼下这一步我觉得很遗憾,但还要面对显示,重新寻找能发挥我能力的舞台。"同一个面试问题并非只有一个答案,而同一个答案并不是在任何面试场合都有效,关键在应聘者掌握了规律后,对面试的具体情况进行把握,有意识地揣摩面试官提出问题的心理背景,然后有针对性的回答。

分析:除非是薪资太低,或者是最初的工作,否则不要用薪资作为理由。"求发展"也被考官听得太多，离职理由要根据每个人的真实离职理由来设计，但是在回答时一定要表现得真诚。实在想不出来的时候，家在外地可以说是因为家中有事，须请假几个月，公司又不可能准假，所以辞职，这个答案一般面试官还能接受。

(47)如果你在这次面试中没有被录用，你怎么打算？

回答提示：现在的社会是一个竞争的社会，从这次面试中也可看出这一点，有竞争就必然有优劣，有成功必定就会有失败。往往成功的背后有许多的困难和挫折，如果这次失败了也仅仅是一次而已，只有经过经验经历的积累才能塑造出一个完全的成功者。我会从以下几个方面来正确看待这次失败：①要敢于面对，面对这次失败不气馁，接受已经失去了这次机会就不会回头这个现实，从心理意志和精神上体现出对这次失败的抵抗力。要有自信，相信自己经历了这次之后经过努力一定能行，能够超越自我。②善于反思，对于这次面试经验要认真总结，思考剖析，能够从自身的角度找差距。正确对待自己，实事求是地评价自己，辩证的看待自己的长短得失，做一个明白人。③走出阴影，要克服这一次失败带给自己的心理压力，时刻牢记自己弱点，防患于未然，加强学习，提高自身素质。④认真工作，回到原单位岗位上后，要实实在在、踏踏实实地工作，三十六行、行行出状元，争取在本岗位上做出一定的成绩。⑤再接再厉，以后如果有机会我仍然后再次参加竞争。

(48)假如你晚上要去送一个出国的同学去机场，可单位临时有事非你办不可，你怎么办？

回答提示：我觉得工作是第一位的，但朋友间的情谊也是不能偏废的，这个问题我觉得要按照当时具体的情况来决定。

①如果我的朋友晚上9点钟的飞机，而我的加班八点就能够完成的话，那就最理想了，干完工作去机场，皆大欢喜。②如果说工作不是很紧急，加班仅仅是为了明天上班的时候能把报告交到办公室，那完全可以跟领导打声招呼，先去机场然后回来加班，晚点睡就是了。③如果工作很紧急，两者不可能兼顾的情况下，我觉得可以有两种选择。如果不是全单位都加班的话，是不是可以要其他同事来代替一下工作，自己去机场，哪怕就是代替你离开的那一会儿。如果连这一点都做不到的话，那只好忠义不能两全了，打电话给朋友解释一下，相信他会理解，毕竟工作做完了就完了，朋友还是可以再见面的。

(49)谈谈你过去做过的成功案例？

回答提示：举一个你最有把握的例子，把来龙去脉说清楚，而不要说了很多却没有重点。切忌夸大其词，把别人的功劳到说成自己的，很多主管为了确保要用的人是最适合的，会打电话向你的前一个主管征询对你的看法及意见，所以如果说谎，是很容易穿梆的。

(50)谈谈你过去的工作经验中，最令你挫折的事情？

回答提示：曾经接触过一个客户，原本就有耳闻他们以挑剔出名，所以事前的准备功夫做得十分充分，也投入了相当多的时间与精力，最后客户虽然并没有照单全收，但是接受的程度已经出乎我们意料之外了。原以为从此可以合作愉快，却得知客户最后因为预算关系选择了另一家代理商，之前的努力因而付诸流水。尽管如此，我还是从这次的经验中学到很多，如对该产业的了解，整个团队的默契也更好了。

分析：借此了解你对挫折的容忍度及调解方式。

(51)如何安排自己的时间？会不会排斥加班？

回答提示：基本上，如果上班工作有效率，工作量合理的话，应该不太需要加班。可是我也知道有时候很难避免加班，加上现在工作都采用责任制，所以我会调配自己的时间，全力配合。

分析：虽然不会有人心甘情愿的加班，但依旧要表现出高配合度的诚意。

(52)为什么我们要在众多的面试者中选择你？

回答提示：根据我对贵公司的了解，以及我在这份工作上所累积的专业、经验及人脉，相信正是贵公司所找寻的人才。而我在工作态度、情商上，也有圆融、成熟的一面，和主管、同事都能合作愉快。

分析：别过度吹嘘自己的能力，或信口开河地乱开支票，例如一定会为该公司带来多少钱的业务等，这样很容易给人一种爱说大话、不切实际的感觉。

(53)对这个职务的期许？

回答提示：希望能借此发挥我的所学及专长，同时也吸收贵公司在这方面的经验，就公司、我个人而言，缔造“双赢”的局面。

分析：回答前不妨先询问该公司对这项职务的责任认定及归属，因为每一家公司的状况不尽相同，以免说了一堆理想抱负却发现牛头不对马嘴。

(54)为什么选择这个职务？

回答提示：这一直是我的兴趣和专长，经过这几年的磨练，也累积了一定的经验及人脉，相信我一定能胜任这个职务的。

分析：适时举出过去的“丰功伟业”，表现出你对这份职务的熟稔度，但避免过于夸张的形容或流于炫耀。

(55)为什么选择我们这家公司？

回答提示：曾经在报章杂志看过关于贵公司的报道，与自己所追求的理念志同道合。而贵公司在业界的成绩也是有目共睹的，而且对员工的教育训练、升迁等也都很有制度。

分析：去面试前先做功课，了解一下该公司的背景，让对方觉得你真的很有心想得到这份工作，而不只是探探路。

(56)认为你在学校属于好学生吗？

回答提示：企业的招聘者很精明，问这个问题可以试探出很多问题：如果求职者学习成绩好，就会说：“是的，我的成绩很好，所有的成绩都很优异。当然，判断一个学生是不是好学生有很多标准，在学校期间我认为成绩是重要的，其他方面包括思想道德、实践经验、团队精神、沟通能力也都是很重要的，我在这些方面也做得很好，应该说我是一个全面发展的学生。”如果求职者成绩不尽理想，便会说：“我认为是不是一个好学生的标准是多元化的，我的学习成绩还可以，在其他方面我的表现也很突出，比如我去很多地方实习过，我很喜欢在快节奏和压力下工作，我在学生会组织过××活动，锻炼了我的团队合作精神和组织能力。”有经验的招聘者一听就会明白，企业喜欢诚实的求职者。

(57)谈谈如何适应办公室工作的新环境？

回答提示：①办公室里每个人有各自的岗位与职责，不得擅离岗位。②根据领导指示和工作安排,制定工作计划,提前预备,并按计划完成。③多请示并及时汇报,遇到不明白的要虚心请教。④抓间隙时间,多学习,努力提高自己的政治素质和业务水平。

(58)在工作中学习到了些什么?

回答提示:这是针对转职者提出的问题,建议此时可以配合面试工作的特点作为主要依据来回答,如业务工作需要与人沟通,便可举出之前工作与人沟通的例子,经历了哪些困难,学习到哪些经验,把握这些要点做陈述,就可以轻易过关了。

(59)想过创业吗?

回答提示:这个问题可以显示你的冲劲,但如果你的回答是"有"的话,千万小心,下一个问题可能就是:那么为什么你不这样做呢?

(60)除了本公司外,还应聘了哪些公司?

回答提示:很奇怪,这是相当多公司会问的问题,其用意是要概略知道应征者的求职志向,所以这并非绝对是负面答案,就算不便说出公司名称,也应回答"销售同种产品的公司",如果应聘的其他公司是不同业界,容易让人产生无法信任的感觉。

(61)何时可以到职?

回答提示:大多数企业会关心就职时间,最好是回答"如果被录用的话,到职日可按公司规定上班",但如果还未辞去上一个工作、上班时间又太近,似乎有些强人所难,因为交接至少要一个月的时间,应进一步说明原因,录取公司应该会通融的。

(62)你并非毕业于名牌院校?

回答提示:是否毕业于名牌院校不重要,重要的是有能力完成您交给我的工作,我接受了北大青鸟的职业培训,掌握的技能完全可以胜任贵公司现在工作,而且我比一些名牌院校的应届毕业生的动手能力还要强,我想我更适合贵公司这个职位。

(63)怎样看待学历和能力?

回答提示:学历我想只要是大学专科的学历,就具备了基本的学习能力。剩下的,是学士也好,还是博士也好,对于这一点的讨论,不是看学了多少知识,而是看在这个领域上发挥了什么,也就是所说的能力问题。一个人工作能力的高低直接决定其职场命运,而学历的高低只是进入一个企业的敲门砖,如果贵公司把学历卡在博士上,我就无法进入贵公司,当然这不一定只是我个人的损失,如果一个专科生都能完成的工作,您又何必非要招聘一位博士生呢?

回答问题时首先要分析提问者的意图和主旨,他在考察你什么,没有一个问题是随便设置的。然后根据自己的判断小心应答,和提问者的思路合拍很重要,切记就表面问题而回答问题,抓住问题隐含的意图。

六、面试结束后做什么

在面试后的一两天内,要给面试官写一封短信。感谢他为你所花费的精力和时间,感谢他为你提供的各种信息。这封信应该简短地谈到你对公司的兴趣、你有关的经历等,表示你可以成功地帮助他们解决一些问题。

收拾心情。如果同时向几家公司求职,在一次面试结束后,则要注意调整自己的心情,全身心投入应付第二家单位的面试,不应该放弃其他机会。

如果一星期之内没有接到任何回音,可以给主试人打个电话,问他面试的结果。这个电话可以表示出你对这个工作的兴趣和热情,还可以从他的口气中听出你是否有希望。

面试看起来很成功,但结果还是落选了。对此,不要大惊小怪。面试时,大多数的主试人都尽量隐藏他们的真正意图,不会轻易让你看出来。万一他通知你落选了,应该虚心地向他请教你有哪些欠缺的地方,以便今后改进。

如果在打电话打听情况时觉察出自己有希望中选,但最后决定尚未作出,那就在一个星期后再打一次电话催催。

每次打电话后,还应该给他寄封信,哪怕他们已经暗示你可能落选了。这样做的原因是:你觉得有必要重新强调一下自己的优点。你又发现了一些新的理由、成绩或经验,有必要让他们知道,得到一次面试机会不容易,不要轻易放弃希望。

做好再冲刺的准备。如果在竞争中失败了,千万不要气馁,关键是必须总结经验教训,并针对这些不足重新做准备,以谋求“东山再起”。

【练习】

向面试主管做自我介绍。

模块十八 签 约

【案例】

王某是北京某高校毕业生,2023年11月开始找工作。王某一直想在北京当一名公务员,但由于北京公务员的录取要在次年的5月才有结果,为了“保底”,王某于12月与一家公司签订了《高校毕业生就业协议》(俗称三方协议)。王某心想三方协议不是劳动合同,毁约应该不会有什么法律后果,而且考上公务员后又不需要签订三方协议。2024年5月,王某被北京某机关通知录取。六月,当王某想要办理人事档案派遣事宜时发现学校已经按三方协议派遣了人事关系,而没有档案北京的机关单位是不能录用的,王某悔不当初,不知道该如何才好。

【问题讨论】

三方协议是否具备法律效力?王某该如何改派人事关系?

【课堂点评】

三方协议是《全国普通高等学校毕业生就业协议书》的俗称,是毕业生和用人单位在签订劳动合同前确定就业意向和权益的依据,因此,就业协议具有民事合同的性质。就业协议一经签署生效,如果发生用人单位不录用学生,或者学生不到用人单位就业等情况,违约责任方就要按照协议的约定支付违约金。很多同学由于不了解三方协议的性质,导致随意签订协议书后又毁约的现象非常普遍,不少同学还为此承担了违约责任还影响了个人信用。此案中,王某还面临一个麻烦,就是学校已经按照协议书的内容转移了档案、户籍。这种情况下,要想改派,王某必须与原单位解除就业协议,持原单位开具的解约证明,回学校按相规定办理相关手续。然后找到新单位,到其所在地的人才交流中心办理改派手续,把自己的档案、户口等人事关系改派到新的用人单位。此案给我们敲响了警钟,即将毕业的大学生一定要了解三方协议,避免因为不了解而给自己带来不必要的麻烦,本节将具体解析三方协议。

一、就业协议书

根据国家规定,在校毕业生在与用人单位达成就业意向后,毕业后与用人单位正式签订劳动合同前,为了保障三方的权利和义务,毕业生、用人单位、学校三方必须签订《全国普高等学校毕业生就业协议书》,所以毕业生必须了解就业协议书内容、作用、法律性质、签订程序及注意事项等问题。

(一)就业协议书及其作用

就业协议书的全称是《全国普通高等学校毕业生就业协议书》,由教育部高校学生司统一制订,一式三份,由学校毕业生就业指导服务中心统一发放,具有唯一编号,一个毕业生只能领取一份,复印无效。所以《全国普通高等学校毕业生就业协议书》俗称三方协议,经毕业生、用人单位、学校三方签署后生效。协议的主要内容有毕业生基本情况及其应聘意见、用人单位情况及意见、学校意见及补充协议。

就业协议书具有一定的广泛性和权威性,是学校制订就业方案派遣毕业生、用人单位申请用人指标的主要依据,是明确毕业生、用人单位、学校三方在毕业生就业工作中的权利和义务的书面表现形式,协议书一经签署,对签约的三方都有约束力,协议各方须严格履行协议内容。就业协议书对毕业生、用人单位、学校的约束作用体现在:毕业生要保证自己能正常毕业,按时到单位报到;用人单位要按照合法的用人程序接收毕业生,妥善安置毕业生的户口、档案;学校要按照规定程序派遣毕业生,根据协议书的内容开具毕业生就业报到证和户口迁移证,同时转递学生档案。

(二)就业协议书的法律性质

就业协议属于中国特色就业市场转型期的产物,由于政策和法律规定的相对滞后,目前就业协议书的法律性质无立法上的明确规定,但是就其构成要件而言,从民法的相关理论来看,大多数学者倾向于认为就业协议属于民事合同中的预约合同。

首先,从协议的主体来看,就业协议的双方主体地位合法。作为劳动者的大学生是已满十八周岁的,具有劳动权利能力和劳动行为能力的劳动者。用人单位是具有使用劳动力的权利能力和行为能力的企业、个体经济组织、国家机关、事业组织和社会团体。大学毕业生与用人单位都具有签定劳动合同的主体资格,能够成为劳动合同的签约双方,都能够按照劳动合同的约定来享有权利和承担义务。

其次,从订立的原则看,它是平等主体间之间真实意思的表示,以各方当事人意思表示一致为前提。

再次,从协议的内容来看,符合预约合同的六大特征:①预约合同是诺成合同。②预约是谈判期间对未来事项的预先规划。③预约之标的是当事人为将来订立本约而谈判。④预约必须具备书面形式。⑤有效的预约应当是有约束力的法锁。⑥预约合同的内容应具有确定性。

由此可见,预约合同是当事人约定将来订立一定合同的合同,预约合同当事人的义务是订立本合同。就业协议书是毕业生、用人单位和学校在毕业生择业过程中签订的一种书面约定,其内容仅限于对于各方意向的一种确定,并没有对毕业生及用人单位建立劳动关系中的具体权利义务作出明确的规定,主要表明毕业生的工作意向、用人单位的接受意向、学校负责派遣的意向等,是一种意向性的协议,其作用仅限于对学生就业过程的约定,签订于毕业生就业之前,效力始于签订之日终止于学生到工作岗位报到之时,一旦毕业生到用人单位报到,就业协议的使命也就完成了。因此,就业协议书是一种典型的预约合同,仅仅是在毕业生和用人单位之间对即将确立劳动关系达成了意向,而与此紧密相关的双方的权利义务则没有明确的规定。就业协议书是毕业生将来与用人单位签订劳动合同的依据,依照该预约合同而订立的劳动合同才是本约合同。所以,就业协议并非白纸一张,它应具有法律效力,如果违反了协议约定的内容,就必须按照约定承担一定责任。毕业生在签订就业协议前一定要三思而后行,不能抱着儿戏的态度。

二、就业协议书的签订

(一)就业协议书签订的程序

签订就业协议书一般要经过如下程序:

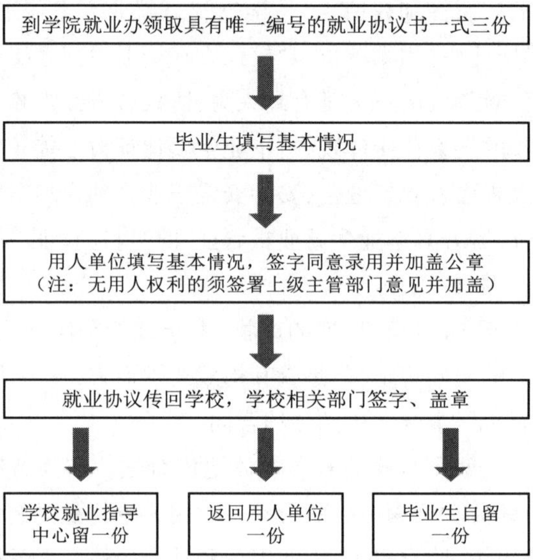

(二)签订就业协议时应注意事项

为了保护毕业生在就业过程中的权益,以便日后避免不必要的纠纷,毕业生在签订就业协议时应注意以下事项:

1. 全面了解用人单位

由于劳动力市场供大于求,有些毕业生求职心切,在没有对用人单位进行全面考察的情况下,听信用人单位单方面的介绍就立即签约,一旦真正了解到用人单位的实际情况和自己的预期相差甚远,很可能违约,并承担违约责任,给自己都带来不必要的麻烦。因此,签就业协议前毕业生应详细了解用人单位的情况,一般包括单位的规模、效益、管理制度等;单位的隶属也很重要;了解录用岗位和工作地点、待遇等。

2. 审查协议书形式、内容的合法性

形式、内容的合法性关系到协议书的法律效力,与毕业生的切身利益息息相关,因此,在签署协议书前一定要仔细审核。形式上,必须签章完备,无漏填、错填事项。毕业生要签名并写清签字时间,填写自己的专业名称时,要与毕业证、学位证一致,不能简写;用人单位名称是否与单位的有效印鉴名称一致,如不一致,协议无效。用人单位如果不具备独立的用人资格,则必须具有进人权力的上级主管部门批准同意,加盖单位公章并注明时间,不能用个人签字代替单位公章,否则无效。内容上,必须符合国家相关法律和政策,不能违背公序良俗,双方权利和义务必须对等,才能显示公平。

3. 签订程序符合规范

毕业生在签订协议时,要严格按照规定的步骤进行。在如实填完自身基本情况后,要等用人单位填写完单位基本情况及意见并盖章后再到学校就业指导中心签字盖章。切忌自己填写完毕后为图方便就直接到学校毕业生就业指导中心要求盖章。这样带来的后果是,一些单位会利用最后签约的时机,在协议上另增加一些对毕业生不利的条款,或者工资待遇等与过去承诺的大相径庭,而学生却因为自己和学校都已经签字盖章,无力回天只得承担不利后果,或者逆来顺受,或者就被迫违约赔偿用人单位。

4. 利用好备注栏,做好与劳动合同的衔接工作

就业协议是一种预约合同,是用人单位和毕业生之间约定将来签订劳动合同的先合同,一旦违约,须承担法律责任。而目前使用的格式协议书内容简单,内容仅限于对各方意向的一种确定,并没有对毕业生及用人单位建立劳动关系中的具体权利义务作出明确的规定。由于毕业生就业协议签订在先,为避免在日后订立劳动合同时产生纠纷,应尽可能将劳动合同的主要内容如有关服务期、试用期、基本收入、福利、违约金等以书面形式体现在就业协议中,并明确表示在今后订立劳动合同时予以确认。目前,就业协议书都有“备注”栏,毕业生应充分发挥就业协议中“备注”栏的作用,在双方协商一致的基础上就原协议书中未能体现的具体权利和义务用补充协议形式在备注栏中表达出来,补充协议书同样具有法律效力。否则,当与用人单位发生纠纷时,空口无凭,无据可查,对维护毕业生的合法权益极为不利。当毕业生到用人单位报到后,一定要尽快与单位签订劳动合同,将协议中约定的相关报酬、合同期、福利待遇等写入正式的劳动合同中,以保障自身的合法权益。若无约定事项,在填写就业协议时,应在备注栏中说明“以下空白”或“无”。

5. 违约责任须明确

违约责任是指协议当事人因过错而不履行或不完全履行协议规定的义务应承担的法律责任,它是保证协议履行的有效手段。鉴于实践中毕业生及用人单位违约率有所增加的状况,协议书中违约责任条款就显得更为重要。因此,在协议内容中,应详细表述当事人双方的违约情形及违约后应负的责任,同时还应写明当事人违约后通过何种方式、途径来承担责任。这样,才能更有利于当事人双方履行协议,也有利于以后违约纠纷的解决。实践中多采用约定违约金的方式,违约金的数额一般由协议当事人在平等自愿的基础上协商确定,无论协议中哪一方出现违约的情况都应按照协议中的约定承担支付违约金的责任。但是一些单位为了留住毕业生往往约定较高的违约金数额,而本身就处于弱势的毕业生也不得不接受。为了保护毕业生的权益,2005 年开始,有些地区对违约金的上限做了规定,如北京规定违约金不得超过毕业生 12 个月工资的总和,上海地区规定违约金不得超过毕业生一个月的工资标准。这对于在求职中处于弱势的毕业生来讲是个好消息,用人单位对违约金再也不能“漫天要价”。而国内大部分地区都没明确规定违约金上限,如果出现违约金争议,建议毕业生咨询单位所在地区的劳动保护部门。毕业生与用人单位约定违约金金额时要根据自身的实际情况来选择,同时要本着诚信的原则,减少违约事件的发生。

三、劳动合同

毕业生毕业后到用人单位就业,意味着双方建立了正式的劳动关系,按照法律规定建立劳动

关系时，应当订立书面劳动合同。劳动合同是用人单位与劳动者确立劳动关系、明确双方权利和义务关系的协议，也是劳动争议发生后处理争议的重要依据。劳动合同依法订立就具有法律约束力，当事人享有劳动合同规定的权利，同时也必须履行劳动合同规定的义务。

(一)劳动合同及其必备条款

劳动合同，是指劳动者同企业、国家机关、事业单位，民办非企业单位，个体经济组织等用人单位之间订立的明确双方权利和义务的协议。《劳动合同法》第十条规定："建立劳动关系，应当订立书面劳动合同。已建立劳动关系，未同时订立书面劳动合同的，应当自用工之日起一个月内订立书面劳动合同。"为了确保劳动者的合法权益不受侵犯，首先需要明确劳动合同的必备条款。《劳动合同法》第十七条规定劳动合同中与劳动者切身利益直接有关的必备内容主要是："劳动合同应当具备以下条款(1)用人单位的名称、住所和法定代表人或者主要负责人；(2)劳动者的姓名、住址和居民身份证或者其他有效身份证件号码；(3)劳动合同期限；(4)工作内容和工作地点；(5)工作时间和休息休假；(6)劳动报酬；(7)社会保险(8)劳动保护、劳动条件和职业危害防护；(9)法律、法规规定应当纳入劳动合同的其他事项。劳动合同除前款规定的必备条款外，用人单位与劳动者可以协商约定试用期、培训、保守商业秘密、补充保险和福利待遇等其他事项。"

(二)签订劳动合同的注意事项

为了保护毕业生在就业过程中的权益，以便日后避免不必要的纠纷，毕业生在签订劳动合同时应注意以下事项：

1. 必须订立书面劳动合同

劳动合同是劳动关系的载体，又是用人单位和劳动者的权利和义务的凭证，《劳动合同法》明确规定建立劳动关系，应当订立书面劳动合同。有些用人单位为了逃避法律责任，不愿意与劳动者签订书面劳动合同，只是口头承诺，然而一旦发生劳动纠纷就会导致劳动者很难举证维护自己的权利。俗话说口说无凭立据为证，毕业生一定要与用人单位签订书面劳动合同，而且劳动合同至少一式两份，双方各执一份，毕业生必须妥善保管，如果发生劳动纠纷，劳动合同文本是最主要的证据。

2. 必备条款缺一不可，附加条款要看清楚

劳动合同中劳动期限、工作内容、劳动报酬、劳动保护和劳动条件等与劳动者切身利益直接有关的必备内容缺一不可。此外，在劳动合同中有时还会约定一些附件条款，毕业生在签订前一定要让用人单位拿出原文，仔细审查无异议后再签字。

3. 仔细确认用人单位的签字盖章

毕业生应当面与用人单位共同在劳动合同上签字盖章，以防某些用人单位利用先后签字的时间差在合同上做手脚(如更改数字、时间)。同时，仔细鉴定单位所该公章，看其是否与自己即将入职的单位一致。因为现实中会存在同一法人单位下往往有很多分公司、下属单位等。

四、就业协议与劳动合同的区别

劳动保障部门向劳动者发出提醒：毕业生毕业后按照就业协议的规定到用人单位报到后，为

了保障自身的权利,应尽快与用人单位签订劳动合同,就业协议不是证明劳动关系的凭证,不能替代劳动合同,两者之间有很大区别。

1. 性质不同

就业协议是毕业生、用人单位和学校三方之间签订的协议,主要用于明确毕业生与用人单位之间的就业意向和初步约定,属于民事合同的范畴,受《民法典》的约束。

劳动合同则是劳动者与用人单位确立劳动关系、明确双方权利和义务的协议,是劳动法调整的对象,受《劳动法》和《劳动合同法》的约束。

2. 主体不同

就业协议的主体是毕业生、用人单位和学校。就业协议除毕业生与用人单位双方签字、盖章外,还需学校的签章,三方缺一不可,否则协议无效。学校作为一方,其作用是维护毕业生就业工作的良好秩序,保障毕业生和用人单位的合法权益,并兼有证明学生毕业信息真实性的作用。劳动合同只有劳动者和用人单位两个主体,只需双方协商一致,符合国家的法律、行政法规,无欺诈、威胁等情况出现,则双方签字、盖章后即发生法律效力。

3. 签订时间不同

就业协议通常在毕业生毕业离校前签订,是毕业生落实就业单位、用人单位确定接收毕业生的初步凭证。

劳动合同则是在毕业生正式到用人单位报到、建立劳动关系后签订的。

4. 内容不同

条款内容:就业协议的内容主要涉及毕业生的个人信息、就业单位的基本情况、就业岗位、工作地点、工作时间、劳动报酬、劳动保护等,条款相对较为简单。

劳动权利义务:劳动合同除了包含上述内容外,还会对劳动者的社会保险、福利待遇、劳动纪律、劳动合同的解除和终止等作出详细规定,其内容更加全面和具体,且在劳动权利义务方面的约定更为明确和细致。

5. 法律效力不同

就业协议在毕业生到用人单位报到后,其效力即行终止,而劳动合同的签订标志着劳动关系的正式确立,其法律效力从合同签订之日起一直延续到双方约定的合同终止条件出现或合同解除时为止。

争议解决:若违反就业协议,一般按照协议中约定的违约金条款等承担相应的民事责任;而违反劳动合同则可能面临劳动行政部门的介入和劳动仲裁、诉讼等程序,法律责任相对更为复杂和严格。

总之,就业协议是毕业生与用人单位之间初步的约定,而劳动合同是确立劳动关系的重要法律文件,二者在性质、签订时间、内容、法律效力等方面均存在显著差异。

五、案例解析

案例一:2024 届毕业生 A,在 2024 年 3 月的招聘会上找到一份工作,为了避免毕业后户口被派遣回贵州农村老家,A 与用人单位签订了就业协议书,并把协议书反馈到了毕业学校。5 月份 A 在网络上又找到了一份福利待遇更好的单位。新单位提出要与他签订就业协议书。此时,A 遇到了麻烦,因为就业协议书一人只有一份,已经与原单位签订了。小李不知道该怎么办。

案例解析:近年来,毕业生违约的情况屡有发生,为了防止“一女多嫁”的情况,就业协议人手一份,具有唯一编码。毕业生在签就业协议时一定要三思而后行,不能草率行事,避免给用人单位带来不必要的损失,给学校造成不好的影响以及带给自己麻烦和损失。如果发生了签了协议后又爽约,那么唯一的补救办法就是解除与原单位的就业协议,申请补发新就业协议书。具体程序如下:

毕业生因解除就业协议申请补发新的就业协议书的,按以下程序办理:

(1)由毕业生与用人单位协商,并由用人单位出具盖有用人单位公章的书面退涵(或解约证明)并取回用人单位保存的协议书;(如果协议里约定了违约责任则须承担)

(2)毕业生本人提出书面申请,填写《毕业生解除就业协议申请表》;

(3)现拟签约单位出具接收函;

(4)毕业生所在学院的分管就业工作的领导签署意见,并加盖学院公章;

(5)学校招生就业处领导签署意见并加盖公章;

(6)学校毕业生就业指导中心备案,收回原就业协议书三份,向省高等院校毕业生就业指导服务中心申请补发新的就业协议书,并在新的就业协议书备注栏注明“解除协议补发”。

案例二:来自于贵州山区的毕业生 L 为了避免毕业时户籍仍落回农村,于 5 月与贵阳市的某公司签订了就业协议,并把协议书反馈到了毕业学校。在公司工作了半个月后,L 觉得公司原来给承诺的解决住房问题没有兑现,而且自己也不适合这份工作,于是给部门经理打了一个电话,在没有办理任何手续的情况下就不去上班了。8 月 L 找到一份新工作时,新单位提出要与他签订就业协议书,并要求 L 把人事、户籍关系转过来。可是学校已根据原就业协议书将档案、户口等关系转到了 L 的原公司,L 不知道该如何是好。

案例解析:就业协议是学校派遣毕业生人事、户籍关系的依据。毕业生如果与原单位签订了就业协议书,后又觉得不适合这份工作等原因,要离开单位的,不能像 L 那样不办理任何手续就走人,为了自身利益,必须履行相关的人事手续。首先,必须与原单位解除就业协议,并持证明回到学校办理相关手续(详细步骤见案例一的案例解析),然后凭借与新单位签订的就业协议书到新单位所在地的人才交流中心办理改派手续,把自己的档案、户口等人事关系改派到新的用人单位。

案例三:毕业生 B 与一家单位经面试达成就业意向,双方同意签订就业协议,B 为图方便,请求学校先在空白的就业协议上加盖同意公章,然后自己也在就业协议书上签字,手持协议到用人单位签约。单位人事部以主管领导出差没回来为由,要求 B 将学校已盖章、其本人已签字的空白就业协议留在单位,要 B 第二天来取。第二天 B 去取就业协议时目瞪口呆,原来该单位在就业协议的“备注”栏中增加了若干不利于他的条款,如先去偏远的分厂工作 3 年才能回本部,住房福利也被取消,而此时学校、单位、B 均已在协议上签字、盖章,协议已经生效,如果一旦违约自己又要承担 1 万元的违约金。最后只能逆来顺受。

案例解析:毕业生在签订就业协议书时,一定要注意订立程序的规范。一般而言,签订就业协议的程序是:毕业生向学校领取就业协议书,与用人单位达成就业意向后,双方当面签订三方订协议,用人单位签署完就业意见并加盖公章后,将就业协议送交学校就业工作部门盖章,学校盖章是就业协议签订的最后环节。学校作为就业协议的一个主体,其作用之一就是审核用人单位的信息的真实性,保障毕业生和用人单位的合法权益,未经高校盖章,就业协议书不生效。因此,毕业生一定要严格按照就业协议的签订程序,千万不能为了图方便而违反了程序,最后导致承担不利的后果。此外,就业协议的填写应该规范,因为在"备注栏"的补充协议同样具有法律效力,如果没有补充协议一定要在"备注栏"写上"无",如果补充协议写完后仍有空白应写上"以下空白"

案例四:毕业生 C 正在准备 1 月的考研,但是能否考上,自己也没有百分之百的把握,年底是招聘的高峰期,同学们都去参加各种招聘会找工作了。为了以防考不上而又错过择业的大好时机,C 参加了学校组织的对口专业招聘会,由于各方面比较优秀,C 被一家名企相中,用人单位对 C 非常满意,迫切与他签订就业协议,C 为不错过机会,便于单位签订了协议书,协议中约定如果毕业后 C 没有如期到单位报到将要支付 5 000 元的违约金,但是同时也约定如 C 考上研究生,凭录取通知书,该协议效力终止。签完就业协议后,C 努力备战考研,4 月考研成绩公布,C 考取了本校的研究生。C 放弃了去企业的工作机会,然而也没有支付违约金,为什么呢?

案例解析:就业协议是中国就业政策转型时期的产物,以前大学毕业生都是国家统一分配工作,不存在签订就业协议。而现行的就业协议始于 90 年代,属格式合同,内容简单,仅限于对于各方意向的一种确定,无法适应时代的发展需要,但是就业协议书中都有"备注栏",协议双方可以在平等协商的基础上达成一些补充协议,并以书面的形式在就业协议的"备注栏"中予以体现,注意一定要以书面形式记录下来,口说无凭,立据为证,避免不必要的纠纷。C 之所以没有承担违约责任是因为他与用人单位在平等协商的基础上达成了"如本人考上研究生,凭录取通知书,该协议效力终止"的补充条款,并记录在了"备注栏"。根据民法意思自治的原则,该条款同样具有法律效力,因此,他不需要承担违约责任。因此,毕业生在签订就业协议时定要重视"备注栏"的作用,认真对待"备注栏"的补充条款。

案例五:2023 年 12 月底,E 找到了一家物流公司的工作,物流公司与 E 仅写了一份《入职登记表》。在《入职登记表》上约定 E 试用期仅为 6 个月,每月工资 3 000 元,并具体明确试用期间的工作岗位。6 个月过去了,物流公司还是没有与 E 签订书面劳动合同。由于好不容易找到一份每月工资 3 000 元的工作,明知自己的试用期已过,E 也不敢向老板提出签订书面劳动合同的要求。厄运终于来了,2024 年 11 月物流公司以 E 一次工作出错,造成公司经济损失为由,将 E 辞退。E 反驳物流公司在自己工作将近一年时,仍没有与他签订书面劳动合同,向劳动争议仲裁委员会提出:①工作出错造成公司经济损失无依据。②如果物流公司将本人辞退,属于违法解除劳动合同,必须从 2024 年 2 月起每月支付本人双倍工资。③物流公司违法解除劳动合同,对其要作双倍经济赔偿金。物流公司辩称:①公司与 E 填写的《入职登记表》就是劳动合同,不存在未签订书面劳动合同。②E 是由于工作出错造成公司经济损失辞退的,不存在支付 E 每月双倍工资和双倍经济赔偿金。双方对簿公堂,无法达成调解。争议的焦点是:《入职登记表》是否等同于劳动合同?

案例解析:《劳动合同法》第九十七条规定:"……本法实施以前已建立的劳动关系,尚未订立书面劳动合同的,应当自本法实施之日起一个月内订立"。

《劳动合同法》第十七条规定:“劳动合同应当具备以下条款(1)用人单位的名称、住所和法定代表人或者主要负责人;(2)劳动者的姓名、住址和居民身份证或者其他有效身份证件号码;(3)劳动合同期限;(4)工作内容和工作地点;(5)工作时间和休息休假;(6)劳动报酬;(7)社会保险(8)劳动保护、劳动条件和职业危害防护;(9)法律、法规规定应当纳入劳动合同的其他事项。劳动合同除前款规定的必备条款外,用人单位与劳动者可以协商约定试用期、培训、保守商业秘密、补充保险和福利待遇等其他事项。”《劳动合同法》第十七条规定“劳动合同应当具备以下条款”中的“应当具备”,其司法解释就是“必须具备”,劳动合同九个必备条件缺一不可。很明显,物流公司与 E 仅填写了一份《入职登记表》,而在《入职登记表》上又只约定试用期为 6 个月,每月工资 3000 元及其工作岗位。因此,该《入职登记表》并不等同于劳动合同。

【练习】

根据所学知识填一份符合规范的就业协议书模板。

模块十九　劳动法律常识

【案例】

服装费该由谁买单

F应聘某大型商场的楼面经理，由于商场有统一的工作服装，所以商场要求F先交400元的服装费才能签订劳动合同。因为工作不好找，F就交了400元钱。工作一个月下来，由于工作能力达不到要求，商场以试用期不符合录用条件为由辞退了F。F觉得自己才干了一个月，只拿了3 000元的工资，却交了400元服装费非常不值，而且这种工作服拿回去也没法穿，于是向商场要求退还服装并要回400元。商场认为工作服是为每个员工量身定制的，拒绝退还。

【问题讨论】

这笔服装费到底由谁买单？

【课堂点评】

《劳动合同法》第九条规定："用人单位招用劳动者，不得扣押劳动者的居民身份证和其他证件，不得要求劳动者提供担保或者以其他名义向劳动者收取财物。"

《劳动合同法》第八十四条规定："用人单位违反本法规定，扣押劳动者居民身份证等证件的，由劳动行政部门责令限期退还劳动者本人，并依照有关法律规定给予处罚。

用人单位违反本法规定，以担保或者其他名义向劳动者收取财物的，由劳动行政部门责令限期退还劳动者本人，并以每人五百元以上二千元以下的标准处以罚款；给劳动者造成损害的，应当承担赔偿责任。……"

工作服作为劳动服务用品，是生产资料之一，相关费用自然是由企业经营者承担，而非劳动者。商场这样的做法实际上是变相收取财务，是违法行为，应将400元退还给F。如果不退，F可以向劳动行政部门举报投诉，商场将会受到每人500元以上2 000元以下的标准处以罚款，或者向人民法院提起诉讼要求返还，人民法院应予支持。除了收取费用外，一些用人单位为了防止劳动者跳槽，还扣押劳动者的身份证或毕业证等，由劳动行政部门责令限期退还劳动者本人，并依照有关法律规定予以处罚。

毕业生毕业离校后，前往就业协议书中签订的用人单位报到，意味着双方正式建立劳动关系，学生的角色转变成了一个劳动者，就业协议的使命也就完成了，就业协议不是证明劳动关系的凭证，不能替代劳动合同，劳动者一定要及时与用人单位签订劳动合同（适用于非公务员序列，含国家机关中实行聘用制的岗位。人事改革后的事业单位以及公司、企业等）。按照劳动法的规定，建立劳动关系应当订立劳动合同。劳动合同是劳动者与用人单位确立劳动关系、明确双方权利与义务的协议，也是劳动争议发生后处理争议的重要依据，双方之间的关系由劳动法调整。为了更好的保障自身的权益，劳动者必须了解一些与就业劳动有关的法律常识，做到知法、守法、用法，特别是当自己的权益受到侵害时，能够拿起法律的武器来捍卫自己的合法权益。下面介绍一些与劳动者利益密切相关的基本法律常识。

一、主要劳动法律介绍

（一）《中华人民共和国劳动法》（以下简称《劳动法》）

劳动法有广义和狭义之分。狭义的劳动法就是指加上书名号的《劳动法》，是一部法典。1994 年 7 月 5 日第八届全国人民代表大会常务委员会第八次会议通过，根据 2009 年 8 月 27 日第十一届全国人民代表大会常务委员会第十次会议《关于修改部分法律的决定》第一次修正，根据 2018 年 12 月 29 日第十三届全国人民代表大会常务委员会第七次会议《关于修改〈中华人民共和国劳动法〉等七部法律的决定》第二次修正。

《劳动法》共 13 章 107 条，包括总则、就业促进、劳动合同和集体合同、工作时间和休息时间、工资、劳动安全卫生、女职工和未成年工特殊保护、职业培训、社会保险和福利、劳动争议、监督检查、法律责任、附则。立法目的是为了保护劳动者的合法权益，调整劳动关系，建立和维护适应社会主义市场经济的劳动制度，促进经济发展和社会进步。保护劳动者的合法权益，是劳动法的首要价值取向。在劳动力供大于求的情况下，一方是拥有强大的经济实力企业，在劳动关系中处于优势地位，另一方以分散的个体出现的劳动者，由于劳动与劳动报酬对于劳动者的生存和发展的意义，导致劳动关系双方事实上的非均衡性，使劳动者在市场活动中容易受到伤害。劳动者永远是弱者，法律的功能应当是维护公平，体现社会正义，因此劳动法应把保护劳动者的合法权益作为首要的功能。

《劳动法》侧重保护劳动者合法权益的功能体现在《劳动法》规定的劳动者的主要权利上，主要有以下几个方面：

1. 劳动者有平等就业的权利

劳动者有平等就业的权利是指具有劳动能力的公民，有获得职业的权利。劳动就业权是有劳动能力的公民获得参加社会劳动和切实保障按劳取酬的权利。公民的劳动就业权是公民享有其他各项权利的基础。如果公民的劳动就业权不能实现，其他一切权利也就失去了基础。

2. 劳动者有选择职业的权利

劳动者有选择职业的权利是指劳动者根据自己的意愿选择适合自己才能、爱好的职业。劳动者拥有自由选择职业的权利，有利于劳动者充分发挥自己的特长，促进社会生产力的发展。劳动者在劳动力市场上作为就业的主体，具有支配自身劳动力的权利，可根据自身的素质、能力、志趣和爱好，以及市场资讯，选择用人单位和工作岗位。选择职业的权利是劳动者劳动权利的体现，是社会进步的一个标志。

3. 劳动者有取得劳动报酬的权利

随着劳动制度的改革，劳动报酬成为劳动者与用人单位签订的劳动合同的必备条款。劳动者付出劳动，依照合同及国家有关法律取得报酬，是劳动者的权利。而及时定额的向劳动者支付工资，则是用人单位的义务。用人单位违反这些应尽的义务，劳动者有权依法要求有关部门追究其责任。获取劳动报酬是劳动者持续的行使劳动权不可少的物质保证。

4. 劳动者有权获得劳动安全卫生保护的权利

这是保障劳动者在劳动中生命安全和身体健康，是对享受劳动权利的主体切身利益最直接的保护。这方面包括防止工伤事故和职业病。如果企业单位劳动保护工作欠缺，其后果不仅是某些权益的丧失，而且使劳动者健康和生命直接受到伤害。

5. 劳动者享有休息的权利

我国宪法规定，劳动者享有休息的权利，国家发展劳动者休息和休养的设施，规定职工的工作时间和休假制度。

6. 劳动者享有社会保险和福利的权利

疾病和年老是每一个劳动者都不可避免的。社会保险是劳动力再生产的一种客观需要。我国《劳动法》规定劳动保险包括：养老保险、医疗保险、工伤保险、失业保险、生育保险等。

7. 劳动者有接受职业技能培训的权利

我国宪法规定，公民有受教育的权利和义务。所谓受教育既包括接受普通教育，也包括接受职业教育。公民要实现自己的劳动权，必须拥有一定的职业技能，而要获得这些职业技能，越来越依赖于专门的职业培训。因此，劳动者若没有职业培训权利，那么劳动就业权利也就成为一句空话。

8. 劳动者有提请劳动争议处理的权利

劳动争议是指劳动关系当事人，因执行《劳动法》或履行集体合同和劳动合同的规定引起的争议。劳动关系当事人，作为劳动关系的主体，各自存在着不同的利益，双方不可避免的会产生分歧。用人单位与劳动者发生劳动争议，劳动者可以依法申请调解、仲裁、提起诉讼。劳动争议调解委员会由用人单位、工会和职工代表组成。劳动仲裁委员会由劳动行政部门的代表、同级工会、用人单位代表组成。解决劳动争议应该贯彻合法、公正、及时处理的原则。

广义的劳动法是指所有调整劳动关系的法律规范的总称，既有适用于所有劳动者的《劳动法》《劳动合同法》《劳动争议调解仲裁法》《就业促进法》等，又有适用于公务员的《公务员法》，还有适用于某一特定职业的《教师法》《律师法》《警察法》等，以下所述劳动法指狭义的《劳动法》。

(二)《中华人民共和国劳动合同法》(以下简称《劳动合同法》)

《劳动合同法》于 2007 年 6 月 29 日第十届全国人民代表大会常务委员会第二十八次会议通过，根据 2012 年 12 月 28 日第十一届全国人民代表大会常务委员会第三十次会议《关于修改〈中华人民共和国劳动合同法〉的决定》修正。《劳动合同法》共分 8 章 98 条，包括：总则、劳动合同的订立、劳动合同的履行和变更、劳动合同的解除和终止、特别规定、监督检查、法律责任和附则。《劳动合同法》是规范劳动关系的一部重要法律，从内容上来讲，劳动合同法是《劳动法》的补充，是对《劳动法》第三章“劳动合同和集体合同”的进一步扩充、完善、充实和提高。

《劳动合同法》分别对劳动合同的订立、履行与变更、解除和终止等环节做出了具体法律规范，内容丰富，体系完整，体现了新时期新阶段的鲜明特点，主要有以下四个方面：

1. 加大了对劳动者的保护力度

《劳动合同法》在尊重用人单位用工自主权的基础上，要求用人单位必须与劳动者订立劳动合同、规定用人单位必须全面履行劳动合同、引导用人单位合理约定劳动合同期限、规范用人单位解除和终止劳动合同行为、要求用人单位在解除和终止劳动合同时必须依法支付经济补偿，从而有效地保护劳动者的合法权益。

2. 扩大了法律适用范围

首先用工形式方面把劳务派遣、非全日制用工等纳入《劳动合同法》调节的范围。其次，扩大了用人单位的适用范围，在原"我国境内企业、个体经济组织"基础上新增"民办非企业单位等组织"纳入"用人单位"主体中，预示着劳动法的适用范围更加广泛化。

3. 加强了对用人单位合法权益的保护

允许用人单位与提供专项培训费用进行专业技术培训的劳动者约定服务期以及违反服务期的违约金；为了保护用人单位商业秘密，做出了竞业限制的规定。

4. 形成了多层次劳动关系的协调机制

《劳动合同法》在延续《劳动法》、《工会法》有关集体合同规定的基础上，进一步完善了集体合同制度，对区域性、行业性集体合同以及履行集体合同争议的处理做出了新的规定，提高了集体合同的针对性和实效性，继《工会法》之后，再次以法律的形式明确了协调劳动关系三方机制的地位。

（三）《中华人民共和国劳动争议调解仲裁法》（以下简称《劳动争议调解仲裁法》）

2007 年 12 月 29 日第十届全国人民代表大会常务委员会第三十一次会议通过《劳动争议调解仲裁法》，并于 2008 年 5 月 1 日起施行。该法共四章 54 条，包括总则、调解、仲裁、一般规定、申请和受理、开庭和裁决、附则。《劳动争议调解仲裁法》的出台是继《劳动合同法》之后劳动法律制度的建设史上的又一大事，对完善劳动争议调解仲裁制度，公正及时地解决劳动争议、维护劳动争议当事人特别是劳动者的合法权益起到了十分重要的作用，使得劳动者维护自身权益变得更为便捷。

《劳动争议调解仲裁法》的主要内容包括劳动争议的范围、解决劳动争议的途径、劳动争议仲裁案件的管辖原则、劳动争议的诉讼时效、仲裁期限、终局裁决的范围、仲裁是否收费等，具有如下亮点：

1. 突出了调解功能

首先《劳动争议调解仲裁法》从名称上就特意突出了"调解"的地位；其次，该法第 3 条也从宗旨方面给予了明确规定："解决劳动争议，应当根据事实，遵循合法、公正、及时、着重调解的原则，依法保护当事人的合法权益"；最后，为了更进一步突出劳动争议的调解程序，尽量把争议解决在基层，最大限度地减少社会成本，该法将调解单列一章。

2. 延长了时效

现行的时效是劳动法规定的，劳动争议发生之日起 60 日内要申请仲裁。当初立法的目的是为了尽快来解决劳动争议。结果在实践中，发现时效太短不利于保护劳动者权益。本法这次把时效延长为当事人知道或者应当知道自己权利被损害时起一年内可以提起仲裁申请。仲裁时效延长为 1 年,并且规定了时效的中断和中止制度。特别是对劳动者追索劳动报酬的争议时效作了特别规定。在劳动关系承续期间内,追讨拖欠的工资不受仲裁时效的限制。当你解除或者终止劳动合同,应该在 1 年内提出申请仲裁。

3. 仲裁的期限缩短

现在的仲裁期限一般为 74 天。经过批准,可以延长,最长可以延长到 104 天。那么按照现在劳动争议调解仲裁法规定,一般的期限是 50 天,其中 5 天是受理的批准期限,45 天的仲裁期限。如果需要延长,最长可以延长到 60 天,周期几乎缩短了一倍。

4. 规定了"一裁终局"的制度

根据该法规定,那些规定明确、争议额小的简单劳动争议案件,如追索劳动报酬、工伤医疗费、经济补偿或者赔偿金,不超过当地月最低工资标准 12 个月金额的小额争议,以及因执行国家的劳动标准,在工作时间、休息休假、社会保险等方面发生的争议,在仲裁裁决作出后,如果劳动者没有提起诉讼或用人单位没有申请撤销,仲裁裁决即发生法律效力。也就是说部分案件一裁就终局,不必再走完劳动争议处理的全部程序,一裁终局的不再上法院,少了一个时间比较长的诉讼环节。这样可以有效解决当前一些用人单位恶意诉讼,拖延履行义务而导致的劳动争议处理周期长的问题,将大多数劳动争议案件及时化解,有效地维护职工的合法权益。

5. 劳动争议仲裁不收费

该法第五十三条明确规定"劳动争议仲裁不收费。劳动争议仲裁委员会的经费由财政予以保障。"这样可以大大降低劳动者的维权成本。

(四)《中华人民共和国就业促进法》(以下简称《就业促进法》)

《就业促进法》为促进就业,促进经济发展与扩大就业相协调,以及促进社会和谐稳定而制定的法律,于 2007 年 8 月 30 日第十届全国人民代表大会常务委员会第二十九次会议通过,2015 年 4 月 24 日第十二届全国人民代表大会常务委员会第十四次会议修订。该法共 9 章 69 条,包括总则、政策支持、公平就业、就业服务和管理、职业教育和培训、就业援助、监督检查、法律责任和附则。《就业促进法》的颁布施行是我国就业领域第一部基本法律,是就业部门的一件要事,是我国就业工作的一个最重要的里程碑,对于亿万劳动者来说是一大幸事。它和此前通过的《劳动合同法》及《劳动争议调解仲裁法》三部法律的出台,形成了一套比较完备的劳动法律制度,对于劳动法律制度的建设具有里程碑的意义。

《就业促进法》的主要内容可以概括为一个方针、一面旗帜、六大责任、五项制度、十大政策。

一个方针。即坚持劳动者自主择业、市场调节就业、政府促进就业的方针。在当前市场机制不健全、劳动者能动性不充分的情况下,政府要承担更多的培育完善市场机制、规范市场行为的责任;要加大鼓励支持劳动者自主择业和企业增加就业岗位的力度。

一面旗帜。即高举公平就业的旗帜,创造公平的就业环境。实行公平就业,反对就业歧视,保障劳动者的平等就业权利,既是促进就业工作的一项重要原则,也是社会关注的一个重要问题。

六大责任。促进就业和治理失业是各级政府执政为民的重要体现。本法对政府在促进就业中承担的重要职责作出了明确规定，主要包括六个方面，即发展经济和调整产业结构增加就业岗位、制定实施积极的就业政策、规范人力资源市场、完善就业服务、加强职业教育和培训、提供就业援助。

五项制度。即加强对就业工作组织领导的政府责任制度，强对劳动者工作的公共就业服务和就业援助制度，加强对市场行为规范的人力资源市场管理制度，加强对人力资源素质提升的职业能力开发制度和加强对失业治理的失业保险及预防制度。

十大政策。政策是政府履行责任的具体体现。即有利于促进就业的经济发展政策、财政保证政策、税收优惠政策、金融支持政策和城乡统筹、区域统筹、群体统筹的就业政策，以及支持灵活就业、援助困难群体就业的政策，还有失业保险促进就业的政策。

（五）《中华人民共和国公务员法》（以下简称《公务员法》）

《公务员法》于2005年4月27日第十届全国人民代表大会常务委员会第十五次会议通过，根据2017年9月1日第十二届全国人民代表大会常务委员会第二十九次会议《关于修改〈中华人民共和国法官法〉等八部法律的决定》修正，2018年12月29日第十三届全国人民代表大会常务委员会第七次会议修订。《公务员法》共18章113条，分为总则、公务员的条件、义务与权利、职务与级别、录用、考核、职务任免、职务升降、奖励、惩戒、培训、交流与回避、工资福利保险、辞职辞退、退休、申诉控告、职位聘任、法律责任、附则。《公务员法》是建国50多年来我国第一部干部人事管理的综合性法律，是我国公务员管理工作走向科学化、规范化、法制化的重要里程碑。公务员法颁布施行，对于规范公务员的管理、保障公务员的合法权益、加强对公务员的监督、建设高素质的公务员队伍，对于促进勤政廉政建设，提高工作效能，对于改革和完善党的领导方式和执政方式、加强党的执政能力建设、提高治国理政水平、发扬社会主义民主政治、建设社会主义政治文明都具有重要而深远的意义。《公务员法》适用于依法履行公职、纳入国家行政编制、由国家财政负担工资福利的工作人员，包括国家权力机关和行政机关工作人员、中国共产党和民主党派机关的工作人员、法官和检察官等。

《公务员法》的主要内容可归纳为两个方面：一是关于公务员制度和公务员管理的总括性规定，包括公务员制度的指导思想、基本原则，公务员的范围、条件、义务与权利，公务员的职务与级别，公务员管理机构以及违反公务员法的法律责任等；二是关于公务员管理各个环节的基本管理制度的规定，包括公务员的录用、考核、职务任免、职务升降、奖励、处分、培训、交流回避、工资福利保险、退休、申诉控告、职位聘任等等。

二、择业阶段维权

案例一：职业中介收取押金合法吗？

A毕业后来到了一家职业中介所。工作人员当即给A联系了一家单位，条件是需交100元押金，成功了则再加交50元算是中介费，失败了则只需交5元服务费，100元押金退回。A去了那家单位进行了面试，结果发现工作环境太差而且待遇很低，就没有签约。等回到职业中介所要押金时，工作人员却说单位已经给你找好了，是你自己不愿意去，就等于介绍成功了，执意不肯退押金。

案例解析:当今的职业中介机构鱼龙混杂,不仅很多机构不正规,存在收费项目繁多等情况,而且一些不法中介机构还与用人单位勾结,提供虚假就业信息以牟利。即使一些正规中介承诺在未被录用或试用时不收介绍费,但也都会收取一定数量的押金,虽然承诺在一定条件下可全额或扣除一定服务费用后退回,但最终能完全兑现承诺的却并不多。针对这种情况《就业促进法》第四十一条规定职业中介机构不得有下列行为:(一)提供虚假就业信息;(二)为无合法证照的用人单位提供职业中介服务;(三)伪造、涂改、转让职业中介许可证;(四)扣押劳动者的居民身份证和其他证件,或者向劳动者收取押金;(五)其他违反法律、法规规定的行为。

因此,A 可以向劳动监察部门(各地劳动保障部门下均设有劳动保障监察大队)投诉,一旦查证属实,除要退回所收取的押金外,还将被依法予以查处。情节严重的,吊销人力资源中介许可证。也可以向人民法院提起诉讼。

案例二:用人单位可以要“他”不要“她”吗?

B 是某名校一名理工类的女硕士研究生,毕业后为了找工作她投了很多简历,本以为各方面条件都很优异的她会有很多机会,可是几轮招聘会下来,她就彻底失去了信心,因为她发现很多用人单位在招聘启示中都明确规定只要男性不要女性,即使没有明确规定的,也都口头告诉她,与她这个专业有关的职位基本都是要求长期出差的,所以他们只招男的。有的单位一看她是女的,连简历都不收,更不用说给她面试的机会了,她不明白,为什么即使各方面条件都很优秀,用人单位就是要“他”而不要“她”呢?

案例解析:《劳动法》第十二条规定:“劳动者就业,不因民族、种族、性别、宗教信仰不同而受歧视。”

《劳动法》第十三条规定:妇女享有与男子平等的就业权利。在录用职工时,除国家规定的不适合妇女的工种或者岗位外,不得以性别为由拒绝录用妇女或者提高对妇女的录用标准。

因此,用人单位这种做法是一种典型的就业歧视,是违法劳动法的规定的。如果自己遭受到就业歧视,可以向人民法院提起诉讼。

案例三:乙肝病毒携带者就不能工作了吗?

C 是 2022 届信息通信工程专业的本科生,应聘某 IT 公司的测试技术员,在经过笔试、面试重重筛选后,该公司人力资源部通知他被录用了,并和他谈了薪水待遇等问题,并要他到指定的医院参加入职体检,并特别嘱咐他要空腹进行乙肝五项检查,如果体检合格就可以到公司上班了。体检结果出来后,显示 C 是乙肝病毒携带者,体检结果一出来,公司通知 C 不符合公司录用规定。难道乙肝病毒携带者就没有工作的权利了吗?

案例解析:《劳动法》《劳动合同法》中均有规定“平等就业”“公平就业”的原则。《就业促进法》对此进一步作出了明确规定:“用人单位招用人员,不得以是传染病病原携带者为由拒绝录用。但是,经医学建档传染病病原携带者在治愈前或者排除传染嫌疑前,不得从事法律、行政法规和国务院卫生行政部门规定禁止从事的易使传染病扩散的工作。”明确规定了用人单位招用人员,不得以是传染病病原携带者为由拒绝录用。据统计,我国目前约 1.2 亿人是乙肝病毒携带者。其实,根据有关医学资料,一般的乙肝病毒携带者传染性很小,对健康危害也不大,但不少单位仍会以健康为由将他们拒之门外,这不仅是对个体的侵权和精神伤害,也堵塞 1 亿多人的就业通道,破坏社会的公平正义。

为了进一步维护乙肝病毒携带者的权益,2022年2月10日,人力资源和社会保障部、教育部、卫生部10日联合发出通知,要求各地进一步规范入学和就业体检项目,取消入学、就业体检中的乙肝检测项目,维护乙肝表面抗原携带者入学和就业权利。因此,公司让C检查乙肝五项的做法违反劳动法律法规的强制性规定。C可以向劳动行政部门投诉,一旦查证属实,按照《就业服务与就业管理规定》中第六十八条的处罚规定,“用人单位违反规定,在国家法律、行政法规和国务院卫生行政部门规定禁止乙肝病原携带者从事的工作岗位以外招用人员时,将乙肝病毒血清学指标作为体检标准的,由劳动保障行政部门责令改正,并可处以一千元以下的罚款。”将责令对用人单位改正,并处以相应的罚款。

同时,如果医院违反规定在入职、入学体检中进行乙肝五项检查,也可以依照相关的规定进行处罚。《关于进一步规范入学和就业体检项目维护乙肝表面抗原携带者入学和就业权利的通知》(以下简称《通知》)中,规定“对违反本通知规定进行乙肝项目检测,或泄露乙肝表面抗原携带者个人隐私的医疗卫生机构,卫生行政部门要及时纠正,给予通报批评;违规情节、后果严重的,禁止其开展体检服务。”

除了向劳动行政部门投诉外,劳动者也可以向人民法院提起诉讼,人民法院应支持劳动者的合理请求。

三、签约阶段如何维权

案例四:不签订书面劳动合同支付双倍工资

2023年D毕业后按照《就业协议书》的约定于2023年8月1日来到用人单位报到。用人单位以人事主管部门领导人外出学习为由一直没有与D签订书面的劳动合同,D认为找到一份工作不容易,而且公司的发展环境还说的过去,也就没有就劳动合同的事继续找公司领导询问。三个月后,用人单位不仅没有与D补签劳动合同,还没有按约定为D交纳各项社会保险。于是D向当地劳动争议仲裁委员会申请仲裁。结果劳动仲裁委员会除了裁决用人单位补缴各项社会保险外,还裁决用人单位支付D另一笔钱,这是为什么?

案例解析:就业协议的效力始于签订之日,止于毕业生到用人单位报到、用人单位正式接收毕业生。毕业报到后应尽快与用人单位签订书面劳动合同,按照《劳动合同法》的规定,建立劳动关系应当订立劳动合同。劳动合同是劳动者与用人单位确立劳动关系、明确双方权利与义务的协议,也是劳动争议发生后处理争议的重要依据。

《劳动合同法》第十条规定:“建立劳动关系,应当订立书面劳动合同。已建立劳动关系,未同时订立书面劳动合同的,应当自用工之日起一个月内订立书面劳动合同。用人单位与劳动者在用工前订立劳动合同的,劳动关系自用工之日起建立。“

《劳动合同法》第八十二条规定:“用人单位自用工之日起超过一个月不满一年未与劳动者订立书面劳动合同的,应当向劳动者每月支付二倍的工资。……”

此款规定的用人单位向劳动者支付两倍工资的起算时间为用工之日起满一个月的次日,截止时间为补签书面劳动合同的前一日。

这意味着从2023年9月1日开始，用人单位每月必须向D支付二倍的工资，直到签订书面劳动合同为止。所以劳动争议仲裁委员会裁决用人单位支付D另一笔钱。由此可见，《劳动合同法》更强调书面劳动合同的订立，加大了对劳动者的保护力度。企业如果为了降低用人成本，逃避社会保险责任而不与劳动者订立书面劳动合同，将付出更大的代价。

同时，《劳动合同法实施条例》第五条规定："自用工之日起一个月内，经单位书面通知后，不与单位订立书面劳动合同的，单位应书面通知劳动者终止劳动关系，无需支付经济补偿，但应当依法向劳动者支付其实际工作时间的劳动报酬。"《劳动合同法》要求用人单位必须在用工之日起一个月内与劳动者签订劳动合同，如果自用工之日起超过一个月不满一年未与劳动者签订书面劳动合同的，应当向劳动者每月支付二倍工资。这样导致了实践中出现一部分劳动者在用人单位要求签订劳动合同时借故不签订劳动合同想获得双倍工资的现象，《劳动合同法实施条例》的这条规定给用人单位一个终止劳动关系的选择权。当然，这里用人单位需要举证证明已经书面通知劳动者签订合同，而劳动者不签。因此用人单位应有证据意识，在书面通知送达时应当有劳动者的签收证据或者其他可以证明已经向劳动者送达书面通知的证据。

案例五：不订立书面劳动合同，固定期限劳动合同变为无固定期限劳动合同

接案例四，假如到了2024年8月1日，该单位一直不与D签订劳动合同，那么双倍工资就一直支付下去吗？对于不签订劳动合同的行为，《劳动合同法》还有别的办法制裁吗？

案例解析：《劳动合同法》第十四条规定："……用人单位自用工之日起满一年不与劳动者订立书面劳动合同的，视为用人单位与劳动者已订立无固定期限劳动合同。"

《劳动合同法实施条例》第七条规定："用人单位自用工之日起满一年未与劳动者订立书面劳动合同的，自用工之日起满一个月的次日至满一年的前一日应当依照劳动合同法第八十二条的规定向劳动者每月支付两倍的工资，并视为自用工之日起满一年的当日已经与劳动者订立无固定期限劳动合同，应当立即与劳动者补订书面劳动合同。"

根据此条规定，到了2024年8月1日，如果用人单位还没有与D签订书面劳动合同，自2024年9月1日起，用人单位就不必向D支付双倍工资了，但是双方之间的劳动合同就会自动被视为无固定期限的劳动合同了。用人单位在"视为已订立无固定期限劳动合同"的情况下仍负有补订劳动合同的义务，毕竟"视为"不等于已订立，同时，用人单位还必须向劳动者支付11个月的"双倍工资"。本来用人单位和劳动者约定的是固定期限劳动合同，但是不签订书面合同满一年的话，固定期限就变成了无固定期限，所以用人单位应该重视签订书面劳动合同。

案例六：用人单位能否收取培训费

G计算机专业毕业后与一所私人办的培训机构达成就业意向，该培训机构拟聘G为该校计算机教师，但是在签订劳动合同时，该机构要求G必须通过该机构的培训才能上岗，因此要求G交纳500元的培训费，G迫于无奈交纳了培训费。问该培训机构是否能够收取培训费？

案例解析：《劳动法》第六十八条规定："用人单位应当建立职业培训制度，按照国家规定提取和使用职业培训经费，根据本单位实际，有计划地对劳动者进行职业培训。从事技术工种的劳动者，上岗前必须经过培训。"

《劳动合同法》第九条规定:“用人单位招用劳动者,不得扣押劳动者的居民身份证和其他证件,不得要求劳动者提供担保或者以其他名义向劳动者收取财物。”

因此,按照国家规定用人单位必须按照本单位工资总额的一定比例提取培训费用,用于对劳动者的培训。用人单位有对劳动者进行职业培训的义务,而且培训费应该由用人单位负担,不应该向劳动者收取。该培训机构的做法实际是以“培训费”的名义非法向劳动者收取财物,G 可以向劳动行政部门举报,由劳动行政部门责令他们退还,并对其处以一定金额的处罚。

案例七:持假学历订立的劳动合同无效

为了增加自己的就业砝码,H 花 500 块钱买了一张国内著名××大学(工商行政管理专业)文凭,并凭借该文凭成功应聘为某公司的销售经理,双方签署了劳动合同并约定 H 的月薪为 5 000 元+销后利润的 1% 作为提成。工作一段时间后,H 一直业绩平平,而且部门内部管理混乱,于是公司产生了怀疑,对 H 的工作经历及学历进行调查。通过调查,果然发现,H 所持的大学文凭是假的!2024 年 11 月 15 日,销售公司以 H 欺诈为由,通知 H 从即日起,解除其劳动关系,并拒绝支付 H 的工资。H 不服,向劳动争议仲裁委员会起诉销售公司。他的理由是:1、劳动合同已签订了,双方都盖了章,劳动合同当然是有效的;2、销售公司违法解除劳动合同,应支付其工资 6 207 元和 10 000 元的赔偿金。问双方的劳动合同是否有效?销售公司是否需要付其工资 6 207 元和 10 000 元的赔偿金?

案例解析:《劳动合同法》第二十六条规定:“下列劳动合同无效或者部分无效:(一)以欺诈、胁迫的手段或者乘人之危,使对方在违背真实意思的情况下订立劳动合同的……”

劳动合同是劳动者和用人单位在平等的基础上约定权利义务关系的协议,双方各自表达真实的意思并达成合意是合同生效并产生约束的前提条件。而 H 故意采用欺诈的手段造成用人单位意思表示不真实。因此,根据《劳动合同法》第二十六条的有关规定,该劳动合同无效。

本案还涉及到如何处理无效劳动合同的问题。《劳动合同法》第二十八条规定:“劳动合同被确认无效,劳动者已经付出劳动的,用人单位应当向劳动者支付劳动报酬。劳动报酬的数额,参照本单位相同或者相近岗位劳动者的劳动报酬确定。”因此,虽然 H 持有的文凭是假,但其确实在销售经理的岗位上提供了劳动,仍应按销售经理的工资报酬支付其应得工资。另外,根据《劳动合同法》第三十九条第(五)项的规定,若因欺诈而订立劳动合同并导致该劳动合同无效的,用人单位可以解除劳动合同并不需要支付经济补偿金。

案例八:用人单位未盖章,劳动合同无效

I 与某公司的代表签订劳动合同,约定聘用为该公司办公室主任,年薪 10 万元,每月预发 5 000 元,缺发部分年终补齐。年终时,I 被公司解除劳动关系。其间 I 共领取工资 6 万元,尚有 4 万元未支付。为了要回被公司拖欠的工资,I 向劳动仲裁机构提起了仲裁,并向劳动仲裁委员会提交了他和公司的劳动合同,以支持自己的主张。但是审理中发现劳动合同上只有公司代表的签名,没有公司印章和公司法定代表人的签名。公司也否认曾与 I 签订过劳动合同,只口头约定每月工资 5 000 元,公司已按约定足额支付了,不存在拖欠行为。问该劳动合同是否有效?

案例解析:《劳动合同法》第十六条规定:“劳动合同由用人单位与劳动者协商一致,并经用人单位与劳动者在劳动合同文本上签字或者盖章生效。……”

按照法律规定,劳动合同要经用人单位和劳动者双方签字或者盖章才发生法律效力。当事人签字或者盖章时间不一致的,以最后一方签字或者盖章的时间为准。I 的劳动合同只有公司代表的签字,没有公司的印章,在没有其他证据证明的情况下,不能认定为公司的行为。所以,该劳动合同不发生法律效力,为无效劳动合同,I 的请求得不到支持。所以,劳动者在签订劳动合同时,一定要确认劳动合同上的单位公章等要件是否齐全,以防上当受骗。

案例九:能先签订试用合同再签订劳动合同吗?

K 毕业后,经过千辛万苦的寻找工作后,终于有一家公司决定录用。公司提出,准备与 K 签订三年的劳动合同,但是在签订正式劳动合同之前,只能先和 K 签订为期三个月的试用期合同,试用期过后且合格者才能签订正式的劳动合同。K 虽然担心公司试用期满后不录用自己。但是为了这份来之不易的工作,K 还是选择了"坚强的走下去"——与公司签订了这份试用合同。用人单位能先先签订试用合同再签订劳动合同吗?或者试用期不签订合同,只口头约定试用期及工资吗?

案例解析:《劳动合同法》第十条规定:"建立劳动关系,应当订立书面劳动合同。"

《劳动合同法》第十九条规定:"……试用期包含在劳动合同期限内。劳动合同仅约定试用期的,试用期不成立,该期限为劳动合同期限。"

根据以上规定,该公司试用之日即为用工之日,就应该与劳动者订立书面劳动合同,而不能在试用后再签订劳动合同。试用期只有在正式合同中才能约定,即如果没有订立正式合同就不存在单独的"试用合同"。劳动合同与试用期是母子关系,用人单位不能前后颠倒。

如果用人单位与劳动者订立试用合同,理论上认为用人单位放弃了对被录用人员试用的权利。当出现这种情况时,视为用人单位放弃试用期,事实上的劳动关系即成为正式的劳动关系,劳动者可以享受正式职工的一切权利。因此,K 可以向劳动监察部门投诉,要求该公司补发试用期的工资 3×1 500=4 500 元。由此可见试用期内不签劳动合同或者只签试用期合同的做法不仅没使企业占到任何便宜,反而使企业丧失了试用期内所享有的权利,搬起石头砸自己的脚。

案例十:关于试用期工资的规定

2024 年 10 月份,L 在北京一建筑工地打工,工地老板与 L 签订了一份劳动合同期限为 3 年的劳动合同,并约定试用期 3 个月,每月管吃管住工资 1 000 元,试用期满后每月工资 1 500 元,问是否合法?为什么?

案例解析:《劳动合同法》第二十条规定:"劳动者在试用期的工资不得低于本单位同岗位最低档工资或者劳动合同约定工资的百分之八十,并不得低于用人单位所在地的最低工资标准。"

《劳动法》第四十八条明确规定:"国家实行最低工资保障制度。最低工资的具体标准由省、自治区、直辖市人民政府规定,报国务院备案。""用人单位支付劳动者的工资不得低于当地最低工资标准。"

北京市人力资源和社会保障局关于最低工资的规定"一、我市最低工资标准为每小时不低于 6.7 元、每月不低于 1 160 元……",在劳动者提供正常劳动的情况下,用人单位支付给劳动者的工资在剔除下列各项后,不得低于当地最低工资标准(一)劳动者在中班、夜班、高温、低温、井下、有毒有害等特殊工作环境、条件下的津贴；（二）劳动者应得的加班、加点工资；（三）劳动者个人应缴纳的各项社会保险费和住房公积金；（四）根据国家和本市规定不计入最低工资标准的其他收入。”各地关于最低工资的具体标准各不相同，具体可咨询当地劳动保障部门。

案例十一：关于试用期的时间

M大学毕业后被国内一家大型连锁超市录用为前台收银员，签订了劳动期限为2年的劳动合同，劳动合同约定试用期为6个月。问：公司的做法是否合法？为什么？

案例解析：《劳动合同法》第十九条规定：“劳动合同期限三个月以上不满一年的，试用期不得超过一个月；劳动合同期限一年以上不满三年的，试用期不得超过二个月；三年以上固定期限和无固定期限的劳动合同，试用期不得超过六个月。同一用人单位与同一劳动者只能约定一次试用期。以完成一定工作任务为期限的劳动合同或者劳动合同期限不满三个月的，不得约定试用期。……”

M与超市签订的劳动合同期限为2年，按照规定试用期不得超过二个月，如果约定试用期超过二个月的，超过部分无效，从第三个月开始M试用期结束，享受非试用期职工的待遇。

特别提醒：按照《劳动合同法》第十九条的规定：“同一用人单位与同一劳动者只能约定一次试用期。”用人单位不能在与劳动者续签劳动合同时再约定试用期。

四、劳动合同执行履行期间的维权

案例十二：加班费怎么算

N的日工资为80元/天，2025年10月1日至7日，根据政府规定放假7天，其中3天属于法定假日，4天属于前后两周的周末公休。公司安排王某在这7天加班，根据劳动法的规定，公司应向N支付多少加班费？

案例解析：《劳动法》第四十四条“有下列情形之一的，用人单位应当按照下列标准支付高于劳动者正常工作时间工资的工资报酬：（一）安排劳动者延长工作时间的，支付不低于工资的百分之一百五十的工资报酬；（二）休息日安排劳动者工作又不能安排补休的，支付不低于工资的百分之二百的工资报酬；（三）法定休假日安排劳动者工作的，支付不低于工资的百分之三百的工资报酬。

2025年开始，职工全年月平均工作天数为20.67天，日工资：月工资收入÷月计薪天数（20.67）；小时工资：月工资收入÷（月计薪天数×8小时）

年工作日：365天－104天（休息日）－13天（法定节假日）＝248天

季工作日：248天÷4季＝62天/季

月工作日：248天÷12月＝20.67天/月

工作小时数的计算：以月、季、年的工作日乘以每日的8小时。

在计算劳动者加班工资时，劳动者的工资基数应包括计时工资、计件工资、奖金、津贴和补贴。用人单位扣除的房租、水电、所得税应包括在工资基数之内。

法定假日：根据2024年11月修订的《全国年节及纪念日放假办法》，自2025年1月1日起，全体公民放假的假日增加 2 天(其中春节、劳动节各增加 1 天),由原来的 11 天增设为 13 天。

中国全体公民放假的节日是 7 个,自 2025 年 1 月 1 日起,除个别特殊情形外,春节自农历除夕起放假调休 8 天,国庆节自 10 月 1 日起放假调休 7 天,劳动节放假调休 5 天,元旦、清明节、端午节、中秋节分别放假调休或连休 3 天(如逢周三则只在当日放假),国庆节放假如逢中秋节则合并放假 8 天。

法定休息日:周六、周日

因此,N 的加班费为:四个公休日工资报酬共计 80×2×4=640 元;三个法定假日工资报酬共计 80×3×3=720 元,支付的加班费为共计 640+720=1 360 元。

案例十三:用人单位能拒绝订立无固定期限劳动合同吗?

O 等人在一家企业工作超过十年,2008 年原合同到期后,由于该企业效益一直不错,工作也较稳定,O 就根据法律规定要求与该企业签订无固定期限的劳动合同,但是遭到该企业的拒绝,不仅不与他们签订无固定期限合同,还彻底不与他们续签劳动合同了,让他们下岗。该企业的理由是,根据《劳动法》第二十条的规定:“动者在同一用人单位连续工作满十年以上,当事人双方同意续延劳动合同的,如果劳动者提出订立无固定期限的劳动合同,应当订立无固定期限的劳动合同。”而该企业压根不同意续签劳动合同,延续劳动关系,所以即使劳动者提出签订无固定期限的劳动合同,只要自己不再雇佣这些工人,就不需要签订无固定期限的劳动合同。该企业的做法合法吗?O 等人该怎么维护自己的权利?

案例解析:《劳动合同法》第十四条规定:“无固定期限劳动合同,是指用人单位与劳动者约定无确定终止时间的劳动合同。用人单位与劳动者协商一致,可以订立无固定期限劳动合同。

有下列情形之一,劳动者提出或者同意续订、订立劳动合同的,除劳动者提出订立固定期限劳动合同外,应当订立无固定期限劳动合同:(一)劳动者在该用人单位连续工作满十年的;(二)用人单位初次实行劳动合同制度或者国有企业改制重新订立劳动合同时,劳动者在该用人单位连续工作满十年且距法定退休年龄不足十年的;(三)连续订立二次固定期限劳动合同,且劳动者没有本法第三十九条和第四十条第一项、第二项规定的情形,续订劳动合同的。”

《劳动合同法实施条例》第九条规定:“劳动合同法第十四条第二款规定的连续工作满十年的起始时间,应当自用人单位用工之日起计算,包括劳动合同法施行前的工作年限。”

《劳动合同法实施条例》第十条规定:“劳动者非因本人原因从原用人单位被安排到新用人单位工作的,劳动者在原用人单位的工作年限合并计算为新用人单位的工作年限。原用人单位已经向劳动者支付经济补偿的,新用人单位在依法解除、终止劳动合同计算支付经济补偿的工作年限时,不再计算劳动者在原用人单位的工作年限。”

实践中有些单位为了规避与劳动者签订无固定期限劳动合同,将劳动者在下属子公司之间调动,或者注册新的用人单位与劳动者签订,《劳动合同法实施条例》第十条规定劳动者非因本人原因从原用人单位被安排到新用人单位工作的,劳动者在原单位的工作年限合并计算为新单位的工作年限,彻底击破了用人单位的此类规避手法。

在订立无固定期限劳动合同的规定上,《劳动合同法》与《劳动法》存在较大差异,按照《劳动法》第二十条的规定必须“当事人双方同意续延劳动合同”,不仅仅是用人单位或者劳动者一方存在续签劳动合同的意愿,不能签订无固定期限劳动合同。也就是说只要用人单位不同意,只要劳动者提出了也是白提。事实上,不仅不能签订无固定期限的劳动合同,保障以后的就业,还有可能丢了饭碗,彻底失业。因为用人单位为了规避无固定期限的劳动合同,最好的办法就是不续签劳动合同,重新雇用新人。

所以这么多年来,虽然无固定期限的劳动合同在《劳动法》中早有规定,用人单位却可以轻易逃避。针对这种情况《劳动合同法》加以改进,在该法第十四条的规定中,没有"当事人双方同意续延劳动合同",只要劳动者提出或者同意续订、订立劳动合同的,除劳动者提出订立固定期限的劳动合同外,就应当订立无固定期限的劳动合同。主动权完全掌握在劳动者手中。

按照特别法优先于普通法的要求,该企业的理由不成立,违法了《劳动合同法》的规定,为此O等人可以到当地劳动监察部门投诉或者劳动仲裁委员会提出仲裁,要求签订无固定期限劳动合同。劳动行政部门应当支持O等人的要求,如果该企业一直不与O等人签订无固定期限劳动合同,根据《劳动合同法》第八十二条第二款规定:"用人单位违反本法规定不与劳动者订立无固定期限劳动合同的,自应当订立无固定期限劳动合同之日起向劳动者每月支付二倍的工资。",必须从应当签订无固定期限劳动合同而没有签订之日起,向劳动者支付双倍工资,所以,用人单位拖得越久,应当支付的工资就越多。

特别提醒:《劳动合同法》第十四条第三款规定:"连续订立二次固定期限劳动合同,且劳动者没有本法第三十九条和第四十条第一项、第二项规定的情形,续订劳动合同的。"中关于连续订立二次固定期限劳动合同的起始时间,按照"法不溯及过往"的原则,应该从2008年1月1日起算。此外,连续两次订立固定期限劳动合同后并不一定就能签订无固定期限劳动合同,还要满足两个条件:一是"劳动者没有本法第三十九条和第四十条第一项、第二项规定的情形"《劳动合同法》第三十九条:"劳动者有下列情形之一的,用人单位可以解除劳动合同:(一)在试用期间被证明不符合录用条件的;(二)严重违反用人单位的规章制度的;(三)严重失职,营私舞弊,给用人单位造成重大损害的;(四)劳动者同时与其他用人单位建立劳动关系,对完成本单位的工作任务造成严重影响,或者经用人单位提出,拒不改正的;(五)因本法第二十六条第一款第一项规定的情形致使劳动合同无效的;(六)被依法追究刑事责任的。"第四十条"有下列情形之一的,用人单位提前三十日以书面形式通知劳动者本人或者额外支付劳动者一个月工资后,可以解除劳动合同:(一)劳动者患病或者非因工负伤,在规定的医疗期满后不能从事原工作,也不能从事由用人单位另行安排的工作的;(二)劳动者不能胜任工作,经过培训或者调整工作岗位,仍不能胜任工作的;……"。都是因为劳动者的原因用人单位解除解除劳动合同的。二是劳动者主观原因,劳动者自己提出订立固定期限劳动合同,或者同意用人单位提出订立固定期限劳动合同的意见。

案例十四:协商一致解除劳动合同也需要支付经济补偿吗?

Q是某公司职工,与公司签订了为期3年的劳动合同。最近与领导因工作上的事产生分歧发生了争执。此后,领导故意让他加班、出差刁难他。Q在不堪忍受的情况下,提出如果公司提出解除劳动合同他可以签字同意。但是公司坚持让他写"辞职报告",然后公司批准。Q不同意,但是公司许诺如果Q这么做,公司可以给他一笔较丰厚的生活补助,还可以按照有关规定支付解除劳动合同的补偿金。在这种情况下,Q递交了辞职报告,公司也批准了,但是此后公司许诺的生活补助和补偿金却毫无踪影。Q 很气愤,向劳动争议仲裁委员会提出申诉,仲裁委员会驳回了他的请求,为什么?

案例解析:经济补偿金是指在劳动合同解除或终止后,用人单位依法一次性支付给劳动者的经济上的补助。一般而言劳动者只有在被正常辞退或裁员辞退而解除劳动合同的情况下,才能由用人单位向其支付经济补偿。但是,《劳动合同法》实施之后,劳动合同期满后,在具备一定的条件下,用人单位也应当支付劳动者终止劳动合同后的经济补偿。

按照劳动合同法第四十六条的规定,用人单位应当支付经济补偿金的情形有以下 20 种:

(一)劳动者解除劳动合同,用人单位应当支付经济补偿金的 8 种情形:

1. 用人单位未按照劳动合同约定提供劳动保护或者劳动条件,劳动者解除劳动合同的。2. 用人单位未及时足额支付劳动报酬,劳动者解除劳动合同的。3. 用人单位低于当地最低工资标准支付劳动者工资,劳动者解除劳动合同的。4. 用人单位未依法为劳动者缴纳社会保险费,劳动者解除劳动合同的。5. 用人单位的规章制度违反法律、法规的规定,损害劳动者权益,劳动者解除劳动合同的。6. 用人单位以欺诈、胁迫的手段或乘人之危,使劳动者在违背真实意思的情况下订立或者变更劳动合同,劳动者解除劳动合同的。7. 用人单位以暴力、威胁或者非法限制人身自由的手段强迫劳动,劳动者解除劳动合同的。8. 用人单位违章指挥、强令冒险作业危及劳动者人身安全,劳动者解除劳动合同的。

(二)用人单位解除或终止劳动合同,应当向劳动者支付经济补偿的 12 种情形:9. 用人单位提出协商解除劳动合同,并与劳动者协商一致而解除劳动合同的。10. 劳动者患病或者非因工负伤,在规定的医疗期满后不能从事原工作,也不能从事由用人单位另行安排的工作,用人单位提前 30 日通知劳动者解除劳动合同。11. 劳动者不能胜任工作,经过培训或者调整工作岗位,仍不能胜任工作;用人单位提前 30 日通知劳动者解除劳动合同的。12. 劳动合同订立时所依据的客观情况发生重大变化,致使劳动合同无法履行,经用人单位与劳动者协商,未能就变更劳动合同内容达成协议;用人单位提前 30 日通知劳动者解除劳动合同的。13. 依照企业破产法规定进行重整,依法裁减人员的。14. 生产经营发生严重困难的,依法裁减人员的。15. 企业转产、重大技术革新或者经营方式调整,经变更劳动合同后,仍需裁减人员,用人单位依照法定程序裁减人员的。16. 其他因劳动合同订立时所依据的客观经济情况发生重大变化,致使劳动合同无法履行,用人单位依照法定程序裁减人员的。17. 劳动合同期满,劳动者同意续订劳动合同而用人单位不同意续订劳动合同,由用人单位终止固定期限劳动合同的。18. 因用人单位被依法宣告破产而终止劳动合同的。19. 因用人单位被吊销营业执照、责令关闭、撤消或者用人单位决定提前解散而终止劳动合同的。20. 法律、行政法规规定的其他情形。

《劳动合同法》第四十七条:“经济补偿按劳动者在本单位工作的年限,每满一年支付一个月工资的标准向劳动者支付。六个月以上不满一年的,按一年计算;不满六个月的,向劳动者支付半个月工资的经济补偿。”

按照《劳动合同法》的相关规定,用人单位和劳动者协商一致解除劳动合同,劳动者获得经济补偿的一个重要前提是:用人单位向劳动者提出解除劳动合同。如果是劳动者向用人单位提出解除劳动合同的,劳动者不能要求经济补偿。在这个案例中,本来是公司希望解除劳动合同,却采取种种刁难和欺骗的手段,诱使Q提出“辞职”,显然是在规避法律规定,从而避免支付经济补偿金的责任。

Q如果想获得经济补偿,关键是提交相应证据,证明自己提交“辞职报告”是被迫的,不是自愿的。在被强迫和欺骗的情况下,劳动者作出的意思表示不能认为是真实的,解除劳动合同的责任由公司承担。但是本案中Q没有相应证据,因此,请求得不到支持。所以,对于这种情况,劳动者提出辞职要谨慎,不要被用人单位轻易欺骗,随便提交辞职报告。即使在用人单位的要求下提出辞职报告,也应该要用人单位留下书面的保证、承诺等,以留下证据维护自己的合法权益。

五、劳动合同的解除和终止

案例十五:劳动者在试用期内可以随意解除劳动合同吗?

S毕业后与一家公司签订了期限三年的劳动合同,合同中约定试用期一个月。干了三天后S觉得没意思,而且又因为一点工作琐碎与同事发生争执,于是当即拍着桌子说:“我不干了”。公司主管很生气,要追究S的违约责任,问试用期内S可以随意解除劳动合同不需要承担违约责任吗?

案例解析:《劳动合同法》第三十七条规定:“劳动者在试用期内提前三日通知用人单位,可以解除劳动合同。”

这一规定与《劳动法》第三十二条,在试用期内,劳动者可以随时通知用人单位解除劳动合同的规定,有相同之处,也有不同之处。相同之处在于这两条规定都承认试用期内劳动者可以单方面要求解除劳动合同,无需任何理由。不同之处在于解除劳动合同的程序,《劳动法》的规定是可以随时解除,《劳动合同法》的规定是必须提前三天通知用人单位。新的《劳动合同法》强化了劳动者的程序意识,必须提前三天通知,虽然不要求书面通知,但是也必须口头通知,向S这样拍桌子就走如果给用人单位造成损失是要承担法律责任的。

案例十六:试用期内用人单位可以随意解除劳动合同吗?

T在一家公司做秘书,试用期为三个月,工资2 000元。眼看三个月的试用期就要到期了,公司的人事主管通知T说,由于不符合录用条件,T被解雇了。试用期内用人单位可以随意解除劳动合同吗?

案例解析:《劳动合同法》第二十一条规定:“在试用期中,除劳动者有本法第三十九条和第四十条第一项、第二项规定的情形外,用人单位不得解除劳动合同。用人单位在试用期解除劳动合同的,应当向劳动者说明理由。”

《劳动合同法》第三十九条规定:“劳动者有下列情形之一的,用人单位可以解除劳动合同:(一)在试用期间被证明不符合录用条件的;(二)严重违反用人单位的规章制度的;(三)严重失职,营私舞弊,给用人单位造成重大损害的;(四)劳动者同时与其他用人单位建立劳动关系,对完成本单位的工作任务造成严重影响,或者经用人单位提出,拒不改正的;(五)因本法第二十六条第一款第一项规定的情形致使劳动合同无效的;(六)被依法追究刑事责任的。”

《劳动合同法》第四十条第一项、第二项规定:“(一)劳动者患病或者非因工负伤,在规定的医疗期满后不能从事原工作,也不能从事由用人单位另行安排的工作的;(二)劳动者不能胜任工作,经过培训或者调整工作岗位，仍不能胜任工作的”

其中，“在试用期间被证明不符合录用条件的”是用人单位最常用的一个理由，但是这一条款的适用应当注意：首先是在“试用期间”，对在试用期间不符合录用条件的劳动者，用人单位可以解除，若超过了试用期，用人单位不能以试用期间不符合录用条件为由解除劳动合同。其次是“不符合录用条件”，录用条件应当是经公布、为用人单位和劳动者共知的，而不是用人单位自己心里的小九九。所以在试用期间用人单位也不可以无条件随时随地解除劳动合同，必须有法律规定的事由，而且应当告知劳动者才能解除。

案例十七：劳动者任何时候都可以辞职吗？

U 是一家公司的员工，公司与他签订了为期 5 年的劳动合同，双方在合同中约定，在合同期间如果 U 提出解除劳动关系，要支付 1 万元违约金。后 U 通过朋友介绍找到了一家新公司，无论是工资待遇还是工作条件都比这好，于是 U 提前一个月向公司提交了辞职报告，公司却说劳动合同期限没到，不能解除劳动合同，要解除的话须支付 1 万元违约金。问公司的做法是否合法？

案例解析：《劳动合同法》第三十七条规定：“劳动者提前三十日以书面形式通知用人单位，可以解除劳动合同。……”

《劳动合同法实施条例》第十八条规定：“单位解除固定期限劳动合同、无固定期限劳动合同或者以完成一定工作任务为期限的劳动合同：（一）劳动者与用人单位协商一致的；（二）劳动者提前 30 日以书面形式通知用人单位的；（三）劳动者在试用期内提前 3 日通知用人单位的；（四）用人单位未按照劳动合同约定提供劳动保护或者劳动条件的；（五）用人单位未及时足额支付劳动报酬的；（六）用人单位未依法为劳动者缴纳社会保险费的；（七）用人单位的规章制度违反法律、法规的规定，损害劳动者权益的；（八）用人单位以欺诈、胁迫的手段或者乘人之危，使劳动者在违背真实意思的情况下订立或者变更劳动合同的；（九）用人单位在劳动合同中免除自己的法定责任、排除劳动者权利的；（十）用人单位违反法律、行政法规强制性规定的；（十一）用人单位以暴力、威胁或者非法限制人身自由的手段强迫劳动者劳动的；（十二）用人单位违章指挥、强令冒险作业危及劳动者人身安全的；（十三）法律、行政法规规定劳动者可以解除劳动合同的其他情形。”

所以，公司的说法是错误的，根据法律的规定，即使劳动合同没有到期，U 也可以随时要求解除劳动合同，只要履行了提前三十天书面通知用人单位的法定程序即可。这是法律对劳动者人身自由、就业自由的保护，劳动合同不是“卖身契”，劳动者依然享有充分的自由。当然，如果劳动者没有提前三十天书面通知用人单位，劳动合同不能解除，因此给用人单位造成的损失，要承担赔偿责任。三十天期满后，用人单位也应该积极配合劳动者办理离职手续，不得扣押劳动者的证件和档案，否则，给劳动者造成的损失，用人单位也要承担赔偿责任。

另外，根据以下规定，双方在劳动合同中约定的违约金是无效的。

《劳动合同法》第二十五条规定：“除本法第二十二条和第二十三条规定的情形外，用人单位不得与劳动者约定由劳动者承担违约金。”

《劳动合同法》第二十二条规定：“用人单位为劳动者提供专项培训费用，对其进行专业技术培训的，可以与该劳动者订立协议，约定服务期。

劳动者违反服务期约定的，应当按照约定向用人单位支付违约金。违约金的数额不得超过用人单位提供的培训费用。用人单位要求劳动者支付的违约金不得超过服务期尚未履行部分所应分摊的培训费用。……”

《劳动合同法》第二十三条规定：“用人单位与劳动者可以在劳动合同中约定保守用人单位的商业秘密和与知识产权相关的保密事项。

对负有保密义务的劳动者，用人单位可以在劳动合同或者保密协议中与劳动者约定竞业限制条款，并约定在解除或者终止劳动合同后，在竞业限制期限内按月给予劳动者经济补偿。劳动者违反竞业限制约定的，应当按照约定向用人单位支付违约金。”

为此，《劳动合同法》规定在劳动合同中设定违约金的，只有违法服务期约定和违法禁业禁止约定两种情况，除此之外不得约定违约金，如有约定，该条款无效，所以 U 无须支付 1 万元违约金。

六、劳动争议的处理

案例十八：劳动者与用人单位发生争议可以直接提起行政诉讼吗？

员工 V 因拒绝公司要求的无偿加班而被公司辞退，如果 V 不同意解除劳动合同，并直接向人民法院提起诉讼，那么法院会受理吗？

案例解析：我国劳动争议的解决途径如图 19-1 所示。

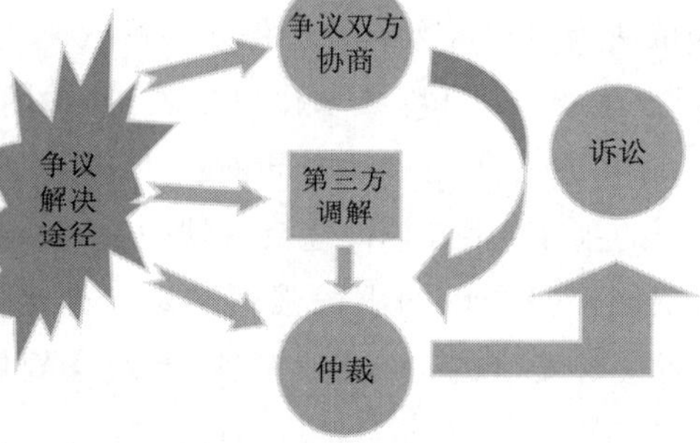

图 19-1　我国劳动争议的解决途径图

由此可知，劳动争议发生后，当事人可以依法申请调解、仲裁、提起诉讼，也可以协商解决。(1)当事人可以协商解决劳动争议，但协商不是处理劳动争议的必经程序，不愿协商的，可以申请调解。(2)当事人可以向本单位劳动争议调解委员会申请调解。但调解也不是处理劳动争议的必经程序，当事人任何一方不愿调解的，可以直接向有管辖权的劳动争议仲裁委员会申请仲裁。调解原则也适用于仲裁和诉讼程序。(3)调解不成的，当事人一方可以向劳动争议仲裁委员会申请仲裁。劳动争议仲裁委员会是指县、市、市辖区设立的裁处企业与职工之间发生的劳动争议的组织机构。(4)当事人对仲裁裁决不服的，可以自收到仲裁裁决书之日起 15 日内向人民法院提起诉讼。一方当事人在法定期限内不起诉又不履行仲裁裁决的，另一方当事人可以申请人民法院强制执行。

由于目前我国处理劳动争议实行"一裁二审"和"仲裁前置"的劳动争议解决机制。即劳动争议发生后首先由当事人向本企业的劳动争议调解委员会申请调解,调解不成或当事人不愿调解的应当先向劳动争议仲裁委员会申请劳动争议仲裁,只有当一方或双方当事人不服劳动争议仲裁才可向人民法院起诉,所以V不能直接向法院起诉。

【练习】

假如你跟用人单位之间因为加班工资发生了纠纷,该如何维护自己的权利?

模块二十　角色转换

【案例】

会计专业毕业的L任职于一家公司,职务是出纳,负责公司与银行及其他企业间的现金往来业务,除此之外每个月还要负责做企业职工工资表。可是工作不到半年,L就眼泪汪汪、满腹委屈地打电话给父母说想辞职不干了。父母问其原因,L说是因为上个月公司内部人事大变动,不少员工的职务都进行了调整,可是月底人力资源处没有把职务变动信息反馈到财务处,领导也没说这个月执行新的职务工资。因此,L在做工资表的时候没有变更职务信息,依旧按照原来的标准发放。员工的职务与报酬密切相关,关系到职工的切身利益,因此,引起了同事的不满和领导的批评,并且给予扣发一个月奖金的处罚。L认为这种处罚是她不能接受的,她已经很努力地在工作了,工资没有调整主要是人力资源处没有及时把职务变更的信息提交到财物处,可是人力资源处却说职务变更的表格早就做好,是L一直没问他们要。再说即使这个月没有按照新的标准发放工资下个月还可以补发,又不是无法弥补的错误,应当可以原谅,公司对自己的处罚太严厉了。

【问题讨论】

为什么初入职场的大学生在适应新的工作岗位时或多或少都会感到不适应?

【课堂点评】

从上述案例可以看出,这位职场新人产生的困惑,遇到的挫折实际上是由于角色转换引起的社会适应不良。角色不适应指占据了新的社会位置却迟迟未能进入新的角色,或虽失去原有的社会位置却迟迟不退出原有的角色,还是按照原来角色的行为、思维方式处理问题。例如L习惯了学生角色被动式地输入指令工作,工作中缺乏主动性,领导不说执行新工资标准自己就按原来的发放;不会主动去发现、解决问题,人力资源处不提交人事职务变更表自己便不去主动要;不能适应新的角色规范,觉得年轻人犯错误很正常,老师可以原谅的事老板为什么不能原谅呢?这些困惑及挫折的产生主要是没有认识到角色转换带来的角色区别,那么学生角色与职业角色有何区别呢?

一、正确认识角色转换

十余载的学生生涯使大学生对学生角色非常熟悉,养成了一种习惯性的行为方式、学习方式和生活方式。当走上工作岗位角色发生转变后,大学生常常还会自觉不自觉地将自己置于学生角色之中,以学生角色来要求自己和对待工作,以学生的思维方式来观察和分析事物,从而带来适应上的困难。所以,适应环境,尽快进入角色的关键在于首先要充分认识学生角色与职场人士的区别,了解职业角色的内涵,尽快从思想上进入角色,走出角色不适带来的“水土不服”。

(一)角色转换的涵义

角色转换是个体在社会关系的动态描述,是指个体因社会任务和职业生涯的变迁从一个角色进入另一个角色,由身份角色和社会位置的变化而导致的思想观念和行为模式的转换。对大学毕业生来说,角色转换就是从大学生的身份和社会位置转为社会公民(职业者)的身份和社会位置时所发生的思想观念和行为模式的转换。每一个角色都包含了角色权利、角色义务和角色规范三要素,因此,当个体从一个角色转变到另一个角色时,角色权利、义务与规范都会发生相应的变换,而这其中最根本的是权利与义务的变化。

(二)学生角色与职业角色的区别

1. 角色权利不同

学生角色的权利主要是依法接受教育,取得生活基本保证或资助,健康地成长。职业角色则是依法行使职权,承担行为责任,通过履行义务获得劳动报酬,为社会做贡献。

2. 角色义务不同

学生角色的义务主要是学好科学文化知识,掌握社会生活的技能,以便将来为社会作出应有的贡献。整个过程是一个接受教育、储备知识、锻炼能力的过程。学生角色义务履行得如何,主要关系到自身掌握知识的多少和能力培养的强弱程度。职业角色的义务主要是以特定的身份去履行自己的职责,依靠自己的本领和技能去服务社会,完成某个事项或任务,以获取劳动报酬。两种义务履行产生的后果也是有区别的。学生角色义务履行程度主要关系到自身掌握知识的多少和能力程度的强弱;而职业角色义务的履行则关系到劳动者个人价值和社会价值的实现。角色义务不同导致活动方式也会随之放生相应的变化。学生角色的活动方式主要是接受外界的输入,然后理解、消化,这是一个比较被动的过程。而职业角色则要求职业人员运用自己的知识和能力向外界提供劳动,与接受和输入相比,这是个主动运用和输出的过程,由被动到主动的转变,这是一个重大的活动方式的改变。而在现实生活中,很多毕业生感到一时难以适应,不会主动寻找、完成工作,而是等着领导的安排,即使是一些在学校里比较优秀的同学也经常在这种变化中感到手足无措,在工作中陷入窘境。

3. 角色规范不同

学生角色的规范多是从培养、教育的角度出发,引导学生德、智、体、美、劳全面健康的发展,顺利地成为合格人才的行为模式,因此当学生违反规范时的惩罚方式多是批评、教育等软约束。社会赋予职业角色的规范,提供的行为模式既具体又严格,多是硬约束,一旦违背了就要承担一定的责任,甚至法律责任。因此,社会对职业角色的责任心有着更高的要求。只要学生走上工作岗位,从学生角色转换为职业角色,社会就将以一个职业人员的标准来对其作出要求。但是在现实生活中,许多刚刚走上工作岗位的毕业生往往还是不能马上适应这种转变,对单位严格的纪律和管理制度难以适应,或对工作要求感到太苛刻,这就反映了他们还没有认识到自己角色的转变,没有意识到自己所承担的社会义务的增强。

二、角色转换中的心理障碍

案例：Z毕业于某名牌大学的人力资源管理专业，毕业后任职于国内一家大型培训机构的人力资源部，职位是人力招聘专员，负责制定、完善和监督执行企业的招聘制度，安排企业人员招聘以及招聘广告的发布或寻求招聘机构服务，建立并管理人力资源档案及企业人才库。尽管早有思想准备，知道刚开始肯定要从最基层做起，可是入职都快半年了，Z干得最多的就是在办公室打扫卫生，帮助部门经理整理一些应聘人员的简历，以及打电话通知应聘者面试的时间等琐碎又毫无技术含量的工作。有一次好不容易经理通知他一块去参加现场招聘，原以为会风光地坐在面试官的位置主持招聘，结果却是去负责招聘场地的布置、粘贴招聘广告，以及为其他同事订饭等后勤工作。Z觉得满腹委屈，无法发挥自己的专业特长，四年学白上了，这些一个高中毕业生都能干的活让自己一个名牌大学的大学生干简直是大材小用。而最让他无法忍受的是办公室里的人际关系，比自己早一年毕业却处处喜欢倚老卖老挑自己错的同事B经常在领导面前打小报告；“逢人只说三分话，不可全抛一片心”的师傅W，每当自己工作上有什么不懂请教他时，他总是点到为止，不肯多说。这种种的不如意让他非常怀念学校里老师的无私教诲，同学的真心相处。某天在街上偶遇就职于某外企的同班同学，得知人家工资比自己高，福利也比自己好，让他萌生了跳槽的念头……

以上案例中Z的境况实际上是很多职场新人的写照。许多毕业生满怀理想，一腔热血，准备到社会上大展宏图。但是由于受到社会因素、家庭因素尤其是自身认知能力、人格心理发展以及情感因素等影响，对某些社会现象缺乏必要的心理准备，一接触实际，尤其是接触到社会的一些消极面，如工作中不被重用、复杂的人际关系、差强人意的福利待遇等，往往就会从理想的峰巅一下子跌入谷底，内心产生严重的矛盾冲突，从而陷入来自外部环境和自我内部的心理压力和情感矛盾，产生了一些心理障碍，主要表现在以下几个方面。

（一）对原有群体的依恋心理

十余年的学生生活使大学生对学生角色的体验非常熟悉，学生生活使每个人都养成了一种定式的思维方式、行为方式和生活方式。毕业以后，全新的社会环境和工作要求，以及原来形成的价值观念、生活方式、思维模式、行为规范都遇到了新的问题。例如领导分配工作时简单的一句话把工作任务交代完，不会告诉你具体怎么做，不像学校里老师手把手地谆谆教诲；工作上遇到困难时也没有人主动问你需要帮助吗，当你向同事请教时，同事说话时都是“点到为止”，不像学校里同学间毫无保留的相互帮助；严格的规章制度和工作考核，一旦违反或达不到要求轻则扣工资奖金，重则开除，不像学校里老师会原谅你，给你改过自新的机会；同事间复杂且有利益冲突的微妙的人际关系，前辈之中有倚老卖老欺生者；有吹毛求疵者；有爱打小报告，当面笑眯眯，背后在领导和同事的面前说坏话的人，与校园里单纯、简单的同学关系相比让很多人无所适从。然而，很多刚刚走上工作岗位的大学生常常在扮演角色时自觉或不自觉地表现出学生角色的习惯行为，以学生角色来要求自己和对待工作，以学生的思维方式来观察和处理问题，学生行为习惯与社会职业角色要求的矛盾带来适应上的困难。每当遇到挫折和困难时很多人容易产生对校园生活的怀念，对学生角色的依恋，迟迟不退出原有的角色，进入新的角色。

(二)"理想很丰满,现实很骨感"的失落心理

从高高的象牙塔走下来的大学生怀抱的是理想化的思维方式,怀着"指点江山"的做事方法,准备到社会上大展宏图。然而严峻的就业形势、残酷的社会现实给了他们当头一棒。许多时候不是自己选择单位,而是单位选择毕业生,并且用人单位提出的种种条件与要求,更让有"抱负"的大学生难以接受。很多毕业生认为自己所从事的工作岗位不够理想,专业不对口,与原来设想中的岗位相差甚远,工作程序单调;工作环境艰苦,设备陈旧;工资收入低,福利待遇差等等,理想与现实的巨大落差使得他们一时难以接受。不甘于平庸,却又无法改变现状,原来的一腔热血变为大失所望,有的人甚至灰心丧气,丧失了工作积极性。如不能及时从这种失望中摆脱出来．将会影响自己尽快进入新的角色,错过了发展机会,造成遗憾。

(三)"怀才不遇"的自负心理

古人云:"合抱之木,生于毫木;九层之台,起于累土;千里之行,始于足下。"成功人士大多是从基层开始,从点点滴滴的小事做起的。洛克菲勒早年在别人工厂上班,每天的工作就是查看从上面留下来的液体是否把装有石油的铁皮桶盖封好。对一般人而言这种工作枯燥到了极点,可是他却能将枯燥的工作做到极致,最后成为了世界石油大亨。然而,现实生活中,很多大学生常以文凭、学历或毕业于名校而自居,产生了强烈的优越感,并把这种优越感带入工作中,很难给自己的职业起点做一个准确地定位。对单位安排的工作岗位挑三捡四,挑肥拣瘦,只想做高层管理工作,看不起基层工作和基层工作人员,认为一个堂堂的大学毕业生干一些不起眼的事是大材小用,有失身份;工作中更是"一览众山小,唯有我最大",总以为别人不如自己,认为领导思想陈旧、能力欠佳;师傅文凭不如自己,工作中只有"土办法";同事的建议也无过人之处。但是,现实生活中,企业不可能对一个刚刚毕业的大学生委以重任,总需要一个考察培养、锻炼实习的过程。于是,领导的位置坐不了,重要的岗位去不了,风光的工作又没有份,觉得自己不被领导重视,不被同事高看,怀才不遇,发出"天下谁人能识君"的感叹。

(四)"这山望见那山高"的浮躁心理

安心工作是角色转换的基础,然而一些毕业生工作了很长一段时间还是静不下心来,三心二意,喜欢攀比,跟同学比觉得别人的工作环境好、福利待遇高,跟同事比觉得别人的工资比自己多,级别比自己高。一颗浮躁的心在各个职位、各个企业之间来回游移,一会想干这个工作,觉得这个工作我能做,那个我也会;一会想去那个公司,觉得更适合自己发展。尤其在人才自由流动,双方自主选择的当前人事制度下,一些学生受到利益的驱使,"这山望见那山高",为追求高薪,频频"跳槽",结果既耽误了自己,又损失了单位利益。这种浮躁心态使众多大学生工作浮于表面,不能深入了解工作性质、工作职责及工作技巧,长时间进入不了角色,影响到职业生涯的发展。

三、适应环境,实现转换

转换角色是职场取胜的关键所在,如果不能尽快实现角色转换,不仅会影响心理情绪,还会影响到职业兴趣的培养和工作成绩的取得。因此角色转变成功与否,关系到职业生涯的胜与败。那么,刚毕业的职场新人该如何实现从青涩的象牙塔学子到合格职场人士的华丽转身呢?

（一）增强角色意识，取得角色资格

一个人的一生随着社会活动的不断变化，所扮演的主要角色并不是固定不变的，会发生多次角色转换。新旧角色冲突产生一些不适应很正常，但是，我们应当尽量缩短这一适应期，尽快进入新的角色，完成角色转换。快速进入角色的关键就是首先要应该及时调整自己的心态，从思想上摆脱对学生角色的依恋，忘记自己是个大学生，要时刻提醒自己，我是一个职场人士，我是在职场上打拼；其次，要充分了解职业角色的内涵，认清自己在工作环境中所承担的角色性质、职责范围，弄清楚工作关系中自己的职权和自己承担的义务，增强角色意识。职业角色就是用自身掌握的本领为社会做出贡献，以自己的行为向社会承担责任，职业角色的义务得到强化，惩罚的手段更为严厉，社会对个人的评价更加严格。因此，必须以职场人士的思维方式、行为模式分析各种复杂的现象，处理各种棘手的问题。

（二）调整期望值，慎重对待第一份工作

青年时期是一个充满激情和想象的时期，从象牙塔走下来的年轻人怀抱的是理想化的思维方式，是指点江山、一鸣惊人的做事方法，对未来充满了美好的幻想，对现实的估计和对自我的设计过于理想化。然而，理想很美好，现实却很残酷，面对工作单位的一些实际情况如艰苦的工作环境、传统的管理方式、单调的工作程序、复杂的人际关系、微博的工资收入等，很多职场新人容易由刚开始的一腔热血变成大失所望，丧失了工作热情，进而对自己的职业不满，选择频频“跳槽”，结果既耽误了自己，又损失了单位利益。人才的流动是个人发展的要求，也是社会发展的需要，但是作为初涉职场的大学生要谨慎地调整自己的岗位，尤其要珍惜第一次的职业选择。对于毕业生而言，在从校园人向职业人的转变中，至少需要3年时间的沉淀。如果毕业生目光短浅，急于求成，稍不如意就一走了之，受损的不仅是用人单位，还包括毕业生本人。一旦轻率“炒掉”自己的第一份工作，就很容易产生“飘”的心理，形成“飘”的习惯，这样的人在职场上市不受欢迎的，也很难有所作为。事实证明，很多有作为的大学生对自己首次选择的职业，都是由不喜欢逐渐发展到喜欢，由不爱逐渐发展到热爱，直至取得事业的成功。如果对第一份工作不满，萌生了跳槽的想法，一定要三思而后行，认真、实事求是地分析自己对职业不满意的原因。如果是自己的期望值太高，那么就应该根据现实环境及时调整自己的期望值，尽量把期望值定得低一点，这样有利于减少心理落差，有利于尽快适应新环境。如果是自己的能力不够，那么就应当放下清高，虚心学习，不断提高自己的素质，抱怨单位频繁跳槽是解决不了问题的。如果确实是因为客观原因经过自己的努力和调整任然难以适应现有的职业，可以谨慎地重新选择职业。

（三）立足本职，脚踏实地

初入职场，有些毕业生常以文凭、学位或毕业于名牌学校而自居，对自己的角色定位过高，放不下架子，看不起基层工作，认为一个堂堂的大学毕业生干一些不起眼的事是大材小用，实际上是眼高手低，大事做不了，小事又不做。对于职场新人来说，刚走出校门的你要想利用自己的专业知识独当一面，被企业委以重任几乎不太可能，需要一个考察培养、锻炼实习的过程。古语云，天将降大任于斯人也，必先苦其心志，劳其筋骨。大学生只是人才的坯子，要锻炼成才，还需要在社会这个大熔炉里锻造，在学校里学的理论知识永远无法替代实践工作经验，知识确实是力量，但必须有个转化过程，这个转化过程就是知识应用于实际的过程。因此，不管我们的学历有多高，刚进入单位都是新手，一切都要从头开始，从基层干起，既不高傲自大也不妄自菲薄，虚心学习，做好每一份工作，工作业绩才是最有力的证明。不但要完成好属于自己的每一项工作，还要做自己不愿做的事情。能否做好那些自己不愿意做的事情是一个人是否成熟的标志，也是一个人能否取得人生成功的主要因素。事业的成功不是一蹴而就的，而是需要不断地积累。所以，安心眼前工作，不论是高才低聘，还是期望值低落，都不会是永远不变的，是金子终会发光，真正的人才不会被永远埋没。

（四）适应环境，做好职业发展规划

职业生涯规划是指一个人制定职业目标，确定实现目标的手段的过程。凡事预则立，不预则废，职业生涯的发展规划更是如此，职业生涯规划越早对今后工作就越有利。大学生及早进行职业生涯规划可以使学生更加全面、科学、理性地评价自己，在步入职场时给自己一个理性、准确的定位，有效控制目前就业市场上出现的盲目“先择业，后就业”“违约率居高不下”“频繁跳槽”等现象。科学的职业规划应包括选择适合自己的职业目标和根据目标选择合适的职业发展路径。职业目标是是职业规划的重点，其正确与否直接关系着事业的成败。在确立职业目标时应该考虑自身性格、兴趣爱好、专业特长与职业的匹配度以及所选职业的发展前景这些因素。做为职场新人在规划个人职业生涯的过程中还要注意配合所在单位进行个人职业生涯规划，使自己的职业理想与单位发展的长远目标保持一致，这样才能避免目标冲突所带来的不适应。职业目标确立后，就面临着路径的选择，因为职业种类繁多，每个人的特点也不尽相同，所以通往职业生涯目标的路径也不相同，要系统地分析自身因素和环境因素，权衡利弊，挑选出实现职业生涯目标的最佳路径。如把行政管理作为职业目标，可以选择文员—行政助理—行政主管—行政经理—行政总监的路径。无数成功者的经验告诉我们，无论你选择了什么样的路径，重视从基础做起，重视实践经验的积累是一个人能够成功的要诀。

（五）建立和谐的人际关系

有些人有了明确的职业目标，也脚踏实地努力朝着目标奋斗，但却失败了。什么原因呢？中国有句古话叫做“天时地利人和”，说的就是成功有赖于天时——社会发展规律，地利——具体的社会条件，人和——良好的人际关系。美国卡内基梅隆大学曾对 10 000 人的案例进行分析，结果发现“智慧”“专门技术”和“经验”只占成功因素的 15%，其余 85% 决定于良好的人际关系。哈弗大学的一项调查则从反面印证了人际关系与个人职业命运的关系。该校就业指导小组调查了数千名被解雇的男女，发现其中人际关系不良的人比不称职的人高出两倍。社会不是真空，人不能孤立存在。工作上，需要他人支持；生活上，需要他人帮助；行为上，需要他人理解。良好的人际关系能为人生价值的实现创造良好的人际环境，起到事半功倍的作用。初入职场的毕业生尤其需要努力建立和谐的人际关系，为人生价值的实现创造良好的条件。为了使自己的交往引起交往对象的良好反映，在人际交往中需要遵循一些原则和技巧。

1. 人际交往的原则

（1）平等原则。无论何时何地，大学生不应以学历、家庭背景自视特殊，居高临下，没有人愿意与妄自尊大、趾高气昂的人交朋友，这样的人只会引起同事的反感，落入孤家寡人的境地。

（2）尊重原则。想要得到别人尊重，首先得去尊重别人。工作中要学会尊重同事，包括尊重同事的人格、权利和劳动成果。

(3)真诚原则。真诚待人被认为是人际交往中最有价值、最重要的原则。在与同事交往中，只有心诚善意，才能相互理解、接纳，引起情感共鸣。

(4)宽容原则。宽容表现在对非原则问题不斤斤计较，能够大度容人，求同存异。宽容有助于扩大人际交往的空间，滋润人际关系，消除人际紧张和矛盾。特别是在实际工作中不要过于计较工作多少、荣誉报酬等，面对不公平的现象要容忍，做到大事清楚，小事糊涂，不在琐碎的小事上计较。

(5)谦逊原则。谦逊是一种美德，谦虚好学者，人们总是乐于与之交往，反之，狂妄自负、目无他人者人们往往避而远之。初入职场的新人，对什么事都要发表自己的意见，喜欢表现，工作热情高涨无可非议，可是一定要切记，不要自以为是、夸夸其谈，做人一定要谦虚、低调。

(6)互利原则。互利是指双方在满足对方的需求时又得到对方的回报，如果一方只索取不给予，交往就会中断。互利原则要求在同事有困难时应当伸出热情的手给予帮助，不能袖手旁观，更不能落井下石。

2. 人际交往的技巧

(1)给人以真诚的赞美。赞美是一种最低成本、最高回报的人际交往法宝。在与同事的交往中，我们要善于发现对方的优点和长处给予赞美，使对方充分认识自我价值，产生被人尊重和信赖的感觉，真诚的赞美会让你的工作生活如鱼得水。

(2)给人以友善的微笑。有人认为自己拙于言谈，不善于赞美别人，所以很难受人欢迎。其实不然，不会赞美，微笑总会吧！微笑是人际百科大典中最精美的序言，是推销自己的最好名片。据说，一个美国纽约大百货公司的人事经理宁愿雇佣一个有可爱笑容而没念完大学的女孩，而不愿意雇佣一个摆着一副扑克牌面孔的哲学博士。所以，别忘了把微笑挂在脸上！

(3)用心记住对方的名字。记住同事的名字，并且能轻易地把它叫出来，等于给对方一个很巧妙而有效的赞美，因为这说明他(她)在你心目中是有地位和分量的，这使是你获得了被人重视的成就或被人记住的亲切感，这就等于赞赏了你，肯定了你，会一下子缩短两个人之间的距离。

(4)对别人真诚的感兴趣。不少人都错误地想方设法使别人对自己感兴趣，而不明白使他人对自己感兴趣的前提是自己应首先对别人感兴趣。要做到真诚的对别人感兴趣就要学会倾听，我们有两只耳朵、一张嘴，很明显是让我们多听。因此，要学会做一个听众，忠实于对方的话题，切忌不要随意打断别人的谈话。

(5)善用幽默。幽默的人永远为周围的人所喜欢，永远是社交场上的中心。幽默可以化解许多人际冲突和尴尬情境，也可以带给别人快乐，是人际交往的润滑剂。但是，幽默的使用要适度，否则就会弄巧成拙。

【练习】

职场新人从青涩的象牙塔学子到游刃有余、独挡一面的职场人士，为这种华丽转身应该做好哪些准备？

模块二十一　离职与另谋高就(跳槽)

【案例】

丁磊,中国最著名的门户网站之一网易公司创始人兼 CEO,与王志东、张朝阳被称为“网络三剑客”。丁磊自 1993 年 7 月大学毕业至 1997 年 5 月成立网易公司,在近四年的时间中跳了三次槽。

丁磊上高中时,电脑就已经玩得得心应手了,不但能熟练操作,还学习了计算机语言并尝试编写软件。1989 年,丁磊考入成都电子科技大学通讯工程专业,主要是学微波通讯,成绩一直是班上的前五名。大学期间,丁磊几乎自学了全部的计算机专业课程。1993 年,大学最后一学年里,丁磊担任了校外一家计算机公司的工程师,开始接触 Windows NT 软件。

1993 年 7 月,丁磊十分“幸运”地被分配到浙江宁波电信局,负责程控交换机维护。由于工作很轻松,他利用业余时间学会了使用 Unix. NT。一个偶然的机会,丁磊从一本杂志上得知北京开了一个名叫“火腿”的 BBS 站。他试着拨号上去看一看,结果不免有些遗憾,里面的内容很少,不过它已经具有互联网的一部分雏形,具有比传统通信更轻松、更便宜、更简单的优势。

对电脑和通信一向敏感的丁磊立刻意识到:未来这个东西将有可能改变人们的生活。为了迎接新技术,他决定出去闯一闯。1995 年 7 月丁磊辞职南下投奔到刚刚成立的美国 Sybase 公司华南分公司做工程师。

可是在 Sybase 公司,丁磊觉得自己好像在混日子。郁郁不得志的丁磊在一年后,也就是 1996 年 5 月告别 Sybase,出现在广州一家 ISP——飞捷公司,当上了总经理技术助理。在飞捷公司,丁磊架起了 China NET 上第一个 Firebird BBS,使他结识了很多朋友,更让他在失落之余找到了幸福的感觉。可惜,那种感觉并不长久,当时激烈的竞争和昂贵的电信收费使 ISP 难以生存,而丁磊满怀热情递交的计划又被搁浅。于是在 1997 年 5 月,丁磊向飞捷公司辞职,利用几年来一行一行写程序积攒下来的、原本打算在广州买房子安家用的 50 万元创办了自己的公司——网易。

从此,互联网的两大核心——通信和计算机在丁磊身上奇迹般地珠联璧合,网易公司在他的带领下取得了一个又一个第一:第一家全中文检索,第一个大容量免费个人主页基地,第一个免费电子贺卡站,第一个网上虚拟社区,第一个网上拍卖平台。同时,刚到 30 岁的丁磊,其身价也已上升到两亿多美元。有媒体称:“丁磊只用了 3 年时间就完成了洛克菲勒、卡耐基、福特等人一辈子才完成的原始积累。”

【问题讨论】

丁磊频繁跳槽事业却能取得成功的原因是什么?

【课堂点评】

丁磊自1993年7月大学毕业至1997年5月成立网易公司,在近四年的时间中跳了三次槽,也可以算是比较频繁的了。但是,从丁磊的跳槽经历中我们看到:

(1)丁磊善于通过学习来积累跳槽的资本。在大学期间,他专业学习和业余爱好两不误,自学了计算机专业的全部课程。在工作单位中,他利用业余时间学习和研究电子网络技术。这种孜孜以求的学习,为他积累了跳槽的资本。

(2)丁磊跳槽是为了发展自己,干一番事业。一个选准了自己事业发展方向并为之投入全部精力学习和工作的人,必然要寻找适合自己发展的空间和环境。丁磊随着自己知识、技术、能力的提升,必然要寻找最能发挥他专长,最能施展他才能的单位去工作。当浙江宁波电信局不利于他发展的时候,丁磊跳到了Sybase公司华南分公司;当Sybase不能让他"得志"的时候,他又跳到了飞捷公司;当飞捷公司不能让他实现愿望的时候,他干脆成立了自己的网易公司,展翅飞翔,大展宏图。

(3)丁磊跳槽与经济收入无关。丁磊每一次跳槽都不是金钱问题,经济收入和待遇不是丁磊跳槽的原因。不过,丁磊的报酬问题是一个无须多虑就可以迎刃而解的问题,因为他有资本有能力。事业干好了,薪酬还成问题吗?

综合上述分析,我们可以得出跳槽不是目的而是手段,跳槽的意义在于找到更适合自己职业发展道路,将跳槽的目标与自身的职业发展目标一致起来,才能使跳槽跳向成功。在跳槽时应该自问,自己是在找职业还是在找工作,是在找职业还是在找企业,是在找职业还是在找头衔,是在找职业还是在找高薪?每一次跳槽都是对自己职业生涯和职业发展的重新定位。只有全面清晰地分析自己,规划好自己的职业发展道路,才能做到有效合理的跳槽。本模块教你正确对待跳槽,使你能越跳越高,高的不仅仅是薪水和职位,更重要的是使你的职业生涯步入高阶。

一、全面理解跳槽

(一)跳槽的含义

跳槽的原意是说牲口离开所在的槽头到别的槽头去吃食,现在通常用来比喻人离开原来的工作,另谋高就。人们跳槽的目的是为了吃得更好,但也有可能比从前吃得更差。当发现比原来吃得更差时,新的一轮"跳槽"便又在酝酿之中。跳槽是一门学问,也是一种策略。人往高处走,这固然没有错。但是,说来轻巧,做起来很难,因为它包含了为什么离开、怎样离开、什么时候离开,以及离开以后该怎么办等问题。

(二)跳槽的动机

一个人跳槽的动机一般有如下两种:一被动的跳槽,即个人对自己目前的工作不满意,不得不跳槽,这里又具体包括对人际关系(包括上下级关系)、工作内容、工作岗位、工作待遇、工作环境或工作条件、发展机会的不满意等方面。比如,如果你与上司关系不融洽,觉得得不到发展,你自己也感觉无法适应目前的环境,那么恐怕就要考虑换个环境试试了。第二,主动的跳槽,即面对着更好的工作条件,如待遇、工作环境、发展机会,自己经不住“诱惑”而促使自己跳槽;或者寻求更高的挑战与报酬,比如你发现自己的能力应付目前的工作绰绰有余,并且发现了自己真正感兴趣的工作的时候,你就不妨考虑换个工作试试。

(三)跳槽的原因分析

研究结果显示,员工跳槽的原因可以归纳为四个方面,即个体因素(心态和期望等内部心理过程)、组织因素(培训与学习、职位、工作环境、人际关系、企业文化)、个体—组织适应性因素(个体偏好与组织氛围、个体价值观与企业文化)和外部环境因素(倒闭、转产等)。

1. 个体因素

(1)经济利益的驱使。穷则思变,这也许是跳槽者使用最多的一条理由。“老板不加薪,自己加”的想法,已经深深植入人们的头脑。在有过跳槽经历的大学生中,约七成以上的大学生曾因难以抵挡另一家企业的高薪诱惑而选择跳槽。就业形势异常严峻的今天,若有其他知名企业或发展前景较为乐观的公司求才若渴,重金招揽人才时,几乎没有一个大学毕业生不为之动心。因此,在经济利益的诱惑下,就算对原有工作并没有太多不满的大学毕业生都愿意“改旗易帜”。

(2)自我“估价”过高,总觉得自己“屈才”。刚刚毕业的大学生心中的期望值较高,自恃拥有高学历应该被企业委以重任。然而由于资历较浅,实践动手能力不足往往被企业安排在基层岗位。因此很多人在思维观念中有种“怀才不遇”的感觉,总觉得企业对他的成就没有认可,对自己的能力没有重视,没有得用重用而自悲,于是就有了“另谋高就”的想法。

(3)盲目攀比,导致心态不平衡。年轻人容易和别人去比,一旦发现昔日与自己在同一起的同班同学比自己薪水多、职位高就会产生不平衡心理,总想着找一份更高薪的工作让同学刮目相看。事实上,最初薪水高的人在未来的发展未必比起点低的人好。更重要的是,不同行业,不同职能岗位,没有什么可比性,盲目地与周围同学朋友比较,只会让自己心态失衡,跳槽失误。职业发展就像跑马拉松,短时间的比较没有意义。

(4)个人问题也会成为不得不跳槽的原因。比如婚姻家庭,事业家庭两不误,似乎很难。如果你选择把重心放在家庭上,那你怎么兼顾得了繁忙且没有时间规律的工作。如果你的家庭和工作产生了矛盾,当然不能为了工作而牺牲家庭,此时跳槽就成了最佳的解决方案。

2. 组织因素

(1)企业无法提供个人发展的空间。如果你的技能明显超过工作所需,但目前的工作岗位无法发挥你的才能,工作没有挑战性,内部转岗也无法找到合适的位置,对自己今后的可持续发展造成了严重的危机,这个时候跳槽或许是唯一的解决方案。

(2)企业缺乏有效的激励机制,个人没有晋升的机会。一些企业没有公正、合理的激励机制,一些有才能的人得不到企业的重视,在职位和待遇上没有得到满足,付出与获得不相符,在单位倍感压抑,没有发展、晋升路径。这些对于想干一番事业的人来说,太失意了。于是他们选择跳槽,到能够会被委以重任的企业,他们并不在乎它是不是大型企业或外企,只要自己的能力能够得到承认,付出能够得到相应的回报。

(3)用人单位缺乏培训机会,满足不了员工的求知欲与上进心。现代社会知识折旧的速度越来越快,一些学习能力很强、事业心重的员工从职业可持续的角度出发,迫切需要企业能为自己提供不断学习、深造的机会,但目前的单位却不能给自己提供培训机会,这也是造成员工跳槽的原因之一。

(4)企业不重视文化建设,没有形成具有强大号召力与凝聚力的核心理念与价值观。一个企业的企业文化无论是对企业还是对职工,都有着很大的影响。一些企业缺少文化氛围,没有形成体现本企业特色且被全体员工认可的企业文化,使员工缺少归属感,企业对员工的凝聚力、号召力就会降低,在面对外面的诱惑时很容易就“背叛”企业,选择离开。

(5)用人单位没有能营造出一种“留人”的人文环境。比如生活、工作条件差,工作内容不合理,经常超时工作,不合理的工资待遇,不合理的休假制度等,这些也是导致员工跳槽的原因之一。

(6)人际关系处理不好,导致主动或被迫跳槽。在有过跳槽经历的人中,约有一半是因为难以与同事和睦相处而选择跳槽。没有同事愿意搭理你,工作上没有协助性,总有人打“小报告”,感觉到处都有眼睛监视着你。同事之间温度冷漠,这些也可能造成你决定离开这个团队。特别是一些刚毕业大学生,几乎成为他们适应工作环境的挥之不去的难题。由于普遍都是独生子女,形成了一切以自我为中心的为人处世风格,自小就习惯了家人的百般宠爱,身上不可避免要带有部分固执和娇气的“恶习”。而到新企业中来时,常因为无法忍受他人的指责或工作不被认可而愤恨不平,又或因为难以忍受公司复杂的人际关系,而选择到其他企业另谋出路。

3. 个体——组织适应性

(1)专业、岗位不对口。由于就业形势严峻,很多毕业生都是先就业再择业。因此,专业不对口的情况很普遍,特别是刚参加工作不久的大学毕业生。由于缺少职业规划,找工作的时候对自身定位不清楚,盲目找一份工作,工作一段时间后发现隔行如隔山,很难胜任目前的工作,难以进入工作状态,于是跳槽。还有一种情况是有一些有才华的人,得到企业的重用,但提升的路线与自己想象中的路线发生了偏移,被提拔到一个没有发展前景的职位,或是不能发挥自己专长的职位,长期做下去会变得暗淡,荒废自己的才能。于是也会选择跳槽。

(2)个人价值观与企业文化冲突。每个企业都有自己的价值观,企业价值观综合表现为一个企业的企业文化。缺少了良好的企业文化,企业内部就会缺少凝聚力,造成管理的混乱,比如办公室斗争严重,家族式管理问题阻碍自己的进一步发展,老板的任人唯亲等等,实际上都是由企业文化差直接引起的。可以说,一个企业文化缺失的企业在商场上的竞争力是不足的。另外,作为一个职业者,也有自己的价值观,如果自己的价值观和企业文化格格不入,就很难在这家企业得到认同,也就没有什么发展机会。当个人价值观无法融入企业文化时,很多人选择跳槽。

4. 外部环境因素

如果企业经营不善有倒闭的可能性,而你个人又无法改变时,最好的选择就是跳槽,换一个更能发挥你作用的平台。或者公司裁员、合并,使得员工不得不再另找出路,否则一损俱损。

(四)正确看待跳槽利弊

跳槽对职业发展而言是一把双刃剑,有利有弊,只不过有利弊大小之分。对于多数初入职场的大学毕业生来说,能够清晰认识跳槽的弊端和好处,学会权衡跳槽的利弊,对于职业生涯的发展有很大好处。

1. 跳槽的好处

(1)跳槽能够促进人才流动,流动才有活力。对于一个社会来说,生产要素之一的人才流动,如同人体的新陈代谢、血液循环一样,有助于保持肌体的活力。在美国硅谷地区,每年都有20%的人才流动。一向视跳槽为“不道德”的日本人,近几年也撕去了温情脉脉的面纱,冲破了与企业“从一而终”的理念,也时兴跳槽了。适度跳槽是人才的有效流动,如果把计划经济下的人才比喻成笼中鸟、池中鱼的话,那在市场经济下跳槽这一人才竞争机制则可以使人才海阔任鱼跃,天高任鸟飞。人才的跳槽还会引起企业和社会的关注,无形中形成“尊重知识、尊重人才”的氛围,使英雄有用武之地。此外,有很多人在岗位上却不思其职,这样的人如果被跳槽的人取代,未尝不是一件好事。

(2)跳槽可以增强人的竞争意识,学到新的本事。跳出原先的“槽”后,要能找到更为理想的岗位,必须刻苦学习,深入钻研业务知识,以求能够适应新的需要。这样,无形中就树立了他们的竞争意识,也使他们学到新的本领。一位职介所管理员告诉我,近来接连接待几名中年求职者,问及其技能,往往是“单打一”。这样,可以为他们介绍的单位、岗位就相当有限了。为什么不能像年轻人那样怀揣几张“证”呢。原来,他们以前从未跳过槽。所以,年轻时适度跳槽,多学几门本事,有利于日后从容再就业。

(3)通过跳槽,年轻人可以丰富自己的阅历,找到自己适合和喜欢的岗位。年轻的大学生热情而有激情,趁着年轻时多尝试些工作能够提升他们的人生品质,也是他们职业生涯里最宝贵的财富,既丰富了他们的人生阅历,也可以使他们逐渐找到自己的优势,综合各家之长从而发挥自己的专长,找到自己适合和喜欢的岗位。

(4)跳槽可以通过人才的竞争推动企业的发展。跳槽对于招聘方来说无疑会带来痛苦。人员流动既可能影响产品质量的稳定,又有可能被跳槽者带走技术,掠去客户,甚至可能又多一个竞争对手。但跳槽可以迫使决策者痛定思痛,正视打工者存在的价值,建立和完善包括储存人才在内的新用人机制,从而不仅能将跳槽的负面影响减少到最小程度,还能增创新的机遇。另一方面,企业可以通过跳槽引进是人才的竞争推动企业的发展。一个优秀人才进来,会激活整个环境。谁都不甘落后,员工都处于竞争环境里,他们就会自觉地爱岗敬业,在岗位上就能不断地做出业绩来,这也正是企业发展的原动力。

2. 跳槽的弊端

(1)跳槽不利于工作经验的积累。俗话说,滚石不生苔。胜任任何一个岗位,都要有相当的知识和经验。这些经验来自于工作人员在实践中不断摸索和积累。而频繁跳槽,往往容易成为“万金油”,即什么都会一点,却什么都不专业,很难提高自己的业务水平。

(2)跳槽不利于自己的职业生涯发展。每个人的职业发展生涯都会经历抬头起步、稳定发展、迅速爬升、逐渐稳定四个时期,是一个循序渐进的过程。一个人从接受任务到熟悉业务,要有一个过程。想在工作中做出成绩,有所建树,需要的时间更长。频繁跳槽,不断地由一个企业到另一个企业报道,对业务刚有点熟悉,又去了新的单位,有的还变换了工种、专业,又要重新从低级职位干起,积累职场资本,延长了起步期,很难进入稳定爬升期,不利于职业生涯的发展。

(3)不利于树立良好的个人形象。毕业生频繁跳槽是缺乏诚信和稳定性的体现。当今社会对任何一个人来说最重要的就是诚信,大学生的频繁跳槽,在任何岗位上都定不下心来,更让很多用人单位对大学生有了一种固有的印象:大学生用不了,干不久。这样一来,无形中增加了大学生找工作的难度。企业对频繁跳槽的人常常是避之唯恐不及,例如维亚康姆中国公司总裁、《财富》杂志评出的"25位全球企业新星"之一李亦非,在谈论如何聘用新人时这样表示:"有的人为了逃避压力去换工作,我招聘人的时候,从简历上可以看得出来,有人一年换一个工作,或者几个月换一个工作。这样的人我是绝对不会聘用的,因为我知道他是一个碰到压力就会逃跑的人。而如果一个人碰到困难就选择辞职的话,那他一辈子都是一个失败者。"

(4)跳槽可能会给自己带来法律纠纷和官司。无论是主动还是被动跳槽,如果在跳槽过程中处理不好与原单位的关系,稍有疏忽就有可能陷入官司的泥沼,使自己遭受经济损失。近年来劳动纠纷官司不断上升,其中很大一部分就是跳槽引起的。

二、理性面对跳槽

(一)三思而后行

每个人一生中,或多或少都会修正自己的职业生涯之路,只是在跳槽前应该三思而后行,不能凭一时冲动。为了能够跳得更"高",在跳槽前不妨认真思考以下几个问题。

1. 为什么(Why)跳

你不要说我干了五年了,应该跳槽了,是否跳槽和你干几年没有关系;你不要说我不喜欢现在的工作所以想跳槽,如果你没有搞清楚你为什么不喜欢你现在的工作,你如何确定跳槽后的工作你会更加喜欢?你不要说这里人际关系太复杂所以想跳槽,如果你没有处理复杂人际关系的能力,跳到哪里你都会觉得人际关系复杂。如果你不能回答Why这个问题就选择跳槽,你的行动是盲目的,盲目的行动其结果是不可控的,如果你运气好可能会有意外收获,如果运气不好可能掉入职业的低谷。你愿意将你的职业命运交给运气吗?

2. 凭什么(What)跳

如果跳槽可以有更高的薪水谁不想?如果跳槽能有更大的发展空间谁不想?如果跳槽能找到自己认同的企业文化谁不想?问题是你凭什么?你可以说,凭自信、凭激情、凭兴趣、凭经验、凭学历等,但这些其实都不足为凭。你只有清楚地回答凭什么,才能知道跳槽后能够做什么?如果跳槽的资本你一点也不具备,那么我可以很负责任地告诉你:放弃跳槽的念头吧!

3. 往哪里(Where)跳

这是一个容易回答的问题。有人说我就是要来北京工作,为什么呢?因为北京是首都,所以有很多发展机会。其实大西北同样有很多机会,关键是哪里的机会是属于你的?你在哪里更容易发挥你的个人优势?要回答好这个问题当然离不开对前两个W(Why和What)的认识。这里的Where除了指你想跳到哪个城市,还可以指你想进入哪个行业?你为什么要进入这个行业?如果你还没有想到跳槽要跨地域和跨行业的话,至少你要跳槽是为什么的思路还不够宽广。如果你计划得好,来到不同地区和进入不同行业可以给你的职业生涯带来质的飞跃,当然前提是你如何选择,如何规划你的生涯轨迹。这里你的选择除了要考虑地区的经济环境与行业特点,还需要考虑你个人职业兴趣、家庭生活的安排等综合因素。

4. 向哪家(Which)跳

这里是指你想跳槽到哪一家公司,你必须足够具体地了解每一家目标公司的实际情况。即使前三个 W 你都做得很好,最后的公司没有选择好,你的跳槽同样会让你在职场走弯路,让你悔不当初。如果你找不到一家合适的目标公司那是你第一个 W 没有准备好;如果你找到了很多理想的公司,但就是没有办法进入,那是你第二个 W 没有准备好;如果你不知道理想的公司在哪个城市,在什么行业,那是你第三个 W 没有准备好。

如果你是长期打算,你不能只看未来公司给你多少薪水,你更需要了解它的企业文化和你未来在这里的发展平台有多宽广。这里的公司可以分为外企、国企、民企。外企又可以分为欧美资企业、韩企、日企等。欧美企业也可以再分为世界 500 强大企业和中小企业。对于外企,它在中国的发展战略在很大程度上决定了你的职业生涯前景。总之,你跳槽的目标必须落在少数几个具体的企业上。

5. 何时(When)跳

什么时候跳槽是可以计划的,有时机会降临又是不能计划的。但在没有真正机会降临之前,你完全可以计划你的跳槽时间,特别是如果你很有实力,在业内很有知名度,什么时候跳槽或者不跳槽基本可以由你自己掌控。如果你没有那么大本事,你其实不应该草率跳槽,如果选择跳槽,必须先有明确合理的目的性,然后做好充分的准备和规划。应该特别注意的是,你不能因为跳槽而跳槽,很多时候不跳槽而专心做好你现在的工作已经是你最好的选择。频繁的跳槽会让你的职业生涯越来越艰难,因为一但你跳槽形成了习惯,你一遇到问题首先不去想办法解决问题,而是第一时间就想到要逃避现实,跳槽的结果通常是帮你解决了一个问题然后又带来一个新的问题。

一般来讲,你年龄越大对跳槽越应该谨慎,即使你很年轻,频繁跳槽也没有什么好处。如果你觉得还是要跳槽,那么记住一点,千万不要先辞职,然后再去寻找新的工作,这样你的身价会大打折扣,很可能让你很长时间找不到理想的工作。

6. 怎样(How)跳

怎样跳槽每个人都应该有自己最合适的方法,有时也不一定需要以上 5 个 W 都准备充分,但大致上你离不开这些方面的考虑。跳槽有科学的一面,也有艺术的一面,也许在你不经意时改变你命运的机会就会降临,但有时你苦苦追求就是不见机会的影子。在当今信息如此发达的社会,如果你真的能力出众,跳槽机会是不难寻找的,所以如果你找不到合适机会跳槽,你就安心做好你现在的工作吧。

(二)遵循一定的原则

跳槽是一门学问。正确的跳槽会将你带入职业成长的快车道,而错误的跳槽,则将你带往职业生涯的停车场。职场虽有很多变数,但有规律可循,下面是关于跳槽需遵循的 9 条原则。

1. 荒废专业不可取

真正的专家一方面具有广博、扎实的理论知识,另一方面具备娴熟的实际操作能力,在工作中能够独挡一面。而扎实的理论知识更多来自于学校里所学的专业理论知识。当然,知识的获得也可以通过实践,但是如果一切从零开始,那么你的职业生涯起点就要比别人低。所以,千万不要荒废自己花了 3 年、4 年或者是更长时间在学校习得的专业知识。因此,聪明的青年人应该给自己做一个聪明的职业规划,千万不能荒废自己的专业,只有专于自己的专业,才能为自己的职业生涯赢得一个更高的起点,以免影响自己的前程。

2. 保持职业发展的连续性

现实中有些人几乎是在不断地跳槽,而且往往跨行业跳槽,或者跨职位跳槽。这次是快速消费品行业,下次是服务业,这次做销售,下次做行政。这种跳法,十有八九到最后一事无成,一把年纪还要跟年轻人去人才市场竞争。正确的做法是进入职场几年内,就要选定自己的发展方向,在一个行业内、一种职能岗位上坚持做下去,力争成为专家。跳槽可以,但却绝不轻意换行业。

3. 跳槽要符合自己的职业规划

职业发展过程中,职场人士需要通过个人职业能力、资源、素养等的不断提升来使自己增值,这就意味着,界定一次跳槽是否成功的标准在于,新的岗位是否表明自身职业价值的提升,新的平台能否为自身职业价值的增值提供保障。用职场专家赵培勇先生的话讲:跳槽不是"转学"而是"升学",跳槽要符合自己的职业规划,有利于自己的职业增值,要尽可能减少同水平跳槽。所谓同水平跳槽就是新的工作和你原来的工作基本处在同一个水平线上,既没有让你增加多少的薪水,也没有让你去承担更大范围的责任,你的职业技能水平也没有本质上的提高。

4. 永远不要单纯为了薪水而跳槽

哪怕你面临很大的经济压力。当你想换工作时,要对两份工作所能提供的总体价值进行比较。除薪酬外,还有企业实力、个人发展机会、工作环境等很多方面的内容。对于年轻人来说,个人的发展机会是最重要的,因为它意味着你未来的薪酬。

5. 不要单纯因为不满而跳槽

有些问题是企业的共性特征,不管在哪个企业,都有可能碰到相同的问题。人们往往会因对目前工作不满而巴不得尽快逃离,殊不知,新工作上手以后老问题又会浮现出来。那时你怎么办呢?再跳槽吗?仅仅因为一些客观的因素限制而没有慎重思考就跳槽其实是一种逃避。所以,对现在工作的某方面不满而决定跳槽的朋友,一定要扪心自问:"换一份工作能否真的解决我现在工作中遇到的问题?"成熟的人,会尽力找到目前工作的问题所在,尽力改善,逐渐拓展自己的职业生存空间。

6. 缺少发展空间可以跳槽

在我们职业发展的过程中,最理想的当然是我们和公司一起成长,公司的规模越来越大,运营越来越健康,我们的责任越来越重,职位越来越高,回报也越来越高。但身处发展比较稳定的企业的朋友,如果企业没有新的业务拓展,很难有新的晋升机会。或者有些朋友的地位因公司内部变动而被边缘化,这时,或许跳槽是比较理想的解决方案。

7. 公司落后而你又无力改变时可以跳槽

泰坦尼克号上的每个人都是失败者——你再能干也阻止不了巨轮的沉没,此时逃生是唯一的选择。所以,当你的企业在市场竞争中半死不活,而你个人又无法改变时,最好的选择就是跳槽,换一个更能发挥你作用的平台。

8. 每次跳槽最好间隔3年以上

你至少应该有在某一个还不错的公司里工作3年以上的经历，因为只有这样你才能够适当地积累起某一领域里的专业知识、经验和技能，才能获得真正的职业竞争力。同时，三到五年一次跳槽，让你的简历也不会难看。

9. 下定决心就要早做准备当机立断

职场专家认为，职业发展比较好的模式，是“T”形发展，即在职业生涯初期，先在一个相对狭窄的领域做深，写好那一竖，成为这个领域的专家。然后再写那一横，培养自己广博的知识和全面的技能，使自己具备成为高级管理人员的素质。而当你已经具备足够实力时，跳槽要当机立断，不要犹豫不决，宁可冒点风险早作改变，不要踌躇不定错失良机。当你真的决定跳槽了，那就尽快进行相应的准备。成功的跳槽至少需要2~3个月的准备时间。不要把跳槽仅仅当成换一个简单的工作，而是要把它当做自己职业生涯中的一个重要环节。利用这样的契机加深对自己的认识和了解，加深对自己职业目标的评估。

三、跳槽应具备的资本和能力

案例一：跨行业跳槽

背景：李明是一名金融行业的分析师，但他对数字营销充满热情。

策略：他通过自学和参加相关课程来提升自己的数字营销技能，并利用业余时间参与了一些营销项目，积累了实战经验。

结果：在更新了简历并强化了自己的营销作品集后，李明成功加入了一家互联网公司，实现了职业生涯的转型。

案例二：追求更高的薪资和职位

背景：王莉在一家企业担任市场主管，希望获得更高的薪资和职位。

策略：她专注于提升自己的核心能力和业绩，同时积极建立外部联系，了解市场上的机会。

结果：王莉凭借出色的工作表现和广泛的人脉网络，成功跳槽到了一家大公司，获得了更高的职位和薪资。

很多人在谋划跳槽，但是又有多少人去考量过自己跳槽的资本呢。换句话说就是——你拿什么去跳槽？资深的猎头总结过跳槽的几个资本，如下所述：

(1)跳槽凭你的工作经验。企业总是希望被猎聘过来的人才，能够马上投入到工作当中，起到立竿见影的效果。这就要求应聘者具有丰富的工作经验。毕竟，企业肯花大价钱把你请过来，是希望你能够快速地为企业创造更加可观的价值，而不是让你来学习的。所以跳槽前最好先问问自己：我是否积累了丰富的经验？有些人会说：“我在现有的单位学不到什么东西，所以想换一家好一点的单位，工资低一点也无所谓，能学到东西就好。”抱着学习的心态去工作，这没有错，但是抱着学习的心态去跳槽，就绝对是大错特错！注意，公司不是学校，不负责培养新人，越大的公司越是如此。

(2)跳槽凭你的工作业绩。你可以说，我在某个行业有好几年的经验了，单挑一摊业务没有问题。可老板关注的是,你有经验不假,这只能证明你可以应付最基本的工作,可你有什么成绩,也就是说,你有什么过人的地方?没有你现在岗位的业绩支撑,你在接受新企业老板的面试时是苍白无力的。所以有了经历还不行,还要能证明你的经历转化成了资历。经历转化成资历有两个明显的标志:你在这个岗位上做出过响当当的业绩,或者你在以前的企业里做过三年以上的核心业务职位。

(3)跳槽凭你的人脉资源。利用现有工作平台认识更多的人,拥有丰富的人脉及市场资源是使你到了新的环境后能更快打开工作局面的关键所在,企业也非常重视跳槽者能否利用原有的人脉资源为本企业带来价值。

(4)凭你良好的教育背景。一般来讲,企业都希望所招聘的员工毕业于名校,希望他们的学历高一些,这样他们的知识结构会更加丰富,更加多元化。随着社会的发展,企业对于人才的争夺会越来越激烈,谁掌握着更多更优秀的人才,谁才能笑到最后。

(5)凭你良好的职业道德。任何一家企业,都不喜欢那些频繁跳槽的人,总觉得他们对企业的忠诚度不高,不爱岗敬业。一个拥有5年工作经验的求职者,你看他的简历,假设情况一:这5年他换了3家公司;假设情况二:这5年他就换了一家公司。你如果是企业的HR,将会怎么看待呢?前者会让人觉得这个人过于浮躁,没有把工作做得深入,要么就是自身能力不高。而后者会让你觉得,这个人能把一份工作做这么久,应该是爱岗敬业的,应该是把工作做得很透彻了,对企业的忠诚度也还不错。

如果你自以为是个人才,可是连上述的几点都不具备,那么你又拿什么去打动对方呢?对方为什么要给你机会?所以在你考虑要跳槽的时候,一定要先掂量一下自己的分量,看看自己的实际情况。

四、怎样实现跳槽

要想实现成功一跳,首先必须做好充分的准备,然后选择恰当的时机,最后处理好离职问题。

(一)跳槽前的准备

(1)根据自己的特点设定跳槽目标是确保跳槽成功的先决条件。确定目标公司,充分了解其所在的行业、企业的基本状况,对企业经营状况、企业文化有所感知。

(2)在选择好目标公司或者行业后,要收集相关的资料,向相关领域中的从业者咨询,了解这些工作实际的工作性质以及所需个人特质和专业技能等,这些都是不可或缺的准备功课。最后,由收集来的资料和面试的过程中,了解这家公司的风气、发展的前景、个人的发展空间。如果的确比现在的公司好,再跳也不迟。

(3)了解在目标公司自己的技术能否充分发挥?公司是否能为你的未来发展提供一个平台;你的部门会有什么样的同事,待人是热情友好还是冷漠无情,谁都不愿意到一个充满了人事斗争的环境中去浪费时间。这些都是你进入一个新地方工作之前应该了解的内容。也许你在外部还不能了解那么多,那在你的应聘面试过程中,这些问题就是你着重应该关心并努力挖掘的。

(4)根据职位与公司的要求,制作有针对性的个性求职信与简历。多种渠道争取面试机会提高,并做好面试前的全方位准备。

(二)选择恰当的时机

(1)在最有资本的年龄段(35~40岁)跳。人生的每一年龄段都是环环相扣的,什么年龄做什么事。一般而言大学毕业后到30岁以前是职业生涯的学习期,在这个年龄段要找到自己最适合的行业,虚心学习,积累丰富的工作经验和人脉资本。30岁到35岁是发展期,此时的你需要把工作经历转化为资历,也就是你跳槽的资本,为日后的稳步发展打下坚实的基础。35岁到40岁,是职业的黄金期,所有能力与潜力都被发挥出来,因为有了十多年的职场积淀,也证明了自己的能力,人生冲上最高点,所以35~40岁是跳槽的黄金季节。40岁到45岁是转型期,此时要考虑45岁之后的发展方向,从一个充满希望和激情的人转化为踏踏实实做事的人。45岁之后是平和期,此时利用自己的经验、人脉、阅历、管理才能,在一个位置上坐深坐稳,带新人,传授经验,稳扎稳打,一直做到退休,给职业生涯划上完美的尾声。

(2)在成功的时候跳槽。与一般人不同,成功人士的跳槽往往不是在职业的低潮期(这时他们往往会咬牙扛过去),而是在自身职业的春天来临之时,反而会跳槽,这样他们就能得到"新东家"更好的条件,令自己更上层楼。例如李开复当年在微软事业如日中天时,离开微软,闪电加盟Google并担任Google中国区总裁,使李开复在谷歌中国迅速上位,不仅营销了自己,也为谷歌扩大了知名度。

(三)搞定身后事

一旦跳槽成功,那么接下来就该面对如何与原单位解除劳动关系,办理离职手续了。其实离职也是为人处世的一个方面,它和做人一样,讲究的是好聚好散。职场很小,大家将来还是同行,还会有合作的机会,所以不如保持自己一贯的工作作风,善始善终,体面地离去。漂亮的离职,会令你的最后一击干净利落,给人留下完美的印象。以下四步可供跳槽者参考。

1. 写辞职信

提前30日向原单位递交辞职报告。一封合格的辞职信一般包括以下内容:离职原因、离职期限、工作交待、向公司表示感谢等。也可以再加上一些个人建议、推荐合适的接班人等内容,但措辞和语气一定不能过激。

2. 和主管详谈

这是离职过程中最重要的一步,你的离职请求是否能够得到批准和支持,关键就看这一步。在和主管详谈之前,必须想好离职的充分理由。如果你平时的工作表现还不错,或者是公司的骨干力量,那么在谈话中主管很可能会挽留你,而你必须用得体的语言去应对,想方设法表明你的立场,并坚持自己的初衷,切忌不辞而别。

3. 交接工作

在和主管谈妥了具体离职意向并征得同意之后,就应该着手交接工作。在公司还没找到合适的接替者的时候,你应该一如既往地努力做好本职工作,站好最后一班岗。而即使在接替你的人来了之后,你仍必须将手头的工作交接完毕才能离开公司,以尽到自己的最后一份责任。

4. 人事手续

决定离职之后，会有一系列人事手续要办。一般会根据企业的规定，由企业的人事专业进行办理。妥善处理人事关系，以免发生不必要的劳动纠纷。

【练习】

假如你对目前的工作不满意准备跳槽，请回答五个 W（Why、What、Where、Which、When）。

第六篇

创业准备

模块二十二　创业的条件

【案例】

俞敏洪的创业之路

俞敏洪在参加了三次高考后，最终考进了北京大学西语系。1985年，俞敏洪毕业留在北大成了一名教师。随后中国出现的留学热潮，让俞敏洪也萌生了出国的想法。1988年，俞敏洪托福考了高分，但就在他全力以赴为出国而准备时，美国对中国开始实施紧缩留学政策。以后的两年，中国赴美留学人数大减，再加上他在北大的学习成绩并不算优秀，赴美留学的梦想在努力了三年半后付诸东流，一起逝去的还有他所有的积蓄。

1991年，俞敏洪被迫辞去了北京大学英语教师的职务。离开北大后，俞敏洪开始在一个叫东方大学的民办学校里办培训班，他需要给学校上交15%的管理费。眼看着培训班越来越火，俞敏洪渐渐萌生了独立办班的念头。1993年，在一间10平米透风漏雨的小平房里，俞敏洪创办了北京新东方学校。到了2020年，新东方已成为中国最大的私立教育服务机构，在全国拥有25所学校、111个学习中心和13家书店，大约有1 700名教师分布在24个城市。外语培训和考试辅导课程在新东方营收中占比例高达89%。

2021年，遭遇“双减”政策过后的新东方，一直都在寻找转型的机会。从2021年12月28日开始，俞敏洪用“东方甄选”直播间为新东方做起了直播带货。在该直播间内，新东方的英语老师们一边教英语知识，一边卖货。截止2022年6月，“东方甄选”抖音号的粉丝量突破了300万。由于东方甄选的爆火，新东方在线的股票价格截止2022年6月13日收盘，新东方股票的在线价格为8.72元/股。仅仅三日涨幅最高达200%，股价将近翻了两番。值得注意的是，从0到100万粉丝，“东方甄选”仅仅用了半年时间。而从100万到200万，只用了三天时间。新东方股票在线翻两倍的涨幅也仅仅用了三天时间。

【问题讨论】

（1）通过本案例，谈谈你对创业的理解。

（2）刚走出校门的大学毕业生有志于创业，可以从中得到哪些借鉴？

【课堂点评】

俞敏洪的创业史是一部“破壁史”——破学历之壁、体制之壁、人情之壁。其核心并非商业技巧，而是在理想主义底色下，以极致务实完成一次次自我颠覆的能力。正如其言：“创业是与喜欢之事、志同道合者共赴未来的旅程”，这种将个人成长嵌入时代进程的格局，才是跨越周期的真正壁垒。

创业是年轻人的梦想。抓住机会，自主创业，是大学毕业生实现自我价值和社会价值的有效途径。然而，事实告诉我们，创业是要具备一定条件的。对于年轻的大学毕业生来说，如果仅有创业的雄心，而没有其他任何条件，或者其他条件尚不成熟，是万万不可冒险创业的。

一、创业的概念与特征

（一）创业的词源

“创业”一词由“创”和“业”组成。《孟子·梁惠王下》中有“君子创业垂统，为可继也”，是最早把创建功业与一脉相承、流传后世联系起来的记录。“创”字释为“开创、创办”，“业”字释为学业、业务、工作；专业、成就、事业、企业等，内涵极为丰富。《现代汉语词典》把创业解释为“创办事业”。在中国《辞海》中解释为“创立基业”。为此，“创业”的本意应为“创立基业”“创建功业”。

（二）创业的定义

创业是一个跨学科、多层面的复杂现象，国内外许多学者从不同视角对其进行了大量的观察和研究，但对创业的定义，学术界迄今还未达成共识。

德国前总理科尔从务实的角度出发，抓住创业的根本目的，认为创业是发起、维持和发展以利润为导向的企业的有目的性的行为。

哈佛大学史蒂文森教授认为，创业是不拘泥于当前资源条件的限制而不断追寻机会，并通过各种资源的组合，以开发和利用机会并创造价值的过程。这一概念主要强调创业并不受制于所控资源的多寡，而是源于机会的驱使，目标在于实现机会价值，清晰地揭示出创业的过程在于机会识别、机会开发与机会利用三个阶段。

杰弗里·蒂蒙斯则更注重创业的过程，认为创业是一种思考、推理结合运气的行为方式，它为运气带来的机会所驱动，需要在方法上全盘考虑并拥有和谐的领导能力。

综上所述，创业是一个人们发现和捕捉机会并由此创造出新颖的产品或服务，最终实现其潜在价值的复杂过程，即是人们创业意识产生之前到企业成长的全过程。

（三）创业的意义

1. 创业能够推动创新

创业与创新两者紧密相关、互为促进：一方面，成功的创业离不开创新；另一方面，创业是高新技术最终转化为现实生产力的桥梁，是自主创新成功与否的重要标志。

2. 创业能够创造就业

创业能够带动就业，拓宽大学生就业渠道，提升大学生的就业能力。越来越多的大学毕业生正在把“创业”看作与“升学”“就业”和“出国”三大出路并行的第四条出路。这第四条路是符合经济社会发展要求之路，可以说于国、于民、于己都十分有益。

3. 创业有利于创业者谋求生存与自我价值实现

通过自主创业，创业者可以把自己的兴趣与职业紧密结合，做自己最感兴趣、最愿意做和自己认为最值得做的事情。在五彩缤纷的社会舞台中大显身手，最大限度地发挥自己的才能。

4. 创业能够促进中小企业的快速发展

从国际经验来看，等量资金投资于小企业，它所创造的就业机会是大企业的四倍。因此，鼓励大学生自主创业在一定程度上有利于中小企业的快速发展。

（四）创业的类型

1. 生存型创业

生存型创业是指那些由于没有其他就业选择或对其他就业选择不满意才选择从事创业的创业活动。也就是说，生存型创业通常与创业者的境遇有着直接关系，一般创业者的创业行为出于别无其他更好的选择，即不得不参与创业活动来解决其所面临的困难。

在我国，生存型创业类型所占比重较大，在所有创业活动中占比在90%左右。此外，生存型创业者大部分文化水平不高，创业项目也主要集中在餐饮副食、百货等微利行业，创业目的大多仅仅是为了养家糊口。但是，生存型创业不仅能解决自身的就业问题，经营状况较好的还能聘请员工，带动他人就业。

2. 复制型创业

复制型创业模式是在现有经营模式基础上的简单复制。例如，某人原先担任某家电公司部门主管，后来他自行离职，创建了一家与原家电公司相似的新家电公司，且新组建公司的经营风格与离职前那家公司也基本相同。

拓展阅读

牛根生的复制型创业

1998年，伊利副总裁牛根生被公司总裁扫地出门后，带领手下几名干将启动了一场“复制一个伊利”的计划，创办了蒙牛乳业集团。2004年，五岁的蒙牛在中国香港成功上市，成功募集了13.74亿港元，打破了由伊利、光明、三元在资本市场上所构架的中国乳业“金三角”模式。

3. 模仿型创业

模仿型创业是指创业者看到他人创业成功后，采取模仿和学习而进行的创业活动。模仿型创业虽然很少给顾客带来新创造的价值，创新的成分也并不算太高，但对创业者自身命运的改变还是较大的。因为模仿型创业具有投资少、见效快、迅速进入市场等特点。

1998年，华怀庆用打工赚来的8 000元开始创业，如办鞋厂、卖领带。然而这些生意无一例外都失败了。就在这个时候，肯德基等国外快餐品牌在中国异军突起，受到了人们的欢迎。但当时肯德基在国内市场的发展并不完善，门店只能在一些大城市看到，而大多数小城市并没有这样的“待遇”。了解到这个情况后，华怀庆觉得该市场的机会很大。于是在2001年，他和哥哥华怀玉凑了8万元，在福州开了第一家华莱士店。当时华怀庆想的是把华莱士开到中国的每一个城市，让小地方的人都能吃到汉堡这一类的快餐！

为了实现这个目标，华怀庆开始专注于如何把华莱士做得更好、更大。一开始，华莱士没有做快餐的经验，所以每当肯德基推出新产品的时候，它都会效仿，推出同样的产品。毫无疑问，华莱士的模仿引起了争议。很多人觉得是“假”肯德基，所以对它的态度也不是很好。然而，华莱士只能在创业之初做到这一点，他没有更好的办法度过尴尬期，即使被贴上“山寨”的标签，也只能默默承受。

后来，随着知名度的提升和定价策略的调整，华莱士的发展逐渐步入了正轨。短短几年，华莱士的门店遍布了多个城市，成为国内知名的快餐品牌。2024年，华莱士共拥有两万余家门店。没人会想到，现在出名的华莱士，竟然是从模仿“肯德基”起家的。

4. 冒险型创业

冒险型创业属于机会型创业中的一种，在这种创业活动中，创业者在实现商业机会的同时，追求高利润回报，也承担较多的风险。可以说，经济利润的刺激同实现商业机会的欲望对于创业者来说同样具有吸引力。

5. 网上创业

网上创业是指创业者利用互联网或移动互联网技术，寻求各种创业机会，组合各种资源，努力创新，不断创造价值的过程。例如，在移动互联网时代，微信在忙着新一轮的流量布局：小程序与App开始互补了。小程序的功能在不断被完善，对于很多企业来说，小程序的布局几乎成了移动互联网时代渠道的必然选择，大学生创业者如果能把握住这块市场，为企业们提供优质的小程序开发需求，必然会创业有成。

二、创业者的创业条件

(一)社会条件

社会条件主要是指创业主体所处的社会环境，如政策条件、家庭条件、人际关系条件等。充分利用这些条件，是创业者打开创业局面，顺利进入创业角色的基础。

1. 政策条件

党的十五大以来，党中央明确提出了社会主义初级阶段的基本经济制度，即以社会主义公有制经济为主体，引导和鼓励其他经济成分共同存在和发展。

2. 家庭条件

家庭是创业者早期接受启蒙教育和健康成长的摇篮。每个创业者的家庭条件都因人而异，无论家庭条件好还是家庭条件差一些，对创业者来说都有可以利用的有利因素。有的家庭条件相对好一些，如家庭主要成员在社会上具有一定的地位或影响，使创业者早期便能结识一些有利于将来从事创业活动的关键人物。也有的是继承并在不断从事或扩大家庭传统的创业项目，多年的经营，为创业者提供了大量的经营经验和经营项目，加之生产或经营技术的传统垄断性，使创业者在创业活动中较容易成功。也有一些创业者家庭条件很一般，有的甚至较差，但这并没有影响创业者的自信心。自古到今仍有许多创业者，他们克服了重重困难，通过自身的艰苦努力而逐步实现了自己的理想和抱负。

3. 人际关系条件

人际关系条件对创业者来说也十分重要。尤其是在当前市场经济条件下，搞好人际关系，对创业者顺利完成创业活动将起到积极的促进作用。所谓的人际关系条件主要是指创业者在自己工作、学习以及生活的空间内，通过交往而逐步形成的相对稳定的联系，对创业者从事创业活动有促进和影响的各种有利条件。人具有社会属性和自然属性,其社会属性主要是通过人的社会行为体现出来,具体表现在个体的人在衣、食、住、行等各方面都不可能脱离这个社会群体,总要直接或间接地与他人发生联系。这样,创业者总在自己的生活范围内逐步形成一个相对稳定的关系网络。这个网络对于创业者来说,是一笔不可多得的财富。同时,作为创业者还要学会充分利用和调动这些有利因素,使其能最大限度地为创业活动提供援助。

(二)自然条件

自然条件主要包括创业者的生存环境条件和创业者自身条件,生存环境条件对创业者从事的行业往往影响较大,而创业者自身条件,在很大程度上决定着创业者的创业活动能否获得成功。

1. 客观生存条件

俗话说:"靠山吃山,靠海吃海",这表明我们的祖先对自己赖以生存的自然条件的认识和分析是比较全面的,利用也较为合理。人的生存总是离不开一定的自然地域和社会空间。例如,愿意从事餐饮、服务等行业的创业者就应选择大城市;愿意从事养殖、种植行业的创业者就应选择乡村。对创业者来讲,无论是城市还是乡村,都是大有可为的。

2. 自身素质条件

创业者的自身素质条件决定了创业者的创业活动性质和经营范围,也决定了创业者最终能否获得成功。创业者自身素质应包括文化素质、身体素质和心理素质等。在当今社会,一个成功的创业者首先要有较高的文化素质,如从事行业的技能和文化水平;其次是身体素质,创业的初期是艰难的,没有一个好的身体素质很难做好每一件事。同样,非智力因素对创业者来说也很重要,如创业者的性格、人品和心理健康情况等,这些因素都很重要。

(三)大学生创业者的自身条件

1. 拥有良好的心态

良好的心态是创业成功的关键,其中包括积极主动、自信坚持和自我激励等。

2. 树立明确的目标

目标是个人、部门或整个组织所期望的成果,它同梦想、理想的区别在于目标更强调实践。大学生创业可以从自己的兴趣爱好点切入,但创业后就应树立明确的目标。

3. 具备充足的能力

能力就是指顺利完成某一活动所必需的主观条件。能力是直接影响活动效率,并使活动顺利完成的个性心理特征。当代大学生创业条件具备的能力包括学习、规划、行动和感知能力等。

4. 了解和掌握相应的知识

知识是创业的基础和能量,大学生创业应了解和掌握的知识包括技术生产中的专业知识、经济活动中的企业管理知识和创办企业的政策法规等。

5. 进行有效的融资

融资是一个企业的资金筹集的行为与过程。它是公司根据自身的生产经营状况、资金拥有的状况,以及公司未来经营发展的需要,通过科学的预测和决策,采用一定的方式,从一定的渠道向公司的投资者和债权人去筹集资金,组织资金的供应,以保证公司正常的生产需要,经营管理活动需要的理财行为。

【练习】

创业素质测评：

下列15道测试题，每题设有四个选择：A—是，4分；B—多数情况下是，3分；C—只有很少的情况下才是，2分；D—从来都不是。请根据自己的实际情况，做出选择。

(1)在急需做出决策时，是否在想，再考虑一下吧？(　　)

(2)是否总为自己的优柔寡断找借口？(　　)

(3)是否经常要求下属重复提供所需要的资料？(　　)

(4)对客户尤其是大客户是否曲意逢迎甚至丧失原则？(　　)

(5)遇到紧急事务时，能否立即从琐碎的日常事务中抽身？(　　)

(6)对往来文件，是否读完后不采取任何措施随意乱丢乱放？(　　)

(7)是否只有在压力巨大的情况下才肯承担重任？(　　)

(8)有无抵御各种干扰的能力？(　　)

(9)是否为推辞任务而寻找借口？(　　)

(10)在做重要决策时是否不计后果(　　)

(11)是否总是在快下班时才发现有要紧的事还没办完？(　　)

(12)需要做出得罪人的决策时，是否想逃避？(　　)

(13)自己不愿意做的事，是否经常让别人代劳？(　　)

(14)在宣布一些可能不得人心的决定时，是否遮遮掩掩？(　　)

(15)是否经常对困难情形毫无估计和预防？(　　)

结果测评：

50-60分：创业素质差，不适宜创业；

40-49分：作风拖沓，工作懒散，效率低下，创业素质不高，非改变不可轻言创业；

30-39分：大多数情况下充满自信，但有时过于谨慎，创业素质较高；

15-29分：创业素质很高，是高效率的决策者和管理者，具有良好的心理素质和坚忍不拔的毅力，适合走创业的道路。

模块二十三　创业流程

【案例】

一个大学生的创业自述

我来自云南，一直以来都是老师和同学眼里的好学生。由于一心想考大学，基本上把所有的时间都用在了学习上，慢慢的，我的性格变得越来越内向。由于不善于与人沟通，使得我自己的压力越来越大，终究没能考上自己向往的大学，而是调剂到了一所一般的学校。专业是调配的，也不是我喜欢的。

本着既来之则安之的思想，我还是很开心地开始了我的大学生活。没有了繁重的学业压力，我开始变得开朗起来，积极参加很多课外活动。随着大四的到来，我忽然发现，自己越来越注重外表，喜欢花更多的心思把自己打扮得漂漂亮亮。

正是这个时期，我熟悉了乔伊丝饰品。由于是大四，空闲时间相对较多。于是在这段时间里，我格外喜欢逛街，淘些衣饰、饰品什么的。恰巧，离我们学校不远的一条街上，开了一家乔伊丝饰品店。从第一眼看到那家店，我就喜欢上了它所散发出来的那种气息。每次经过，我都会在店里呆上好半天，听着浪漫的音乐，把那些自己喜欢的饰品挨个试戴一遍。店主每次都笑眯眯地接待我，一点都不嫌我烦。乔伊丝饰品店基本上每周都有新款上市，所以，每个周末我都会往那儿淘一淘，久而久之，跟店主也混熟了。有时候，店里不忙的时候，我们两个就闲聊起来。店主是个当地女孩，大专毕业后，上了一年班就辞职开了这家乔伊丝饰品加盟店。看着她快乐地经营着自己的小店，我总是非常羡慕。

大四的后半学期，我开始了痛苦的找工作历程，就很少逛乔伊丝饰品店了。由于我的专业很偏，很多工作单位都不招我们专业的人，所以投出去的大多数简历都石沉大海。有时候，好不容易盼到一个笔试或面试通知，考完之后还是杳无音讯。眼看着还有几天就要毕业了，我的工作却一点希望都没有，心里很是郁闷。

那天，为了排解一下心里的郁闷，我在学校四周闲逛起来，又看到了我很是亲切的乔伊丝饰品，于是不由自主地走了进去。店主一眼就认出了我，并热情地跟我寒暄。我正好找不着倾诉的对象，就一股脑儿地把找工作以来的所有郁闷都告诉了店主。没想到店主的一句安慰，彻底改变了我的生活。她说："没事，小妹妹，放松点。找不到工作就像姐姐这样，回老家开家小店，生活啊，说不定会更出色呢！"

说者无意，听者有心。回去以后，我反复揣摩乔伊丝饰品店店主的话，真正思考起自己的未来。对于我现在的专业，由于是调配的，本来就很不喜欢，那么，就算勉强找到一份工作，我会很开心地继续做着自己不喜欢做的事情吗？那我未来的发展又在哪里呢？是不是我也开一家乔伊丝饰品店呢？这段时间，通过自己对乔伊丝饰品的接触，我对这个时尚品牌已经比较了解。学校旁边那家乔伊丝饰品店的火爆销售情况经常让我羡慕不已，也让我相信乔伊丝饰品是值得信赖的。

我把自己的想法在电话中跟妈妈聊起来。一直从商的妈妈很支持我的创业想法，但是反复提醒我，创业是很艰难的。妈妈的话给了我很大的鼓励，我决定毕业后回老家开一家乔伊丝饰品店，开始我的创业之路，为自己寻找一片更广阔的天空。由于家里的经济条件还不错，父母答应借给我五万元作为我的创业启动资金，但是告诉我，他们工作很忙，时间上帮不了我任何忙，一切都得靠我自己的努力。

第二天，我到乔伊丝饰品店跟店主姐姐说了我想法。也许是由于平时交情不错，店主给我提供了很多有关加盟的信息和经营心得。一回到宿舍，我就迫不及待地跟乔伊丝饰品总部联系，了解相关情况。在确定了加盟意愿后，把相关的具体信息提交给乔伊丝饰品加盟总部。由于我还是个学生，而且要在一个小城市开加盟店，乔伊丝饰品告诉我他们需要一段时间进行审核和调查，才能给我答复。

一周后，我终于盼到了乔伊丝饰品的电话，邀我到总部详谈。原来，总部对我的家乡经济等各方面的情况进行了全面的分析，认为具备开一家加盟店的条件。接下来，总部又对我的个人情况进行了讨论，最后授予了我加盟的资格。

我带着我四年的行囊无比欣喜地踏上了回家的路，心里信心满满：我相信我一定会拥有更出色的人生。

回到老家，在总部的全力支持下和做了一些宣传后，我的小店开张了！开张那天，家里的亲戚朋友都过来捧场。爸爸妈妈也来了，放手让我独立做事的他们，看到我的小店，露出了赞赏的笑脸。

大约从上午11点开始，有越来越多的人涌进我的小店。由于乔伊丝饰品的产品覆盖面比较广，所以我的小店里不仅有一帮女孩子在唧唧喳喳地嚷着好便宜，还有一些职业女性也在鉴赏性地试戴着各种精致、高雅的饰品。我微笑的接待着每一位怀兴而来的顾客，微笑地目送着每一位满足而回的顾客，收银台的小抽屉被塞得越来越满。

在乔伊丝饰品总部市场部门的指导下，我还给顾客提供一些搭配的技巧：根据她们每个人的脸形、气质、喜好给她们热荐相应的产品。慢慢的，她们都对我有了依靠感，成为了店里的忠实顾客。而我，也在这个过程中，变得越来越能说会道，越来越开朗、自信了。

我在小店中找到了前所未有的满足：有给别人带去美丽的快乐，也有自己当老板的快乐，当然还有事业有成的快乐。三个月后，我就将父母借给我的五万块钱全部还给了他们！看着他们惊奇而骄傲的表情，我第一次发现，我可以完全靠自己的能力挣钱了，我也可以靠自己的努力让父母过得更好。

【问题讨论】

分析此案例中大学生的自主创业有哪些特点？

【课堂点评】

很明显,该案例中的大学生采用的是加盟创业方式。连锁加盟通过加盟合约的形式将特许总部的品牌、产品、管理经验等有形和无形资产授权给加盟商,而加盟商通过总部的授权和帮助,降低经营风险,借总部之力,实现自身的成功。连锁加盟的最大好处是可以用最低的风险,做成功的创业者。具体而言对加盟商有几大好处:(1)自己做老板,享受成功乐趣,依靠大公司,降低创业风险;(2)有成功的商业模式支持,能得到总部系统的管理训练和营业帮助,依靠总部成功的经验走向成功;(3)统一采购、统一配送,降低进货成本,保证优质、可靠货源;(4)使用总部良好的品牌和商誉,分享知名品牌带来的人气和利润;(5)统一宣传,小广告支出,大市场效应,持续不断地得到总部先进的经营指导服务;(6)广泛的信息来源,准确的市场决策。

刚走出校门的大学生在创业时,首先考虑的是如何能以较低的成本创业,加盟连锁的确是一个不错的创业方式,其中最主要的好处就在于,在创业之始就能获得一个成熟的商业模式,而减少了创业过程中的摸索阶段。

市面上有不少打着加盟的幌子骗取加盟商钱财的情况。由于加盟商对特许加盟这个行业不甚了解,又因为品牌众多,加盟商挑花了眼,所以加盟经营也经常遭遇骗局。怎么能选到好的特许加盟项目,创业开店成功呢?简单地说,在选择连锁加盟品牌的时候应该挑选品牌规模、知名度、信誉等方面比较上乘的项目来加盟。但是,有些知名品牌的加盟费用过高,不适合刚刚毕业的大学生。

自主创业的方式当然不只加盟这一种,而是多种多样,不同的行业、不同的项目,其商业模式、创业过程也千差万别。对于一般的大学生创业者来说,选择创业项目要坚持的基本原则大致有这几条:一是选择自己感兴趣的领域,如上述案例中的创业者那样,以兴趣引领自己对行业、项目的了解和熟悉;二是选择风险较低的行业和项目,初次创业往往没有太多的风险控制能力,也不能经受太大的打击;三是按一般的创业流程进行,别出心裁、独辟蹊径并不适合初次创业的大学生,马克·扎克伯格(Facebook 网站创始人)那样的创业天才毕竟是少数。本模块着重介绍的就是一般的创业流程。

创业过程也就是创业者的创业行为过程,可以从广义和狭义上去理解。广义的创业过程通常包括创业构思的形成与准备、创立新企业,以及新创企业的成长管理过程。狭义的创业过程往往只是指新企业的创建。

一、创业过程

本教材侧重于从狭义的角度来分析创业过程,它主要包括以下环节。

(一)创业者创业意愿与创业动机的形成

一个人是否会走上创业之路,首先取决于其是否有强烈的创业意愿和创业动机。创业意愿和创业动机在形成与强化的过程中,会受到多方面因素的影响,如个体特质的心理特征是否有成就欲望、风险承担倾向、模糊性承受能力、处理问题的风格、创业外在环境的机会、支持或帮助服务等。

(二)分析环境与识别创业机会

创业机会对创业行为具有强烈的推动作用。创业过程就是围绕着机会进行识别、开发、利用的过程。很多人都把创业机会的识别作为创业过程的起点。创业机会往往来源于生活或工作中存在的问题或困难;市场环境出现的变化;新知识、新技术的出现等。

(三)创业项目的形成、评估与选择

创业机会意味着客观存在着尚未得到满足的市场需求。那么应当如何满足市场需求呢?这就需要创业者有能力提出创业项目,并且能够评估创业项目的优劣,做出正确的项目选择,以提高创业的成功率。一般来讲,创业者会优先选择那些有创意的项目、符合自己兴趣和爱好的项目、自己熟悉的领域的项目、科技含量高的项目。

(四)创业资源的整合与评估

创业资源是创业项目能否最终付诸实施的保障条件,包括人力资源、资金、生产资料、技术和信息等。要想创业成功,必须确保能够在所处的商业环境中得到所需要的各种资源,并且资源获取成本要在可承受范围内。只有这样,创业项目才具有可行性。

(五)形成创业计划书

创业计划书是对创业项目进行全面说明的计划性文件。通常,创业计划书中应包括如下内容:创业项目概况、市场分析、SWOT 分析、市场营销策略、资金规划、风险评估、人员结构、财务预估报表等。创业计划书既可以用于指导创业筹备与项目运营,也可以用于向相关人士说明创业计划,争取合作伙伴加入以及获取资金支持,还可以用于申请特定的创业贷款。

(六)创建并运行新企业

新企业的创建是衡量创业者创业的直接标志。创办新企业具体包括企业法律形式的选择、企业注册登记、经营地址的选择等活动。新企业运行需要做好以下工作:合理组织员工,购买存货、原材料或服务,控制生产过程,控制成本,制定价格,做好业务记录,为顾客提供商品或服务等。

【小案例】

远×集团董事长蒋×培出生于江苏宜兴市××乡××村。高考落榜让他对学习失去了兴趣,父母再三劝说,也没能让他回心转意去复读,执意要开始自己创业。

17 岁的蒋×培跟随二哥来到杭州开始学修表,他给自己定下了一生中"宏伟"的财富目标——挣够 5 万元,后来他回忆说:"这 5 万元钱,我当时是这样考虑的,回家造两间房子,剩余的放在银行里面存定期,每年吃利息,一年花销就差不多了,用不着再去努力奋斗了。"不过一年,他就实现了这个理想,到了第二年,他已经有了十几万元的存款。创业之初获得的成功使这个年轻人热血沸腾。

1986 年,蒋×培创办了一家为大钟表厂生产零配件的仪器仪表厂。然而一年后,企业就因管理不善亏损了 100 多万元,蒋锡培人生的第一次创业也宣告失败。就在此时,在一家电缆厂工作的大哥告诉了他一个令人振奋的消息:上海和江苏的电线电缆市场需求量巨大且销售价格日益上涨。已负债30多万元的蒋×培又向朋友借了10万元在宜兴开设了一家经销部,开始踏足电线电缆领域。

1990年,在积累了3年销售电线电缆的经验后,蒋×培设立了范道电工塑料厂,便是如今远东集团的前身。这个主要生产照明用电线的小作坊在成立当年即实现了销售收入462万元,第二年达到了1 800多万元,1992年就做到了5 000万元。

回首创业之路,蒋×培说:“失去上大学、参军的机会,也没有可能进入政府机关做公务员。在当时的社会背景下,唯一的目的也只能是对财富的积累,努力让自己过得好一点。”如今早已成功的蒋锡培还是颇为活跃的天使投资人,致力于帮助更多新创业者取得成功。

二、大学生创业准备阶段

(一)产生创业灵感

创业往往伴随灵感或创意而开始。著名的联邦快递(Federal ExPress)的发起人当时只是脑子里有一个想法,并且十分清楚这是一个有很大风险却孕育着希望的想法。风险投资专家非常欣赏“隔夜传递”的想法,因此投入了大量的资金,在经历了连续29个月每月损失100万美元的痛苦过程后,联邦快递终于宣告成立。

(二)制定创业规划

目标决定计划,创业是个循序渐进的过程,最忌盲目、无序,许多失败的创业就是因为没有规划。制定创业规划时需要思考的问题:(1)有无对创业困难的预估?(2)如果创业失败了,还会继续创业吗?(3)能否长期忍受无休止且乏味的日常经营活动?制定创业规划时,最好通过有效渠道获得咨询指导服务。

(三)分析创业动机

创业动机一般包括如下两类:第一类,生存型创业,即出于生存目的不得不选择的一种创业形态;第二类,机会型创业,即在发现或创造新的市场机会下进行的创业活动。

(四)了解相关政策

目前我国关于大学生创业的主要政策类型包括:(1)创业奖励补贴政策,含初期创业组织社会保险费补贴、青年创业奖励、开办手续费补贴等;(2)融资扶持政策,含小额贷款担保和贴息政策、大学生科技创业基金投资项目等;(3)场地优惠政策、自主创业房租补贴政策、初期创业组织创业场地房租补贴政策等;(4)税费优惠政策,含个体经营减免行政事业性收费,以及新版服务型、商贸型企业吸纳就业的税收优惠政策等。

(五)提升创业能力

(1)开业能力测评:有创业意向或正在创业的劳动者,可使用开业能力测评系统,了解自身开业胜任力、培训胜任力、信息需求、培训需求等信息。(2)创业培训。(3)创业见习:创业理论知识培训后,在条件许可的情况下,可以适当参与一些创业的练习。

三、大学生创业实施阶段

（一）选择合适的创业项目

一是有意识地做好储备创业项目，二是整合资源确定创业项目，三是明确创业的目的和目标。

（二）建立合作班子

创业者不可能万事皆通，因此，由具有不同专长人员组成的合作班子，对创办企业十分必要。一个平衡、有能力的班子，应当包括有管理和技术经验的经理、财务、销售、工程以及开发、产品设计等人员。为了建立一个精诚合作、具有献身精神的班子，创业者必须使其他人相信，跟自己一起干一定会有所斩获。

（三）开展市场调研

熟悉客户，了解产品（服务）的市场，了解竞争对手，预测销售情况，预计企业规模，做好财务分析，做好风险防范与对策。

（四）撰写创业计划书

本教材中会另辟模块（模块二十四）专门介绍。

（五）筹集启动资金

筹集启动资金的方式有如下三类：第一类，自筹，通过自身资源，采用非市场的做法而获得资金来源，如个人积累、亲朋的资助等；第二类，市场融资，通过社会资源，采用市场化的做法，获得资金来源，如银行贷款、信用卡短期资金融通、租赁、风险投资、民间借贷等；第三类，政策性融资，获取政府为鼓励创业、支持产业发展而设立的基金支持。

（六）选择经营场地

（1）了解经营场地的基本类型：都市型、区域型、社区型、便利型、市场型、绿地型、旅游型、轨道交通型。

（2）选择经营场地的基本步骤：确定创业目标—确定开店类型—确定开店区域—确定商铺面积—核算租金成本—修正范围。

（七）办理开业手续

申办企业的基本流程如下：填写申请表—查名—注册资本验资—办理前置审批手续—向工商部门提交相关材料—工商颁发执照—刻制图章—办理组织机构代码证—银行开户—税务登记、办理用工手续等。

（八）实施项目

按照创业计划实施项目，先立足生存，打好基础，根据企业条件、项目环境的变化，在创新中求发展，在规范中壮大。创业中需要了解的知识有：创业技巧、金融知识、成功案例、市场营销和企业管理知识、创业的环境（创业政策），以及后期的人才技能培训。

一般创业流程图示如下：

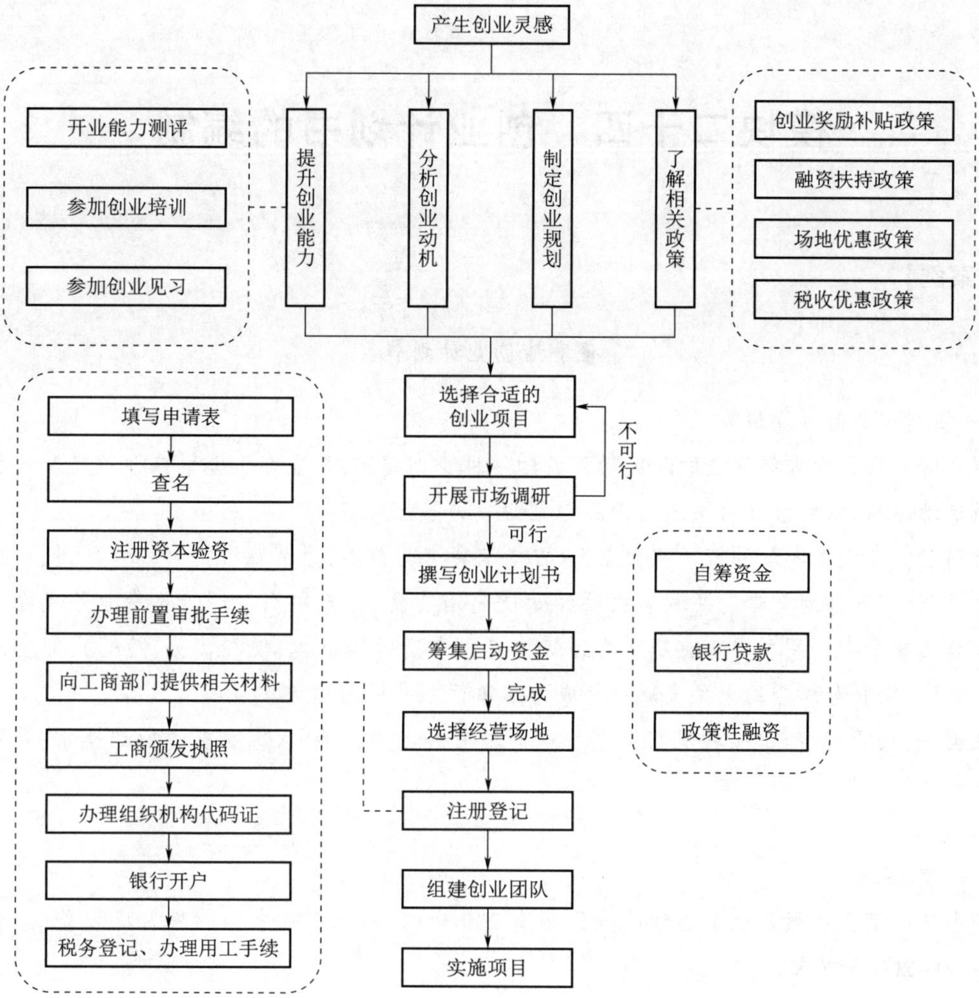

【练习】

假设你想开一家奶茶店,请问都需要哪些流程。

模块二十四　创业计划书的编制

【案例】

便利店创业计划书

一、便利店的潜力及趋势

便利店主要是为方便周围的居民而开设的一种小型超市，是生存于大型综合卖场及购物中心的商圈市场边缘、以经营日用快速消费品为主的一种零售业态。

便利店抓住大型卖场的市场空白点，以方便消费者为前提，为消费者提供一个方便、快捷的购物环境，以此来赢得消费者。便利店主要经营快速消费食品、日用品、书报、收费业务代办、面点、果蔬等商品和服务。便利店兼有超市的经营特点和杂货铺的成本、便利优势，随着人们生活节奏的不断加快，必将与综合的大型卖场一起成为零售行业发展的趋势。

在国内，由于起步较晚，便利店业态目前尚没有突出的企业，大家都在边做边摸索，导致业态的发展缓慢。

二、选址

(一)商圈理念

便利店的商圈一般是位于店铺的直线距离200米内，超过200米的效果就比较差，经营面积一般在60~200平方米。

(二)经营选址

一般都在社区(拥有自己的商圈)及路边人气比较旺的地方，或是大卖场旁边(借助大卖场的商圈)。

三、投资计划

(一)CI设计

1. 企业标识：明显体现便利店的经营信息，符合便利店的经营特点，并且有效地结合现有的资源来设计企业的CI。

2. 企业理念：为大众提供便利购物条件，为消费者提供优质的服务，为消费者提供适合的商品。

(二)投资计划

1. 固定设施：天花板、店内地面、招牌、店前地面、墙面、照明、音响等，具体规格从略。

2. 经营设备

电脑——一般每店配备收银机一台，其功能兼具前后台，无需另行配备专门的后台操作系统。

软件——与总部实行连网，各店使用统一软件系统，以方便总部对其进行管理监控，并且总部能根据系统数据来进行库存管理。

收银台——收银台兼管理人员工作台。

货架——以平方米数计，每4~4.5 m^2 需要一组货架，货架只需使用一般的货架即可。

冰柜——因便利店主要服务于就近的居民，故便利店一般都备有2个冰柜，一个是饮料啤酒柜，另一个作为冰激凌专用冰柜。

其他设备——如书报柜、糕点柜，根据经营的项目需要来进行设备的增加。

3. 商品：便利店的商品结构中，食品占比50%，日用化妆品占20%，日用百货占20%，其他占10%，约需单品数2 000~3 000种。

（三）经营理念

1. 符合目标消费者需求——便利店主要经营的快速消费品，一般选择在店铺范围内比较常销的商品作为其经营商品，主要讲究库存小，周转要快。

2. 为消费者提供就近购买的方便，可适当考虑送货上门。要根据周围居民的需求来进行商品配置。

四、管理运营

1. 制度管理：在连锁便利店的经营过程中，管理与效益是密切相关的，因此，制度化的管理在运营过程中是相当重要的。

2. 商品管理：维护企业的形象，保证顾客在店内能买到合乎自己要求商品。

3. 库存管理：因便利店的商品周转量很小，所以在经营过程中严格的库存管理能有效地杜绝商品的滞销，提高商品的周转率，建立有效的商品配送机制。

4. 系统管理：系统化、信息化、数字化的管理能有效地减少商品的损耗，加强店与店之间的沟通频率，能快速地实现商品的流转，从而使资金的流转更加有效，促进企业的良性发展，因此连锁店必须将其电脑系统进行联网统一管理，以提高工作准确率和工作效率。

五、投资分析

1. 预算按120 m^2 计算（单店），固定设施、经营设备、租赁押金、消防设备等总投入约39 300元；

2. 经营成本及经营费用：6 300元/月（明细略）；

3. 营业效益：营业利润+营业外收入，合计效益9 300元；

4. 货值：96 000元；

5. 后期开业后的追加投入30 000元；

6. 收益分析：

收益=效益-费用=9 300-6 300=3 300元/月，

年收益=3 300/月×12=39 600/年，

不可预计费用5 000元/年；

实际预计年收益39 600~5 000=34 600元；

年回报率0.499 2；

预计收回投入需2年。

六、项目可行性

行业的发展趋势及社会经济发展水平的上升，使项目具有更好的可行性。鉴于此，推荐涉入此行业并形成连锁化经营，在本地市场尚未成熟之际抢占行业的制高点。

七、风险规避

由于行业风险的不确定性，因此，建议在开业之后3个月内，可以通过核算将店面执行承包经营，具体方式待定，前提是统一采购、统一品牌、统一经营。可通过下述方式来执行降耗从而实现降低风险的目的，且能提高员工的工作积极性：

A方案：员工入股；

B方案：前期投资算风险投资，由员工进行担保抵押经营，自负盈亏；

C方案：以委托经营的模式交给员工经营，多劳多得，上交费用；

D方案：以缴纳承包金的形式进行承包经营。

八、投资解析

1. 前期投资：固定设施及营业设施可以利用部分现有的设备，以降低前期投入。

2. 追加投资：因为利用了现有卖场的客户资源，在首期投入中已经没有了货款投入，故在后期需要追加部分货款投入，即是后期追加的3万元货款投入来作为后期的资金运营，此投入可视总部对供应商的整合而降低投入数量。

【问题讨论】

(1)试将上述便利店创业计划书与模块二十二中"我们的饭馆"商业计划书作比较，谈谈两者的区别。

(2)如果你是投资人，只能在这两个创业计划中选择其中之一，你决定投资哪一个？为什么？

【课堂点评】

上述两个创业计划书都不能称之为完美，但两者的区别还是较为明显："我们的饭馆"计划书完全没有按照规范格式编制，而"便利店"计划书基本上是按照规范的格式编制的。之所以把这两个并不完美的计划书列出，是要告诉大家，世界上没有完美无缺的商业计划书，将来编制此类计划书时不要以形式的完美作为唯一的追求目标。

创业计划书的编制方式多种多样，很难说哪一种好哪一种不好。创业计划书的主要用途是递交给投资人，以便于他们能对即将成立的企业或项目做出评判，从而获得投资。从这个意义上来说，能够支持企业或项目顺利融资的计划书就是好的计划书。事实上，上述"便利店"创业计划书就顺利地获得了投资，看似粗糙、不合规范的"我们的饭馆"创业计划书，也很顺利地获得了投资。投资人看重的是项目本身，创业计划书固然重要，但与项目本身是否有投资价值比较起来，属于次要环节。

不过，同学们将来编制创业计划书的时候，还是尽量按照规范的格式来操作，因为中国的投资人更习惯从合乎规范的计划书中对项目做出判断。如果他们拿到的是一份不合乎规范的计划书，就有可能处于模糊判断状态。而在这种状态下，投资人大多会做出拒绝投资的选择。中国虽然也有风险投资,但投向大学毕业生创业的资金大多还是稳健投资,绝少有风险投资。

创业计划书的确是个非常重要的东西,但伟大的创业往往都是最简洁明了的事业,微软做Windows,腾讯是QQ,百度是搜索,一句话就搞定了,一件事只有思想清晰才能做得清楚,一大堆话还说不清,一看就不靠谱。因此,创业计划书的编制应当尽量走简明路线。有投资界人士总结说,凡是超过5分钟还说不清的项目,成功的可能性就不是很大。

一、了解创业计划书

创业计划书是一份全方位的商业计划,其主要用途是递交给投资商,以便于他们能对企业或项目做出评判,从而使企业获得融资。创业计划书有相对固定的格式,它包括反映投资商所有感兴趣的内容。

创业计划书的质量对创业者的项目融资至关重要,只有内容翔实、数据丰富、体系完整、装订精致的创业计划书才能吸引投资商,让他们看懂你的项目商业运作计划,才能使你的融资需求成为现实。一般的创业计划书包含的内容相当广泛,从企业成长经历、产品服务、市场、营销、管理团队、股权结构、组织人事、财务、运营到融资方案。

融资项目要获得投资商的青睐,良好的融资策划和财务包装,是融资过程中必不可少的环节,其中最重要的是应做好高质量的创业计划书。许多大学毕业生在创业初期的融资成功率不高,有的时候并不是项目本身的问题,而是创业计划书编写草率,让投资商对你的策划能力感到失望。

创业计划书的编制与创业本身一样是一个复杂工程,不但要对行业、市场进行充分的研究,而且还要有很好的文字功底。对于大学生创业而言,编制一部好的创业计划书,既是获取投资的必备材料,也是对企业定位和未来发展的过程。

如果想让投资商对你的创业计划发生浓厚兴趣,那么你所编制的创业计划书至少要思考以下问题:关注产品;敢于竞争;了解市场;表明行动的方针;展示你的管理团队;出色的计划摘要。

二、创业计划书的编写过程

编写创业计划书是一个遵循逻辑的过程。创业计划书需要围绕企业的目标,沿着主线脉络进行编辑。一般创业计划书的编写分为六个阶段。

(一)准备阶段

创业计划书所要编写的内容很多,如果不按照核心主题写,就会偏离初衷。因此,在制订计划书之前要进行缜密的设计与安排。一般需要做的工作有如下几个方面。

1. 确立创业计划书编写参与人

在创业计划书编写的准备阶段,创业者需要将参与编写创业计划书人员的名单列出来,并找到合适的时间,明确每个参与人所负责的部分。这一环节应是创业计划书编写的前奏。

2. 确定创业企业目标

创业企业目标是企业发展的愿景，是企业未来进行商业活动的出发点与归宿点。每个创业企业需要确立正确的企业目标，目标中不仅要明确企业的利润，也要确企业的社会责任。

3. 确定影响企业发展的关键问题

每个新创企业都会存在制约企业发展的关键问题，如核心技术的缺陷、人力资源的优质化、资金不足等现实的问题。创业团队要深入挖掘问题，并想出解决问题的策略。

4. 确立创业计划书的总体框架

在编写创业计划书之前，首先要确立创业计划书的总体框架。总体框架是创业计划书的“骨架”与“脊梁”。若创业计划书的总体框架不健全，内容肯定会缺失，就会给投资人造成不专业的印象。创业计划的总体框架要确保整个内容脉络清晰，主次分明。

5. 确立创业计划书编写的日程安排

明确的编写日程，会给参编人员时间路线图，确保参编人员按照日程安排如期完成。

6. 制订创业计划书审核方案

创业计划书编写完，需要组织人员进行详细的审核，直到各项内容完全属实，尤其是有关数据部分。

(二) 资料收集与数据采集阶段

围绕创业计划书的目标与编写总体框架，创业计划书编写者需要搜集企业内部与外部相关资料和数据，其中包括产品国内/外和区域市场行情、产品细分市场的状况、产品测试数据、竞争对手的相关信息、市场营销模式等。资料收集与数据采集分为一手资料和二手资料。一手资料的获得需要消耗较大的人力、时间和经费，但资料和数据相对可靠；二手资料获得较为容易，但是资料和数据的可靠性相对较弱。

(三) 创业计划书形成阶段

创业计划书形成阶段需要对创业企业的市场竞争、人员组建、技术与工艺、市场销售、融资方案和风险分析等内容进行全面的编写。完成创业计划书初稿之后，创业者需要组织人员对创业计划书进行反复的审核，直至创业计划书完善。

三、创业计划书的结构

创业计划书通常有许多现成的通用模板，这些模板的特征不一，但是在具体的内部结构上，往往有一些共同的地方。一般来说，规范的创业计划书文本主要包括以下十项内容。

(一) 摘要

创业计划书摘要是浓缩版的创业计划书，既提炼了创业计划书的精华，又反映了创业计划书的全貌。摘要是投资人首先要看的内容，因此它必须让投资人有兴趣，使投资人以最短的时间了解创业计划书的基础观点，快速掌握创业计划的重点，并决定是否继续阅读创业计划书。

(二) 企业介绍

介绍企业的发展历史、现在的情况及未来的规划。具体包括：企业概述（包括公司名称、地址、联系方法等)、企业的自然业务情况、公司的发展历史、对公司未来发展的预测、本公司与众不同的竞争优势或者独特性、公司的纳税情况等。通过企业介绍,投资人可以对创业企业有一个初步的了解。

(三)产品(或服务)

产品(或服务)是投资人关注的重点。产品(或服务)的独特性、创新性,以及产品(或服务)是否有市场需求,是投资人决定是否进行投资的关键所在。其具体内容包括产品(或服务)的名称、特征与性质、研发计划、生命周期、市场前景、特色优势等。

(四)技术和研发

一般而言,创业计划书需要描述企业产品的技术指标、企业产品研发资源投入和未来要实现的目标,重点说明产品投入市场的真实性和利润空间,具体内容包括研究资金投入、研发人员情况、研究开发计划、未来的技术发展趋势和知识产权保护等。

(五)管理团队和组织

企业的人员构成一般是投资人决定是否投资的首要考虑因素。创业计划书应清晰地描述企业人员构成、构成人员的专业背景和实践经历、企业技术支持咨询顾问、企业的组织结构、企业人力资源管理激励与约束机制、股权情况等。

(六)市场与竞争分析

市场是创业企业生存的外部环境,只有熟悉和把握市场与行业的变化,创业企业才能生存和发展下去。市场与竞争分析包括市场行情和市场发展的趋势、创业企业目标市场分析、创业企业面临的竞争状况分析、市场营销策略、SWOT 分析等。

(七)生产计划

生产计划是创业计划书中不可或缺的部分。创业计划书应向投资人说明本企业的生产目标、现有资源和所需资源,生产过程的安排等。具体内容包括产品的生产计划、企业现有的生产技术能力、品质控制和质量改进能力、现有的生产设备或者将要购置的生产设备、现有的生产工艺流程、生产产品的经济分析及生产过程等。

(八)财务计划

财务计划旨在通过数据向投资人展示本企业未来的财务状况和获利情况,同时帮助其判断是否值得投资,企业融资体量到底有多大。财务计划具体包括:①财务报表,包括资产损益表、资产负债表和现金流量表等;②财务预测,旨在预测企业的资金需求和企业未来的盈利情况;③融资需求,通常包括预计融资的数目、融资方式、企业资本结构安排、投资方利益回收方式、融资资金使用方式、投资人是否介入新创企业的经营管理活动等。

(九)风险分析

风险分析需详细说明创业企业项目实施过程中可能遇到的各种风险,并提出有效的风险控制和防范措施。常见的风险主要有团队风险、技术风险、市场风险、管理风险、财务风险和产权风险等。

(十)退出策略

退出计划要让投资人明晰投资的最后回报方式和回报率。目前,投资人退出方式主要有公开上市、回购和兼并收购等。

除了上述十项内容之外,很多时候创业企业的计划书还需要有附录。附录是创业计划书的有力补充和必要说明。附录的附件可以包含创业计划书需要的一切补充材料和证明材料,包括合同资料、资信证明、图片资料、市场调研结果、主要创业者的履历资料、技术信息、宣传资料、相关数据的测算和解释、相关获奖和专利证明、授权使用书等。

新创企业由于缺乏实践经验,在编写的创业计划书中常出现如下问题:

(1)语言描述不清晰,逻辑性不强。

(2)创业计划中的目标不明确,在具体执行中无法操作。

(3)过于强调市场潜力,忽视销售产品路径的清晰描述,或只有销售目标,却没有具体销售计划。

(4)过分宣扬管理团队的实力,言过其实。

(5)轻视竞争对手,对于竞争对手没有清晰的认识,从而忽视竞争威胁。

(6)对于市场或竞争对手分析缺少翔实的数据与具体的资料,导致错误估计市场空间或竞争对手的实力。

(7)对于经营风险预期不足,过于乐观。

(8)产品(或服务)特色定位不准。

(9)产品(或服务)过于单一或繁杂,导致市场潜力不足。

(10)忽视企业产品(或服务)不足之处,避重就轻,导致实际经营无法规避问题,并限制了解决问题的时间。

(11)对资金预测不足或不合理,导致企业实际运营中缺少资金。

(12)股权制定不清晰,导致经营中出现股权争议。

(13)财务计划混乱,无法合理做出资金预测,无法准确计算投资回报率。

四、创业计划书的应用

(一)陈述创业计划书

目前,各地的大学生创业孵化园区或各地各级政府会为大学生或社会创业人士提供一些创业项目的展示机会,如创业计划大赛使他们可以将其创业计划陈述出来。一般情况下,创业者被要求在一段限定的时间范围内陈述其创业计划中的亮点。创业者应将重点和精华集中在这样一个好的机会中充分展示,着重提出市场计划(如何把机会变成现实)的概要和付出努力的结果(销售额和利润),并摘要陈述可识别的风险以及创业者打算如何去处理它们。

(二)创业计划书的使用和执行

设计创业计划书的目的之一就是在创业初始运行期指导创业者的行为。战略执行中很重要的一点是要设立执行过程的控制点,如果有必要的话,为实现这种控制还要进行更详细的计划。

对于创业者来说,创业计划书绝对不能在财务资金到位、企业开始运作之后就被扔到一边,而不按照它去执行。如果内外部环境发生变化,应对创业计划书进行及时地修改和完善。

【练习】

编制一份创业计划书。

项目:在北小营开办一家汽车专修店;无自有资金,融资意向人民币80万元。

模块二十五　创业陷阱

【案例】

出借个人身份信息兼职"创业"高校学生无奈坐上被告席

近日,麻城市人民法院受理了某知名珠宝品牌"周某福"起诉多名在校高校学生因出借个人身份信息给他人开设网络店铺涉嫌侵害商标权纠纷案件。令人意外的是,被告王某、徐某等人均系省内武汉市某高校在校学生。经法院开庭审理并多次组织调解,案件最终以双方握手言和,被告赔偿经济损失一万余元后达成和解。该系列案件的集中审理,暴露出部分高校大学生在从事兼职过程中因法律意识淡薄而误入陷阱的问题,也为教育部门和社会敲响警钟。

1. 案件回顾:"兼职"成侵权,"利润"成赔钱,学生成被告

法庭经审理查明,涉案被告大学生均是在武汉某高校上学的大一新生,学生通过社交群聊或兼职APP链接到所谓的"大学生创业项目、兼职平台",第三方创业平台许诺,只要学生提供个人身份证、手机号码、人脸认证等信息,并签订"网店代运营协议",就可以在网上开店,坐在教室里赚钱,首期支付200元"兼职费",后期还会有利润提成,涉案被告大学生受误导而出借个人身份信息,成为电子商务平台网店的挂职经营者,实际经营不用负责,每月坐收提成。殊不知,这些网店在由第三方运营过程中,平台大量售卖各类假冒侵权商品。原告"周某福"公司发现涉案店铺售卖的产品中有涉嫌侵害"周某福"注册商标的侵权商品,经调查取证,以侵害商标权为由将店铺经营者高校学生起诉至法院,诉请要求立即停止侵权行为并赔偿经济损失及维权合理费用高达10万元。

2. 法院调解:出借个人身份信息给他人,"店小二"承担侵权责任

涉案被告大学生徐某接到法院开庭传票后才意识到"创业"风险,坐在教室里后悔不已,不想人生第一次"创业"竟惹下官司,想想揣在兜里的生活费,看着民事诉状上索赔的"天文数字",不敢告诉父母,也害怕被老师、同学知晓,接到法官的调解电话更是不敢说出实情。

案件承办法官了解到上述情况后,鼓励被告陈述"创业"实情,对其出借个人身份信息开设网店谋取营蝇头小利进行了批评,并告知出借公民个人身份信息给他人开设店铺将要承担的民事责任。考虑到在校学生无经济来源及客观影响,办案法官积极组织双方调解,一方面向被告释明法律后果,根据商标法相关法律规定,销售侵犯注册商标专用权的商品,应当承担停止侵权、赔偿损失的民事赔偿责任,严重的可能涉及刑事犯罪;另一方面与原告多次进行电话沟通,告知原告店铺实际经营人与平台披露的经营者信息不一致的情况,建议原告降低索赔金额,以体现司法温度。最终,双方达成调解协议,该系列案件被告分别赔偿一万余元,均当庭履行。

3. 法官提醒：警惕各类“创业”平台陷阱，强化知识产权法律普及

一是公民个人信息保护至关重要。公民个人身份证、手机号码、银行卡信息等公民个人身份信息受法律保护，切勿随意出借或者被他人盗用，避免被不法分子用于违法犯罪活动。轻者可能涉及民事侵权如侵害知识产权类纠纷，民事责任承担立即停止侵权、赔偿损失等，严重的可能触犯刑法，涉及帮助信息网络活动罪、诈骗罪等刑事犯罪活动。

二是审慎签订“协议”。对“代运营”“零成本创业”等虚假宣传时刻保持高度警惕，签订合同前需核实内容合法性，必要时咨询法律专业人士。签订任何协议前，务必仔细阅读条款，尤其是涉及责任归属、违约赔偿、个人信息授权等内容。如发现明显不公平条款，应拒绝签署，必要时可向学校或者法律机构咨询。根据《中华人民共和国民法典》相关规定，提供格式条款一方不合理免除或减轻自身责任、加重对方责任的，该条款无效。但即使合同部分无效，大学生仍可能因为明知他人有可能从事违法犯罪活动而提供个人身份信息、银行账户、配合认证等行为被追究相关责任。

三是不触法律底线。即使未直接参与经营，提供便利条件协助侵权仍需承担连带责任。切勿轻易相信各大平台“无偿代销”“代运营”“无货源开店”“兼职创业”等虚假宣传，务必核实商品来源合法性，如发现店铺销售假冒品牌商品，应立即终止合作并向平台举报，避免成为侵权“帮凶”。

高校学生利用业余时间兼职创业本为积累社会经验，但若因法律盲区沦为民事侵权、刑事犯罪的“工具”，必将付出沉重代价。本案立足司法警示与社会教育双重目标，通过案件剖析与法官建议，强化学生风险防范意识，同时明确教育机构责任，助力构建法治化校园环境。此系列案的成功调解不仅体现了司法的人性化，更呼吁全社会共同织密知识产权协同保护“防护网”，守护青年学子的成长创业之路。

【问题讨论】

(1) 类似案例中大学生创业受骗的故事是否有过耳闻？

(2) 大学生在创业中如何运用法律避免风险和保护自己的合法权益。

【课堂点评】

初创业者，掉入创业陷阱是难免的，而受骗是最常见的陷阱。刚刚创业时，对生意场上鱼龙混杂的项目，以及五花八门的营销手段，缺乏分辨的经验，经常陷入不明就里的困境。而许多骗子正是利用这一点大行其骗。这与在学校课堂上学了多少知识，拿了什么文凭，没有任何联系。可以说，初创业者，很少不遇到陷阱的。只有在不断地摸爬滚打之后，才能练就火眼金睛，才能识破骗局，才能避免掉入陷阱。为了使各位有志于创业的同学在今后的创业路途中少走弯路，专辟本模块对生意场上的一些常见的陷阱进行介绍。

创业陷阱多种多样，本模块将之分成两大类：外在陷阱，即来自创业者或创业团队以外的陷阱；内在陷阱，即创业者本身存在的陷阱。

一、外在陷阱

外在陷阱主要指精心设计的骗局。为帮助大家提高警惕，避免不必要的经济损失，现将最常见的行骗手段揭露如下：

(一)免费供种陷阱

手法：以“免费供种”广告吸引目标。联系后，对方会以邮寄包装费、技术合作费或合同公证费等名目要求汇款。

结果：汇款后，可能收到劣质无效的种子，或对方直接消失无踪。

本质：利用“免费”招牌诱导消费。

谨记：天下没有免费午餐，天上不会掉馅饼。

(二)高价回收陷阱

手法：冒充药材研究所或市场，销售种子种苗。将价格下滑的品种吹嘘为国家紧缺药材。故意模糊概念，夸大亩产收益。将需要特定环境和技术的品种谎称“南北皆宜、易管理”，并打出“高价回收”的幌子。

目标：诱惑致富心切者购买其种苗。

(三)来料加工陷阱

手法：以支付高额加工费和回收产品为诱饵。

步骤：要求你支付保证金即可“免费”领料组装，承诺回收并支付组装费。

结果：当你组装完产品交付时，对方会以“不合格”为由拒收，目的就是骗取你的保证金。

(四)联营办厂陷阱

手法：刊登广告寻求联营加工，声称“免费供料”。

步骤：要求你购买其加工机械并支付押金，方可“免费”领料加工，厂方承诺回收并支付高额加工费。

结果：产品交付时被以“不合格”拒收。或厂家已搬迁消失，无处可寻。

本质：目的是高价出售劣质机械和骗取押金，让你血本无归。

(五)转让“专利”陷阱

手法：提供虚假、不成熟或无实用价值的技术，谎称已获专利(甚至提供虚假专利号)，骗取技术转让费。

结果：按其技术生产出的产品多为伪劣品。查询其提供的专利号，往往发现纯属虚构。

(六)“回马枪”陷阱

手法：伪装成正规外贸公司，下特殊定做产品的订单，签订合同并预付30%货款(约定70%交货时付)。保持正常联系，直至货物即将或已经生产完成。突然以“外商破产”等理由取消订单，导致你的特殊定做产品变成库存。

后续：数月后，有人以极低价格联系收购这些“库存”货物。

（七）合作骗局

手法：发传真要求报价，声称客户已认可并初步下大单。要求你方法人代表或经理亲自前往签订正式合同（理由是需要现场拍板）。展示豪华办公场所获取信任后，不签合同而签“合作书”，并要求你先支付“合作费”。

（八）回扣骗局

手法：伪装成正常贸易洽谈。

步骤：在合同签订前，向你索要“回扣”；以各种理由要求你在交易达成前预付这笔回扣。

关键点：正常贸易中的回扣通常发生在交易达成之后。要求事前支付回扣，是典型的骗局，一旦支付便血本无归。务必警惕！

面对任何看似诱人的机会，务必保持清醒，多方核实，不轻信“免费”“暴利”“高回报”等承诺，交易前要求预付任何费用（保证金、押金、合作费、回扣等）都需高度警惕，谨防上当受骗。

二、内在陷阱

创业过程中，除了应对外在骗局，创业者更需警惕由自身决策或管理失误引发的内在陷阱。这些陷阱往往潜藏于日常运营和团队建设中，稍有不慎便可能危及企业生存。

（一）核心业务失控：分享过度

问题：创业初期因人手、经验或资金不足，创业者可能将核心业务（如核心技术、关键客户资源、核心资金渠道）交由团队其他成员掌握。

风险：核心业务关乎企业生死存亡，过度分享或失控易导致创业者丧失对公司的掌控力，埋下巨大隐患。

警示：核心业务需谨慎授权，保持必要的主导权。

（二）股权分配失当：结构理想化

问题：为激励团队或增强信心，创业者可能给予团队成员过高的股权份额，导致股权过于平均或分散。

风险：易造成“提意见的多，做实事的少”的局面。当公司产生收益时，核心创业者会感到付出与回报严重不公，引发团队离心离德。

警示：股权分配应真实反映贡献与核心作用，避免理想化的平均主义。

（三）客户结构失衡：大客户依赖

问题：创业初期获得大订单令人欣喜，容易导致创业者过度依赖单一或少数几个大客户。

风险：一旦大客户终止合作，企业将面临生存危机。初期依靠大客户存活可以理解，但绝不能因此忽视新客户开发。

警示：必须未雨绸缪，居安思危，持续拓展客户群，分散风险。

（四）经营基础虚浮：建立在假设上

问题：创业者常基于理想或鼓舞士气的需要，做出大量乐观假设（如市场份额、盈利时间、团队效率、成本控制）。

风险:将企业发展建立在“可能”“假设”的基础上,而非实际的市场验证和现金流,如同空中楼阁,极易失败。

警示:要有学者的头脑(思考规划),更要有劳动者的腿(实地执行)和教练的手(指导团队)。做企业必须是实干家,以实际现金流入和落地执行为根基。

(五)承诺轻率:透支信用

问题:创业初期热情高涨,创业者容易头脑发热,轻率地对团队成员或合作方做出承诺(或表达被误解为承诺)。

风险:后期因资金、政策或其他原因无法兑现时,将严重损害信誉,导致核心骨干流失和沟通障碍。

警示:谨言慎行,明确承诺边界,避免因一时热情透支未来信用。

(六)韧性不足:过早放弃

问题:创业艰难远超预期,即使方向正确、执行到位,成功也需机遇。当投入巨大却迟迟不见回报,遇到挫折时,创业者及团队容易产生自我怀疑,丧失信心,选择放弃。

风险:“放弃的习惯是成功的大忌”。许多企业“活”不过三年,关键原因在于创始人在困难面前暗示自己放弃。

警示:必须认识到创业的长期性和艰巨性,培养强大的心理韧性。只要创业者放弃,企业便回天乏术。

内在陷阱源于创业者在团队治理、经营策略和自身心态上的认知偏差与决策失误。规避这些陷阱,要求创业者保持清醒头脑,平衡理想与现实,注重核心控制权,科学管理团队与资源,脚踏实地,并具备在逆境中坚持的毅力。

三、如何避开创业陷阱

创业陷阱,一般是创业者跳不过去的,正所谓创业无捷径。创业者一定要经历一些创业问题、困难,经历过别人对你的不信任、客户对你的欠款等挫折,才可以吃一堑长一智,所谓有多大成就的企业就有多大的失败。只有经历过经验教训,企业才可以走向成功。在遇到创业陷阱的时候,如何尽最大可能保护自己的利益,少受损失?

(一)明确创业目标,避免盲目跟风

创业之初,首先要明确自己的目标和定位。很多创业者盲目跟风,看到别人做什么赚钱就跟着做什么,结果往往是一地鸡毛。因此,在决定创业方向时,要深入分析自己的兴趣、特长和市场需求,找到适合自己的创业领域。同时,要时刻保持警惕,避免被短期的利益所诱惑,而忽视了长远的发展。

(二)法律风险防范

创业过程中,法律风险防范同样重要。在创业初期,就要建立完善的法律风险防范体系,确保企业在合同、知识产权、劳动纠纷等方面不出现问题。同时,要与专业律师团队合作,及时了解和应对相关法律法规的变化,为企业的发展保驾护航。

(三)谨慎决策、及时总结、及时调整

创业者在创业初期最大的问题就是急于求成,把行业里的任何客户都看成是自己的潜在客户,去联系和维护。成功不急于一时,需要慢慢积累,因此创业者一定要保持良好的心态,小心翼翼地不断尝试,不断探索,然后抓住机会迅速扩大战果。创业不要轻易出击,出击就要保证成功率,毕竟创业成本是自己的。

对于创业过程中的每一次失败,创业者都要注意及时总结,上升到有无原则和规律可寻,掌握好发展规律,才可以让企业不在同一个地方跌两次跤,少失败。在陷阱中吸取教训,获取经验,每一次跳出陷阱之后,注意总结,善于调整企业的内部架构和管理等,从每一次陷阱中提取企业的劣势,进行调整和弥补。常言说,吃亏是财富,但只有吃亏之后善于总结、调整和完善,才能保证企业的长远发展,才能使吃亏转变成财富。

(四)诚信为本、全面修炼

创业初期,没有品牌优势,这个时候靠的就只有真诚,真诚的力量不可忽视,也最易打动人。创业公司有很多不足,但是这些不足,越想捂着盖着,越想让别人不知道,迟早有一天会爆发,甚至在越关键的时候跳出来。因此,不妨让创业者自己和公司真实一些,少包装,让别人切切实实了解你的实际状况,反而效果会更好,也会强化别人对你的信任。

一个成功的创业项目离不开一个优秀的团队。在搭建团队时,要注重团队成员的能力和性格匹配。不仅要找到技术过硬、经验丰富的专业人才,还要寻找那些与自己志同道合、能够共同成长的伙伴。同时,要建立良好的沟通机制,确保团队成员之间能够顺畅交流、高效协作。有志于创业的同学大多在某一方面会有比较优势,而创业是自己真真实实地掌管和解决企业方方面面的问题。因此,创业者一定要做好自身的全面修炼,有一定的悟性,善于抓住机遇,学会判断一种信号是有用还是无用。

【练习】

分析下列案例,找出这些陷阱中的共性:

在商业活动中,遇到以下情况需高度警惕,这往往是精心设计的骗局开端。

1.“大单急签”陷阱

特征:对方初次联系便表现出异常的热情,声称对你的产品极感兴趣,在未看样品、未实地考察的情况下,立即要求签订量极大的购销合同(甚至声称要“统吃库存新货”),签约意愿极其迫切。

风险点:违背正常商业逻辑(大额采购必先验货/考察),利用人们渴望大订单的心理制造紧迫感,诱使对方在不了解该产品当前市场价格的情况下,以低于市场的价格快速签约。

2.“天上掉馅饼”陷阱

特征:您不明不白地被邀请成为某产品的经销商,对方甚至承诺主动替您打广告“帮您赚钱”。成为经销商后极短时间内(如不到一周),就有地理位置相距甚远的“客户”主动向您下大额订单,并声称愿意预付货款,营造“稳赚不赔”假象。

风险点:整个流程异常顺利且缺乏合理基础,主动送上的“经销商”资格和“大客户”订单实为诱饵,后续可能以各种名目收费或诱骗您囤货。

3.“边境验货佣金”陷阱

特征:对方冒充××边境(如中缅、中越等)外贸公司,以手握诱人的“外国订单”为名与您签订合同,要求您将货物发往指定的边境城市。

行骗步骤:

货物发出后,对方以“外方代表来华验货需先付佣金”等理由要求您支付费用。

若支付佣金,对方会随便找个理由(如质量、包装问题)拒收货物,佣金被骗走。

若不支付佣金,您需自行承担将货物运回的运费和精力损失,同时会造成货物积压。

风险点:利用跨境贸易的复杂性,虚构验货环节索要费用,无论您是否付费,最终都会蒙受损失。

4.“豪华场地索费”陷阱

特征:对方打着“××经贸合作集团”或知名大公司的旗号,在大城市高档写字楼租用整层办公区,装潢气派,员工众多,样品齐全,营造实力雄厚的假象。

行骗步骤:

首先声称其有“国外客户”需要您公司的产品,要求您提供公司资料和法人名片。

收到资料后,短时间内(如2~3天)便发出邀请函,请您亲赴其豪华办公室“面谈合作”。

面谈时,以各种名义(如“介绍费”“疏通费”“项目启动费”等)向您索要费用。

风险点:利用豪华场地和“大公司”背景获取信任,虚构“外商需求”引诱您上门,最终目的是骗取所谓的“介绍费”等前期费用。

参 考 文 献

[1] 苏文平．职业生涯规划与就业创业指导[M]．北京:中国人民大学出版社,2023.
[2] 孙红刚．职业生涯规划与就业创业指导[M]．北京:高等教育出版社,2025.
[3] 吴兴惠．大学生职业生涯规划与就业创业指导[M]．北京:人民邮电出版社,2021.
[4] 曹旭．职业生涯规划与就业创业指导[M]．北京:中国医药科技出版社,2023.
[5] 肖知亮．大学生职业生涯规划及就业指导[M]．北京:中国农业出版社,2025.
[6] 王素林,郝丽琴．高职学生职业生涯规划与就业创业指导[M]．北京:北京师范大学出版社,2025.
[7] 王胜利,姬建军．职业生涯规划与就业创业指导[M]．北京:中国农业出版社,2025.
[8] 魏峰．大学生职业生涯规划手册:管理自我与规划人生[M]．南京:东南大学出版社,2024.
[9] 张玉萍．大学生职业生涯规划[M]．北京:化学工业出版社,2024.
[10] 单庆益．大学生职业生涯规划与发展[M]．北京:中国人民大学出版社,2024.
[11] 章周道．大学生职业生涯规划、就业与创业指导[M]．厦门:厦门大学出版社,2025.
[12] 迟云平．职业生涯规划[M]．广州:华南理工大学出版社,2024.
[13] 张彦忠．大学生职业生涯发展与规划[M]．北京:中国人民大学出版社,2024.
[14] 路烽．坦途:职业生涯如何少走弯路[M]．北京:清华大学出版社,2025.
[15] 杨慧娟,罗丹．面试攻略[M]．北京:机械工业出版社,2024.
[16] 方伟．大学生职业生涯规划咨询案例教程[M]．北京:北京大学出版社,2024.
[17] 阳志平．如何促进你的职业发展[M]．北京:电子工业出版社,2024.
[18] 魏淑红,王淑桢．大学生创新创业基础[M]．北京:中国铁道出版社有限公司,2021.
[19] 赵伊川．创业基础[M]．大连:东北财经大学出版社,2013.
[20] 芮鸿岩,戴斌荣．当代大学生创新创业理论与实践[M]．北京:高等教育出版社,2018.
[21] 高连宏．高校创新创业教育理论与实践[M]．北京:现代出版社,2010.
[22] 张强,廖成中．新时代高校创新创业教育理论与实践[M]．北京:科学出版社,2020.
[23] 王艳茹．创新创业教程(线上线下混合版)[M]．北京:中国铁道出版社有限公司,2019.
[24] 王连青,孙丽颖．创新创业理论与实践教程[M]．北京:科学出版社,2020.
[25] 孔令秋,谭斯琴．创新创业理论与实践教程[M]．北京:中国铁道出版社有限公司,2019.